T0294191

Soul y Rhythm & Blues

Soul y Rhythm & Blues

Manuel López Poy

MA
NON
TROPPO

UN SELLO DE EDICIONES ROBINBOOK
información bibliográfica
Indústria, 11 (Pol. Ind. Buvisa)
08329 - Teià (Barcelona)
e-mail: info@robinbook.com
www.robinbook.com

© 2014, Manuel López Poy
© 2014, Ediciones Robinbook, s. l., Barcelona

Diseño de cubierta: Regina Richling
Fotografías de cubierta: iStockphoto
Diseño interior: Cifra (cifrabcn.com)

ISBN: 978-84-15256-61-8
Depósito legal: B-13535-2014

Impreso por Sagrafic, Plaza Urquinaona, 14, 7º 3ª, 08010 Barcelona

Impreso en España - *Printed in Spain*

Índice

Introducción

Más allá de la música

Adentrarse en la historia del soul y el rhythm & blues es mucho más que recorrer la evolución de unos géneros musicales. Es también un viaje por la historia de la música popular del siglo XX, cuya cultura no se podría concebir sin las melodías y las canciones que engendraron el rock & roll, el pop, el funk, la música disco, el rap y el moderno r&b. Pero este recorrido musical es también una inmersión en la historia del pueblo afroamericano, de los descendientes de los antiguos esclavos que llegaron hace cuatrocientos años a las colonias inglesas de Norteamérica, que fueron sometidos al régimen de segregación racial más largo que ha conocido la historia reciente de la humanidad y que, a pesar de ello e incluso fruto de ello, fueron capaces de crear una cultura propia, cuya expresión musical ha sido la más importante que ha conocido el planeta en los últimos cien años.

El itinerario de la música negra comienza en las plantaciones del sur y finaliza en los barrios marginales de las ciudades del norte, donde nació el hip hop. Es un viaje desde las cabañas de los esclavos a la Casa Blanca de la familia Obama, desde los miserables *honky tonks* a las galas de la MTV. Un largo camino hacia la libertad empedrado de mucho sufrimiento plasmado en los viejos blues, de ansias de libertad a golpe de rhythm & blues y de lucha por la igualdad y el orgullo negro a ritmo del soul y funk, que contribuyeron a derribar las barreras raciales que dividían a la sociedad norteamericana casi tanto como las marchas por la libertad que protagonizaron los seguidores de Martin Luther King. Fue la música la que eliminó más barreras raciales, la que mezcló en los mismos bailes, en los mismos bares y en los mismos conciertos a los hijos de los blancos y de los negros que habían luchado juntos en las trincheras de la Segunda Guerra Mundial, para volver a casa y ocupar de nuevo cada uno el sitio tradicionalmente marcado.

Pero además el rhythm & blues, reconvertido por los blancos en rock & roll, protagonizó el cambio de la cultura juvenil en la segunda mitad del siglo XX. Sería muy difícil entender la historia más reciente sin el movimiento hippie, la contracultura nacida del rock & roll, el sonido disco, el tecno y el rap, herederos todos de la música que generaron los artistas afroamericanos a mitad del siglo XX. El cine, la literatura, la televisión, los festivales y la moda convirtieron en un fenómeno universal lo que comenzó siendo la expresión cultural de una minoría racial.

Este libro recoge un listado de los grupos y artistas más representativos desde los orígenes del ryhthm & blues hasta el hip-hop, el neo soul y el moderno r&b que han rescatado a principios del siglo XXI la herencia de los creadores de la música afroamericana de los años sesenta y setenta del siglo anterior. Para la mejor comprensión de esta evolución musical, incluye también un resumen de la historia social de la evolución del género, una guía de los términos más habituales y la cultura que rodea a este estilo musical, una aproximación de los grupos que lo practicaron en los dominios del idioma español y una lista de discos para mayor acercamiento y disfrute de esta expresión musical. Es nuestro deseo y nuestra pretensión que esta obra sirva para acercar al público profano a una nueva expresión musical y cultural, al tiempo que pueda ser utilizado por el aficionado ducho en la materia como una eficaz guía de consulta. En tus manos, estimado lector, queda el veredicto final.

1. La historia de un estilo

La resaca de la guerra y la euforia desatada

El 2 de septiembre de 1945, con la firma de la rendición incondicional de Japón en la cubierta del acorazado *Missouri*, finaliza la Segunda Guerra Mundial y comienza el regreso a casa de los soldados de Estados Unidos, entre los que figuran los supervivientes de cientos de miles de negros que combatieron en los distintos escenarios bélicos. El futuro se presenta halagüeño, el país se encamina hacía un período de bonanza económica y el sueño del American Way Of Life, el estilo de vida cómoda y holgada, paradigma del mundo occidental, estaba a la vuelta de la esquina. Pero no todos estaban invitados a la fiesta. Bajo el esplendor de las sonrisas dentífricas de las amas de casa en los anuncios de electrodomésticos y el brillo de los enormes y ostentosos Cadillac, Packard o Mercury, se ocultaba una dura realidad: los afroamericanos seguían siendo ciudadanos de segunda, y eso en el mejor de los casos.

Durante la guerra el presidente Roosevelt había ordenado eliminar la discriminación racial en las fábricas y una oleada de afroamericanos procedentes de los campos del sur había llegado a las ciudades del norte para engrosar la mano de obra que la industria bélica absorbía con voracidad. Sin embargo, al final de la contienda sus puestos de trabajo eran reclamados por los blancos, mientras la mayoría de los negros que habían luchado por la democracia y la libertad regresaron a casa para ver que ambas cosas les eran negadas y comprobar que la sociedad del bienestar estaba fuera de su alcance. Pero lejos de resignarse, los descendientes de los antiguos esclavos decidieron pelear por su parte del pastel y comenzaron por la base: el acceso a la educación. Gracias a la *Servicemen's Readjustment Act* (Ley de Reajuste de Soldados). Miles de combatientes desmovilizados pudieron acceder a la educación superior y comenzaron a formar una reducida pero emergente clase media afroamericana que comenzó a eliminar barreras raciales en las universidades, la administración pública y las oficinas de la empresa privada. Esta nueva clase social no sólo quería tener un coche y una casa con jardín, televisión y frigorífico como las de los blancos; buscaba también referentes culturales nuevos, lejos del estereotipo del destripaterrones analfabeto recién llegado del sur rural, que tenían como único medio de expresión la tradición del blues. En los guetos de ciudades como Chicago, Detroit, Saint Louis, Los Ángeles o Nueva York, el viejo blues se había comenzado a electrificarse y a evolucionar, preparándose para un nuevo y definitivo salto hacia adelante.

En las islas del Pacífico y en los frentes de Europa los soldados norteamericanos habían sufrido y vencido al ritmo de las bandas de jazz y swing, dos músicas de raíz afroamericana que los combatientes de todas las razas y colores escucharon sobre todo gracias a los primeros discos de vinilo (un invento de 1930 que había tenido escaso éxito debido a la Gran Depresión) que habían sido enviados a las zonas de combate con los disck jockeys voluntarios que animaban a las tropas. Los jóvenes desmovilizados siguieron escuchando esa música al volver a casa y la convirtieron en la banda sonora de un país en el que todo evolucionaba vertiginosamente, incluidas sus manifestaciones culturales. Fruto de esa evolución fue un nuevo estilo musical que comenzaron practicando los negros, pero que estaba llamado a convertirse en muy poco tiempo en la expresión cultural más duradera y popular de los Estados Unidos: el rhythm & blues.

Los años locos y la inocencia salvaje

En 1948 los informativos de las cadenas norteamericanas se llenan de explosiones de pruebas nucleares, aviones del puente aéreo que alimenta a los aliados y alemanes aislados en Berlín e imágenes de las expansión soviética por el este de Europa. Entre tanto anuncio de la Guerra Fría, pasan desapercibidas varias noticias que propiciarán uno de los cambios culturales y musicales más importantes del siglo XX. Ese año un periodista musical llamado Jerry Wexler, que trabajaba para la revista *Billboard*, acuña oficialmente el término rhythm & blues, que ya venía siendo usado por músicos negros, para sustituir a los caducos y ofensivos de *race music* o *race records*, con los que se denominaba a las producciones musicales hechas por afroamericanos. Además, ese mismo año se elimina por ley la discriminación racial en los contratos laborales, la emisora WDIA de Memphis comienza a emitir exclusivamente música negra, con BB King como su disck jockey estrella y en el Hotel Waldorf Astoria de Nueva York se presenta un disco de larga duración, fabricado en resina de polivinilo, con una duración de veinticinco minutos por cada cara y que gira a treinta y tres revoluciones por minuto, o sea, nace el LP moderno, un invento que revolucionaría el negocio musical. Aunque pudieran parecer noticias inconexas entre sí, todas tienen un denominador común: el nacimiento de un nuevo perfil de ciudadanos y consumidores, los negros de la incipiente clase media urbana, que demandan nuevos productos, culturales, musicales y estéticos.

Los Estados Unidos viven una etapa de cambios frenéticos en una sociedad compleja y rica que se reinventa sí misma permanentemente, con una explosión contracultural que comienza a germinar en las universidades, especialmente en las de California, donde en marzo de 1948 un grupo de excombatientes de la Segunda Guerra Mundial funda el primer capítulo de los Hells Angels, la pandilla de motoristas que pondrá de moda las cazadoras de cuero, las botas y demás parafernalia que será adoptada más tarde por los rockeros más duros. Pero en la que calle y en los escenarios la estética que impera es todavía muy formal. Zapatos negros de charol, pantalones estrechos, chaquetas y corbatas estrechas o de lazo para ellos y las blusas de colores pastel, las faldas amplias y los zapatos de tacón, estilizados progresivamente hasta el famoso 'tacón de aguja', para ellas. En realidad, la ropa de los jóvenes no muestra grandes diferencias con la de sus padres. En el caso de las estrellas de la música, la sobria elegancia es la tónica general, con trajes de alpaca y vestidos de noche.

Poco a poco se imponen las normas de la sociedad de consumo y su medio de divulgación estrella, la televisión, que a partir de 1951 comienza a emitir en color. Los hábitos de diversión también están cambiando radicalmente. A finales de los cuarenta y principios de los cincuenta las grandes salas de baile que habían acogido a las orquestas de swing comienzan a cerrar para ser sustituidas por pequeños clubs donde triunfan formaciones musicales mucho más reducidas, como la de Nat King Cole, Johnny Otis o Ray Charles, donde empieza escucharse el nuevo rhythm & blues.

Este fue el primer género que derribó físicamente las barreras entre blancos y negros, que comenzaron a acudir juntos, y por primera vez revueltos, a los bailes de y conciertos, para pasmo y horror de muchos padres bien pensantes, de misa diaria y racismo de cabecera. Un racismo en pausado pero franco retroceso. En 1954 es abolida la discriminación racial en las escuelas y un año después una joven costurera llamada Rosa Parks se negó a cederle su asiento en un autobús a un hombre blanco en la ciudad de Montgomery, Alabama, y fue encarcelada. A partir de ese momento, un joven predicador llamado Martin Luther King encabezó un boicot al transporte que desencadenó el movimiento por los derechos civiles, que poco a poco se irá convirtiendo en un extendido movimiento social en el que participarán tanto blancos como negros.

Ese mismo año de 1954, Ray Charles graba «I Got a Woman», una canción que está considerada como el primer tema de soul de la historia. Curiosamente es también la fecha de nacimiento en Memphis de Sun Records, sello donde germinará el primer rock & roll. La última mitad de la década de los cincuenta es una época de convulsión social que alcanza de lleno a la música americana. En1957, mientras se producen los violentos disturbios raciales de Little Rock, que acaban con la intervención del ejército, Little Richard abandona el rock para convertirse en predicador y nace Atlantic Records, germen de Stax, la discográfica que creará el genuino soul sureño y en la que el género adoptará incluso su nombre oficial. En 1958 se publica la primera lista de los discos más vendidos y escuchados, el famoso 'Hot 100' del *Billboard* y un año más tarde Berry Gordy funda el sello Tamla, el germen de Motown Records, mientras en Alabama se crean los estudios Fame. El soul se convierte en la música de cabecera de la comunidad afroamericana que verá como su historia cambia radicalmente en los siguientes diez años.

La década prodigiosa y los espejismos de lentejuelas

En 1960 la cantante sudafricana Miriam Makeba, interviene por primera vez en un programa de televisión de la mano de Harry Belafonte, que la apadrina durante su estancia en lo Estados Unidos, prolongada forzosamente al serle negado el regreso a casa por el gobierno de Sudáfrica, donde es una destacada militante anti apartheid. Las peluqueras de los estudios la peinaron según la moda de la época, alisándole el cabello, cosa que no le gustó demasiado a la orgullosa africana, quien deshizo aquel complicado artificio capilar y apareció ante los espectadores americanos luciendo sus crespos rizos naturales. Acababa de nacer la moda del peinado afro, que durante años se convirtió en símbolo de identidad racial para la comunidad afroamericana, popularizado por todos los artistas de soul, deportistas y actores de los años sesenta y gran parte parte de los setenta.

Hasta ese momento y durante todavía unos cuantos años, la moda capilar más extendida entre los artistas negros era una sufrida imitación de los peinados de los blancos, sometiéndose a un proceso de alisado del cabello a base de productos químicos, eternas sesiones de peluquería y elevadas dosis de fijador y brillantina, en el caso de los chicos. Los tupés de James Brown (que mantuvo durante casi toda su vida, resistiéndose tenazmente a los cambios de moda), Percy Sledge, Major Lance o James Carr, los espectaculares e imposibles pelucones de Martha & The Vandellas o Mar-

velettes, las melenas lisas de The Supremes o los peinados a lo *garçon* de
Dionne Warwick y Tammi Terrell, desafiaron durante años a la genética,
hasta que lo afro se acabó imponiendo y extremándose hasta extremos de
rizar el rizo, nunca mejor.

Pero más allá del mero efecto estético, esta preocupación por la imagen y
la moda revelaba un eterno conflicto en la forma de exteriorizar la evolución
social del colectivo afroamericano, en una permanente ruptura de la propia
imagen buscando a la vez un impacto escénico y una reivindicación de la
diferencia, frente a los blancos que practicaban la música de raíces negras,
algo que llegó a tener su mayor expresión en la forma de vestir. Aunque a
principios de los sesenta se mantuvo una cierta imagen de sobriedad entre
los cantantes y grupos masculinos con sus trajes de alpaca y moaré de colores
más o menos neutros, pronto comenzaron a exhibir una gama de colores
explosivos, que iban desde el rojo chillón al turquesa más llamativo, pasando por el azul eléctrico o el verde botella. De ahí a los diseños de chaqués
multicolores o los trajes con lentejuelas solo había un paso. Los principales
abanderados de esta evolución fueron los Temptations y su líder Eddie Kendricks, que ejerció durante años de jefe de vestuario, aunque no le fueron a la
zaga otros grupos como The Delphonics y sus trajes de corte new romantic
imitando los trajes del siglo XIX, curiosa y excesivamente similares a los que
llevaban los amos de las plantaciones sureñas.

Pero mientras la extravagancia de las estrellas musicales iba in crescen-
do, en la calle lo que aumentaba era la tensión racial. Las políticas de segregación se vuelven más intolerables a medida que la comunidad negra se
convierte en protagonista de la vida social y pasa de la cocina y los cuartos
de servicio a los salones donde reina un nuevo aparato electrodoméstico: el
televisor, como era conocido entonces. Durante los primeros años sesenta,
la televisión comenzó a llevar a los hogares americanos una realidad desco-
nocida, o más bien ignorada, por la mayoría de la comunidad blanca, sobre
todo en los estados del norte y el oeste del país. Las imágenes los disturbios
y el odio racial desatado, las noticias de los linchamientos y los asesinatos de
líderes negros, comienzan a sacudir las conciencias de quienes se mantenían
en la ignorancia y el apoyo de la comunidad blanca a los derechos de los
afroamericanos comienza a aumentar.

Fueron las imágenes trasmitidas por televisión del asesinato del presidente
John Fitzgerald Kennedy, las que en 1963 llevaron la consternación a todos
los hogares norteamericanos, marcando un antes y un después en la historia
del país. La comunidad negra perdía a su gran esperanza blanca que decidió

dar un paso adelante y protagonizó la famosa Marcha sobre Washington en la que Martin Luther King pronunció ante doscientas mil personas su famoso discurso en el que afirmó haber tenido un sueño en el cual sus cuatro hijos pequeños no serían juzgados por el color de su piel, sino por el contenido de su carácter. Para entonces la mayoría de los artistas negros habían comenzado a involucrarse en la lucha por los derechos civiles, mientras su fama cruzaba fronteras y llegaba a Europa. En 1964, el mismo año en el que el Congreso proclama la Ley de Derechos Civiles, The Beatles y The Rolling Stones realizan sus primeras giras por Estados Unidos, influyendo en las bandas de soul, que comenzaron a imitar su estilo musical y su estética, adoptando una estética que les iría acercando al pop y a la psicodelia. Para las chicas del soul la revolución estética llega en 1965, cuando Mary Quant pone de moda la minifalda. The Ronettes, The Supremes, The Crystals, The Shirelles, Tina Turner o la propia Aretha Franklin, comienzan a exhibir sus piernas en los escenarios y adoptan los diseños de que llegan de Londres y París. La elegancia se apodera de la música afroamericana.

Como acuñó Bob Dylan, los tiempos están cambiando y el mundo avanza hacia una nueva era, en la que la conciencia social será el motor del cambio de actitud, no solo entre los músicos y cantantes, sino en todo tipos de líderes sociales. En esa época, Cassius Clay, que en su juventud intentó no involucrarse demasiado en las protestas contra la segregación, se convierte en Muhammad Alí, el nombre con el que le rebautiza el líder de la Nación del Islam, Elijah Muhammad. Es el punto culminante de una evolución en su concienciación que en 1966 le lleva a su negarse a combatir en la Guerra de Vietnam, lo que le supondrá la suspensión que le mantendrá apartado de los cuadriláteros durante más de tres años. Antes de convertirse en Muhammad, Clay incluso había hecho una incursión en el panorama musical grabando un disco de soul, con una versión de «Stand By Me» bastante desastrosa, animado por su amigo Sam Cooke, que murió poco después abatido a tiros por la encargada de un motel.

Son los años vertiginosos y extremados, tanto en la política como en las costumbres y la moda. Malcom X, que había exhibido looks de lo más extravagante antes de convertirse en líder de la Nación del Islam, es asesinado en 1965, casi al mismo tiempo que se funda en Detroit la National Organization for Black Power. En 1966 Huey Newton y Bobby Seale fundan el partido de los Panteras Negras y reivindican la acción directa y violenta contra la policía y el estado blanco. Reclaman que se cumplan las promesas que se les hicieron a sus antepasados cuando se proclamó la abolición de la esclavitud. Algunos artistas de soul se sienten atraídos por su radicalismo, mientras otros exhiben orgullosos su ascenso social, como Ottis Reding, que se compra un rancho ubicado en una zona en la que sus antepasados habían trabajado como esclavos.

Aunque tradicionalmente se ha atribuido una conexión íntima entre el desarrollo del soul y el movimiento de los derechos civiles, un buen número de historiadores insisten en que, aunque el soul fue la banda sonora de una nueva clase emergente de orgullosos afroamericanos, la implicación de los artistas en la lucha política fue, en general, un tanto más tibia de lo que podría parecer a la luz de algunas biografías. Quizá el más critico sea Wriand Ward, autor del libro *Just My Soul Responding*, en el que afirma que cantantes blancos como Joan Baez, Peter Paul and Mary y Bob Dylan, estuvieron más directamente implicados en las acciones de protesta que la mayoría de los artistas negros de entonces. Discutible o no, lo cierto es que esa situación cambiará radicalmente a finales del los sesenta, tras el verano de 1967, conocido como el 'verano caliente' a causa de los estallidos sociales que se produjeron en más de sesenta guetos de Chicago, Los Ángeles y otras ciudades norteamericanas y que marcaron un punto de inflexión en la toma de conciencia de muchos músicos que radicalizan su ideología y su música, alumbrando un nuevo estilo, el funk, que se convertirá en banda sonora del orgullo negro.

Disparos en el motel y el amargo despertar

El cuatro de abril de 1968, a las seis de la tarde, Martin Luther King es asesinado en el Lorraine Motel de Memphis por el disparo de un francotirador que impacta de lleno en el corazón de la comunidad afroamericana. A partir de ese momento nada volverá a ser lo mismo. Las manifestaciones de duelo y los disturbios se extienden por todos el país. El dolor y la frustración conviven con las ansias de venganza y la música negra adopta una actitud mucho más concienciada y combativa a la que no es ajena el mundo de la música. Quizá el ejemplo más claro de esa radicalización sea el de la cantante Nina Simone, que sale a la calle con un arma de fuego de fabricación casera para vengar al gran líder, aunque afortunadamente no la llega a utilizar y vuelca toda su rabia en sus canciones de homenaje a Luther King, antes de exiliarse del país. Pocos meses después, en las Olimpiadas de México dos atletas afroamericanos, Tommie Smith y John Carlos, suben al podio para recibir sus medallas y escuchar el himno de Estados Unidos mirando al suelo, descalzos y levantando sus puños enfundados en sendos guantes negros. Les quitaron las medallas, pero su gesto fue el anuncio internacional del imparable camino hacia la igualdad de los negros norteamericanos. Smith y Carlos eran producto de la nueva comunidad afroamericana, orgullosos de su raza y de su escalada social, luciendo su pelo afro y sus vestimentas llamativas, emblema de los nuevos tiempos que se avecinaban, mientras en California los hippies predicaban paz y amor, entre alucinaciones psicodélicas y vestimentas floreadas.

El sueño americano llega a su punto álgido, antes de comenzar a tambalearse. En julio de 1969 Neil Amstrong y Edwin Aldrin se pasean por la Luna mientras la escalada de la guerra de Vietnam provoca manifestaciones de protesta en la mayoría de las universidades. En Harvard y Columbia los estudiantes ocuparon varios edificios administrativos y en 1970 en la Universidad de Kent, Ohio, fue atacado un centro de reclutamiento del ejército. El inconformismo se extiende y anida en los macrofestivales de rock. En1972 Festival de Wattstax, replica negra del Festival de Woodstok que reúne en Los Ángeles a más de cien mil personas. Los espectaculares peinados afro, a modo de gigantescos hongos capilares negros, los zapatos de plataforma, los trajes de cuero con lentejuelas, las gafas de sol tamaño gigante y los pantalones de pata de elefante, son el uniforme oficial de una generación que tiene en las pantallas su modelo y su reflejo con un nuevo género cinematográfico, el *blaxploitation*. Surgido a principios de los setenta con películas como *Cotton Comes* (1970), *Shaft* (1971) o *Super Fly* (1972), supone una réplica del cine policíaco centrado en la existencia cotidiana de la comunidad afroamericana de los grandes guetos urbanos. La violencia, las drogas, la prostitución y la supervivencia en general de las clases marginadas son su principal universo, teñido a la par de tintes reivindicativos y comerciales. Pero tan importantes como las historias que contaba eran sus bandas sonoras a cargos de los mejores músicos de soul y funk del momento, como Curtis Mayfield, James Brown o Isaac Hayes, que con su agresivo look de torso desnudo bajo un escueto chaleco de cuero, cadenas de oro y cabeza afeitaba preconizaba abiertamente la imagen suburbial y violenta que cultivarían años más tarde los nuevos reyes de la música afroamericana: los raperos.

En 1973 los soldados americanos abandonan Vietnam y comienza el declive final de los sueños idílicos de un mundo ideal. En esa época la heroína comienza a extenderse entre las clases populares de los Estados Unidos y de forma especial entre los jóvenes de los guetos negros urbanos, convirtiéndose en una pesadilla a principios de los ochenta. Pero antes la juventud de todo el mundo se zambulliría en las discotecas para bailar al son del ultimo

invento de esa inagotable fuente de ritmos que es la música negra. El sonido
disco y sus desvaríos estéticos estaban a punto de inundarlo todo.

La penúltima fiesta y la brillante decepción

En 1977 las salas de cine de todo el mundo comenzaron a llenarse para
contemplar a un joven actor llamado John Travolta que enlazaba unos com-
plicados pasos de baile sobre la pista de una discoteca, ataviado con un
traje blanco que definiría el paradigma de lo hortera e iluminado por una
esfera de cristal que rebotaba mareantes luces de colores. Para llegar a este
extraño fenómeno denominado música disco habían hecho falta años de
progresión, desgaste y desorientación del soul y el funk, en un intento de
sobrevivir al devenir de los tiempos. Un año antes, Donna Summer, una
cantante que había emigrado a Europa después de varios fracasados intentos para hacerse un hueco en la música americana, lanza en Estados Unidos
Love to Love You Baby el primer disco concebido expresamente como un
producto para ser programado en discotecas. A partir de de ese momento
las canciones comenzaron a componerse para ser bailadas y no escuchadas,
lo que supuso alargar su duración e incluso comenzar a usar dos platos de
tocadiscos simultáneamente para poder entrelazar los temas sin dar respiro
a los bailarines.

Mientras la estrella de las principales figuras del soul como Aretha Franklin
o James Brown comenzaba a declinar, grupos que habían nacido en ese género y habían militado en el funk, como Kool & The Gang o Earth, Wind
& Fire, se lanzaban en brazos de la nueva moda. En 1978, el mismo año en
que Atari lanza *Space Invaders*, el primer vídeo juego de divulgación mundial,
Gloria Gaynor, una cantante formada en los sonidos del Philadelphia Soul,
logra un clamoroso éxito internacional con «I Will Survive» y se convierte
en la reina de las pistas de baile durante más de dos décadas. Todo parece
indicar que los dos grandes géneros afroamericanos, el rhythm & blues y el
soul, han sido sepultados por un alud de luces brillantes e ideas difusas. Porque la música disco era más que un género musical, era un estilo de vida que
rompía con la generación anterior, basado en la disipación y la ausencia de
compromiso y que tenía su hábitat en locales como el emblemático Estudio
54 de Nueva York, donde la vida nocturna cobraba su máximo esplendor, la
sexualidad era latente y el consumo de las primeras drogas de diseño crecía
al ritmo de los pasos de baile. Una desnortada elegancia de hombreras des-
mesuradas, pantalones acampanados, pañuelos multicolores y peinados con

varias capas de laca invadieron las ciudades de todo el mundo, creando una ilusión óptica que no tardaría en desvanecerse.

En 1979, mientras Sugarhill Gang, un grupo que ha comenzado haciendo música disco grupo, graba *Rapper's Delight*, considerado el primer disco de rap, comienza a emitir una cadena de televisión llamada MTV, dedicada exclusivamente a la emisión de vídeos musicales. El eslogan de los nuevos tiempos lo pone el grupo británico The Buggles, integrados en la llamada *new wave* británica, con su tema «Video Killed the Radio Star » (El vídeo mató a la estrella de la radio). La corriente nueva olera y el huracán punk irrumpen en los medios de comunicación para dar la puntilla a la música disco y anunciar tiempos duros de pintas agresivas, cazadoras de cuero, botas militares, zapatillas rotas, pelos con crestas mohicanas, aros en la nariz, imperdibles en las orejas y cadenas de metal sujetando los vaqueros rotos. Son los tiempos del No Future. Los discos de vinilo comienzan a ser sustituidos por los CD y la gente comienza a escuchar la música mientras corre o camina por la calle gracias a un invento llamado *walkman*. Para acabar de dar un giro total a los usos sociales a la forma de divertirse, en 1981 se detecta el virus del SIDA que tres años más tarde se convierte en epidemia mundial.

Mientras algunas viejas glorias del soul como The Temptations o Diana Ross, sobreviven gracias a los circuitos de la nostalgia, con galas en casinos y anticuadas salas de fiestas, otros como Tina Turner, Solomon Burke o Aretha Franklin, se acomodan en los festivales internacionales de blues y rock & roll a la espera del reconocimiento que les llegará finales de los años noventa. Pero innegablemente a mediados de los ochenta la música negra pasa por uno de sus momentos más ambiguos. En 1984 Marvin Gaye muere asesinado por su padre, cerrando la más brillante etapa de la música negra, mientras uno de sus grandes mitos, Michael Jackson, se convierte en el rey universal de pop, una música por la que transitarán en sus últimos años leyendas como Teddy Pendergrass o Barry White. Mientras los raperos se convierten en los poetas apocalípticos del fin de siglo, las nuevas estrellas negras del pop comienzan a realizar un camino a la inversa para reivindicar la música de sus abuelos y crear un nuevo r&b y alumbrar un nuevo soul. La generación de Whitney Houston y Mariah Carey han pasado el testigo a la de Beyoncé, Rihanna o Lauryn Hill. En sus manos está el futuro de la música negra.

★

2. Guía de la música Soul y Rhythm & Blues

A

★

Aaliyah

El resplandor de la estrella fugaz

Aaliyah Dana Haughton
16 de enero de 1979 – 25 de agosto de 2001
Brooklyn, Nueva York

Aaliyah Dana Haughton se perfilaba como la gran promesa del r&b del siglo XXI. Lo tenía todo: voz, talento, belleza, cultura y sentimiento. Pero su paso por el firmamento de la música afroamericana fue tan brillante como fugaz. Su madre había sido cantante, su tío, Barry Hankerson, era ejecutivo de la industria musical y estaba casado con Gladys Knight, conocida como La Emperatriz del Soul. Aaliyah se dio a

conocer a los diez años en un concurso de televisión con una interpretación de «My Funny Valentine». Siendo una adolescente comenzó a actuar en Las Vegas con su tía Gladys, mientras su tío Barry le dio la oportunidad de grabar un disco en su empresa, Blackground Records. El álbum se llamaba *Age Ain't Nothing But A Number* (La edad no es más que un número) y escondía toda una declaración de intenciones.

Los temas «Back & Forth» y «At Your Best» se colocan en los primeros puestos de las listas. Sus primeros pasos fueron apadrinados por el cantante y productor R. Kelly, con quien se casó en 1994, cuando la cantante tenía tan solo quince años, aunque ella afirmaba tener dieciocho. El consiguiente escándalo mediático se llevó por delante el matrimonio y la relación artística. Su segundo disco, *One In A Million*, estaba producido por Missy Elliot y Timothy Timbaland, cuando todavía no eran las grandes figuras del rap y fue doble platino. En 1997 se convierte en una estrella publicitaria al tiempo que participa en discos de grandes figuras del r&b y el hip-hop, en la banda sonora de películas como *Anastasia* y *Dr Dolittle* e incluso protagoniza un par de films. La MTV comenzó a etiquetarla como «Reina del r&b». En abril de 2001 ve la luz su tercer álbum, *Aaliyah*, en el que el rapero Timbaland participa en algunos temas como «We Need A Resolution».

Su carrera se truncó abruptamente el atardecer del 25 de agosto de 2001 en Las Bahamas, cuando la avioneta que debía llevarla a Miami se estrelló al despegar. Aaliyah acababa de grabar el vídeo de *Rock The Boat*, un legado póstumo que se convirtió en un negocio millonario, al igual que sus discos (en una semana su álbum *Aaliyah* pasó del puesto noventa al número uno en la lista del *Billboard*) y la película *Queen of The Damned*, que se estrenó un año después de su muerte. El cine y el r&b perdían a una joven promesa de veintidós años a la que al nacer le habían puesto un nombre árabe que vendría a significar «la mejor».

Johnny Ace

El antepasado del soul melódico

John Marshall Alexander Jr.
9 de junio de 1929 – 25 de diciembre de 1954
Memphis, Tennessee

Su trágica y espectacular muerte ha marcado la leyenda de este melodioso cantante cuyas baladas de blues influyeron poderosamente en los músicos del soul y el rhythm & blues de los años sesenta. Era hijo de un predicador en cuya iglesia comenzó a cantar cuando era un niño. Abandonó la escuela para alistarse en la Marina y participó en la Guerra de Corea. A su regreso fue condenado a seis meses de prisión por un robo menor y mientras estaba recluido empezó a tocar la guitarra. Al regresar a casa comienza a tomar clases de piano y a principios de los cincuenta entra a formar parte de la banda de Adolph Duncan junto a futuras estrellas como BB King, Bobby 'Blue' Bland o Rosco Gordon. El grupo era conocido como The Beale Streeters y allí adopta definitivamente el nombre de Johnny Ace. Montó su banda, Johnny Ace & The New Blues Sound, con la que debutó en 1952 con un single, «My Song», una balada grabada con Duke Records que aguantó nueve semanas en el número uno de las listas de rhythm & blues. Al año siguiente repite éxito con un nuevo disco, *Cross My Heart*, al que siguen *The Clock, Saving My Love for You, Please Forgive Me* y *Never Let Me Go*. Son años dorados para Ace, que se codea con músicos de la talla de Johnny Otis y comienza a viajar habitualmente con Big Mama Thorton y Little Junior Parker. Su único *handicap* era su timidez en el escenario, que contrastaba con su disparatada vida personal plagada de excesos y excentricidades. El día de Navidad de 1954, mientras fanfarroneaba en el *backstage* del Auditorio de Houston ante un grupo de amigos y compañeros, entre los que figuraban la *blueswoman* Big Mama Thorton y el batería Curtis Tillman, Ace sacó una pistola, comenzó a jugar a la ruleta rusa y se disparó un tiro en la sien que le causó la muerte. Su desaparición supuso un fuerte impacto para la comunidad musical afroamericana. Su canción póstuma, «Pleding My Love» se convirtió en un inmediato éxito de ventas y acabaría siendo universalmente conocida en el versión de Elvis Presley.

Johnny Adams

El canario azabache

John Lathan Adams
5 de enero de 1932 – 14 de septiembre de 1998
Nueva Orleans, Louisiana

Es uno de esos cantantes de voz excepcional a los que la fortuna no acompañó y se han visto relegado a un lugar más modesto del que merece en la historia de la música negra americana. Su registro abarcaba desde el blues primigenio al soul más sofisticado, pasando por el jazz, el gospel y el country. Era conocido en Nueva Orleáns como «El canario negro» o «El canario azabache» a causa de sus extraordinarias dotes vocales. Hijo de un conductor de autobús que tenía once hijos y a los quince años abandonó los estudios y comenzó a cantar con The Soul Revivers, un cuarteto de música religiosa que abandonó cuando una vecina, Dorothy Labostria, le convenció de que

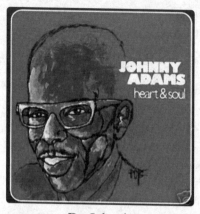

debía pasarse al lado oscuro. Labostria era la autora de «Tutti Frutti», la canción que inmortalizaría Little Richard, y fue ella quien le llevó a Ric Records, un sello local que dirigía un joven Dr. John.

A finales de 1959 grabó «I Won't Cry» un tema que no tuvo todo el eco que merecía por falta de una compañía que lo distribuyese en todo el país. El siguiente tema, «Losing Battle», compuesto por Dr. John, logró que un productor de Motown, Mickey Stevenson, se interesase por él, pero la cosa no cuajó por la intervención de Joe Ruffino, propietario de Ric Records, a cuya muerte tuvo que esperar Adams para verse por fin libre y firmar con SSS Records en 1968, donde grabó «Release Me» y un año después, «Reconsider Me».

Ambos eran auténticas joyas del rhythm & blues pero no tuvieron fortuna en el mercado. Tras un decepcionante paso por Atlantic Records, en 1983 recala en el sello Rounder, donde exhibió los toques de jazz, blues y soul que lo caracterizaban y del que son ejemplos álbumes como *From The Heart* en 1984, *After Dark* en 1985, *Room With A View of the Blues* en 1988 o *The Real Me: Johnny Adams canta Doc. Pomus* en 1991. En 1997, editó *Man Of My Word*, un disco profundo y sencillo que contiene, «Never Alone», un tema gospel en el que le acompaña *a capella* Aaron Neville. Falleció en Baton Rouge a los sesenta y seis años de edad, entre el calor y la admiración de sus discípulos musicales.

Archie Bell & The Drells

La esquiva fortuna

1965. Houston, Texas

La historia de este cuarteto texano está marcada por una permanente búsqueda del éxito que una vez se cruzó en su camino para esfumarse luego a cada nuevo intento de alcanzarlo, a pesar de la calidad de sus voces y sus

composiciones. Archie Bell Henderson nació en 1944 en el seno de una familia numerosa e inquieta. De sus siete hermanos, al menos otros dos acabaron siendo famosos: Ricky Bell como jugador profesional de fútbol americano y Jerry Bell como campeón del mundo de karate y cantante de Motown. A los diez años, Archie ya visitaba los clubs nocturnos para escuchar a sus grandes ídolos, Sam Cooke y Jackie Wilson. A los veinte años formó Archie Bell & The Drells con Lee Bell, James Wise y Willie Pernell, que comenzaron su andadura en 1966 en el sello Ovide donde grabaron un single con dos canciones, «She's My Woman» y «Tighten Up», que no pasaron de un modesto reconocimiento en las emisoras locales.

En 1968 «Tighten Up» llegó por fin al número uno al ser distribuido por Atlantic Records, pero no pudieron aprovecharlo inmediatamente porque el grupo iba a la deriva. Archie Bell se recuperaba de las heridas que había recibido en la Guerra de Vietnam y cada uno andaba por su lado. Sin embargo un año después grabaron un nuevo disco para Atlantic, *I Can't Stop Dancing*, el primero producido por Kenny Gamble y Leon Huff, que alcanzó un moderado puesto veintiocho en las listas de rhythm & blues. En 1970 dejaron Atlantic y probaron fortuna con el sello Glades, donde lograron un éxito menor con *Dancing To Your Music*. Pero seguían sin conectar con el gran público. Hicieron un último intento en el sello PIR, donde grabaron cuatro discos: *Dance All Your Troubles Away* y *Where Will You Go When The Party's Over*, en 1976, *Hard Not To Like It*, en 1977 y *Strategy*, en 1979. En la Navidad de ese año, The Dells ofrecieron su último concierto juntos y en 1981,

Archie abandonó la formación para emprender una carrera en solitario en la que se fue desvaneciendo hasta desaparecer.

Arthur Alexander

El pionero del country soul

10 de mayo de 1940 – de junio de 1993
Florence, Alabama – Nashville, Tennesse

El éxito demasiado temprano acabó lastrando la carrera de este cantante innovador que partió del gospel y del blues para crear las bases del country soul. Era hijo de un guitarrista de blues al que acompañaba las noche del sábado a los garitos en los que actuaba y los domingos cantaba en el coro de la iglesia. En 1960 hizo su primera grabación con Jud Records un blues, «Sally Sue Brown», que no tuvo mayor fortuna. Un año después, cuando trabajaba en un hotel, conoció a Rick Hall, dueño de un sello de conveniencia llamado FAME (Florence Alabama Music Enterprises) que acepta grabarle un tema,

«You Better Move On», que rompe moldes y se convierte en un éxito arrollador que permite a Hall ganar el suficiente dinero para construir los estudios Muscle Shoals, que se convertirían en la cuna del southern soul. No le fue tan bien a Alexander, que peregrinó por sellos como Monument o Dot sin acercarse siquiera a lo conseguido con su primer tema. En 1972 grabó un disco homónimo con Warner y tres años después volvió a intentarlo en el sello Buddah con *Every Day I Have To Cry Some*. Mientras era idolatrado por las bandas de rock británico, sus discos se vendían cada vez menos. Durante años desapareció del circuito musical y se ganó la vida como conductor de autobús en Cleveland, Ohio.

A partir de 1985 salieron al mercado tres álbumes recopilatorios y en 1993 volvió a intentarlo por última vez en pleno revival del soul sureño con el disco *Lonely Just Like Me*, con el sello Elektra, pero un ataque al corazón le sorprendió en Nashville y puso fin a su carrera. De su influencia dan fe los artistas que han interpretado sus temas: Elvis Presley, Jerry Lee Lewis, Ike & Tina Turner, The Beatles, The Rolling Stones, Bob Dylan, CJ Chenier y Pearl Jam.

Ashford & Simpson

Días de amor y música

1964 – 2011. Nueva York

Es uno de los dúos más completos de la historia de la música negra. Intérpretes, compositores, arreglistas, productores y pareja sentimental, Nickolas Ashford y Valerie Simpson se conocieron en 1963 cuando cantaban en un coro de gospel en una iglesia de Harlem y desde entonces se convirtieron en inseparables. Su íntima relación de amistad, jalonada de legendarias broncas, acabó ante el altar en 1974. Comenzaron a escribir canciones juntos en 1964, vendiendo su material a sellos como Glover o Specter. En 1966 compusieron el tema «Let's

Go Get Stoned» para mayor gloria de Ray Charles y se convirtieron en compositores de Motown, donde trabajaron para sus principales estrellas como Marvin Gaye, Tammi Terrell y Diana Ross. En 1973 abandonaron Motown y ficharon por Warner para emprender una nueva etapa como dúo de intérpretes con el disco *Gimme Something Real*. Ese mismo año grabaron *I Wanna Be Selfish* y, dos años después, volvieron al mercado con *Come As You Are*, lo que no les impidió seguir haciendo canciones para Quincy Jones, Teddy Pendergrass, Ben E. King y Chaka Kahn. En 1982 cambian de nuevo de compañía y firman con Capitol Records para grabar el álbum *Street Opera*, al que sigue *High Rise* en 1983 y su mayor celebridad en esa etapa, *Solid*, en 1985. Después vendrían *Real Love*, *Stay Free* y *Love Of Physical*, disco con el que cerraban su etapa como intérpretes en 1989. Después de un período dedicado a los negocios en 1996 regresaron al mundo de la música con un disco, *Been Found*, grabado en su propia discográfica Hopsack & Silk. Una de las razones de la popularidad de sus canciones era que manejaban un lenguaje ambigüo, sembrando veladas dudas sobre la naturaleza de su relación personal, lo que cobraba una fuerza especial durante sus actuaciones en directo. La muerte de Ashford en agosto de 2011 puso fin a esta legendaria historia de amor y música.

Babyface

Sentimiento renacentista

Kenneth Brian Edmons
10 de abril de 1959
Indianápolis, Indiana

Artista polifacético, fue cantante, guitarrista, compositor, productor musical y cinematográfico, actor y empresario. Enamoradizo según propia confesión, trasladó ese sentimiento a sus canciones, en las que además incorporaba el lenguaje de la calle cuando el soul se había distanciado de ella. Siendo un adolescente su padre falleció, su madre tuvo que sacar adelante a sus seis hijos y Kenneth decidió dedicarse a la música para ayudar a su familia. Pasó por varias bandas en las que afinó su sonido funk y maduró como compositor. En Manchild comenzó tocando los teclados y más tarde pasó por The Crowd Pleasers. En 1977 se traslada a

Chicago para grabar con el sello Chi-Sound un tema, «Especially For You», con discreto resultado. En 1981 comenzó a tocar con The Deele, donde conoció a su socio Antonio 'LA' Reid, con quien acabaría fundando LaFace Records en 1989. Ambos compusieron para Michael Jackson, Whitney Houston, Vanessa Williams o Madonna, entre otras estrellas del pop. En 1986 publicó su primer álbum, *Lover*, al que seguiría tres años más tarde *Tender Lover*, ambos con Solar Records. La siguiente década fue prolífica, con discos como *A Closer Look*, en 1991, *For The Cool In You*, en 1993, con tres discos de platino, los mismos que cosecharía con *The Day* en 1996, el año en el que recibió el primero de sus tres premios Grammy. En 1997 fundó junto a su esposa su propia productora cinematográfica, lo que no le ha impedido seguir lanzando discos como *Face 2 Face*, en 2001 o *Grown & Sexy*, en 2005.

Erykah Badu

El renacer del soul

Erica Abi Wright
26 de febrero de 1971
Dallas, Texas

Forma parte de la generación conocida como BAPs (Black African Princes) y de hecho su nombre es una reivindicación de sus ancestros esclavos. Está considerada como la gran voz femenina del soul de finales de siglo en la estela de las grandes damas de la música negra como Billie Holiday o Nina

Simone. En 1994 apareció en un show de la estrella del neo soul D´Angelo, cuyo mánager, Kedar Massenburg, quedó impresionado por la actuación y la contrató para hacer una versión a dúo del tema «Your Precious Love». Poco después graba su disco de debut, *Baduizm*, bajo la producción de Massenburg, en Kedar Redcords. El disco salió al mercado a principios de 1997 y se colocó en el número uno de la lista del *Billboard*, con excelentes críticas y ventas millonarias. El primer single *On & On* le proporcionó a Badu su primer premio Grammy a la edad de veintiséis años.

Tras una breve retirada de primera línea a finales de los noventa para dedicarse a su familia y a componer nuevos temas, reaparece con toda su fuerza en 2000 con el disco *Mama's Gun*, grabado en Motown con un aire retro que recuerda a Ella Washington o Roberta Flack y que se convierte en otro éxito inmediato tanto de críticas como de ventas. Tres años después, el fenómeno se repite con *Worldwide Underground*. Su siguiente disco, *New Amerikah*, fue publicado en dos partes entre los años 2008 y 2010. Paralelamente, ha desarrollado un carrera como actriz de cine independiente. Su espectacular puesta en escena y su estilo musical, heredero del jazz y del soul clásico, la han convertido en una de las figuras más importantes de la música negra del siglo XXI.

Anita Baker

La reina del Quiet Storm ochentero

26 de enero de 1958
Toledo, Ohio

Su madre la abandonó cuando tenía dos años y se crió en Detroit con una familia de acogida. A los doce años fallecieron sus padres adoptivos y quedó al cuidado de su hermana. A los dieciséis cantaba en discotecas y allí fue

descubierta por el director de orquesta David Washington, quien le proporcionó una audición con Chapter 8, una banda de funk que en 1979 graba un disco para Ariola en el que Anita demuestra todo su potencial. Pero a principios de los ochenta Ariola fue absorbida por Arista Records, que no confiaba en las posibilidades de Baker, que tuvo que regresar a Detroit para trabajar como recepcionista en un bufete de abogados. En 1982, un antiguo socio de Ariola, Otis Smith, la localizó y le ofreció una nueva oportunidad con el sello Beverly Glen, que en 1983 edita su primer disco, *The Songstress*, que obtiene unos resultados mediocres pero le permite firmar con Elektra, donde en 1986 graba *Rapture*, del que se extrae el single «Sweet Love» que se coloca en el número ocho de la lista del *Billboard*. Dos años después el álbum había vendido más de ocho millones de copias en todo el mundo y le proporciona dos Grammy, los primeros de los ocho que conseguiría a lo largo de su carrera. En 1988 sale al mercado *Giving You The Best That I Got*, un nuevo éxito de ventas al que siguen *Compositions*, en 1990 y *Rhythm Of Love*, en 1994, tras el que se retira temporalmente para regresar en 2000 con el álbum *My Everything*, que ya no posee la garra de sus anteriores producciones.

LaVern Baker

La transmisora de la esencia

Delores Williams
11 de noviembre de 1929 – 10 de marzo de 1997
Chicago, Illinois – Nueva York

Era una cantante al estilo clásico, como Bessie Smith, Ma Rainey o su tía, la *blueswoman* Memphis Minnie, con una voz potente y sofisticada con la que inauguró la senda por la que más tarde transitarían cantantes como la propia Aretha Franklin. A lo largo de su carrera también usó los nombres de Bea

Baker, Delores Williams y Little Miss Sharecropper, con el que grabaría su primer single en 1949 para el sello RCA. Cuatro años después ficha con el sello Atlantic y adopta el nombre de LaVern Baker para grabar «Soul On Fire», una canción cargada de sensualidad que la reafirma como una estrella del rhythm & blues, una expectativa que confirma en 1955 con «Tweedlee Dee», que se convierte en un éxito arrollador, A partir de ese momento su carrera se dispara y entre 1956 y 1959 edita cinco discos: *LaVern Sings, Bessie Smith, Blues Ballads, Saved* y *See See Ryder*, todos en Atlantic. En 1964 comienza a grabar con Brunswick, donde desaprovechan su talento y a finales de los setenta, tras un viaje a Vietnam para actuar ante las tropas norteamericanas, contrae una enfermedad y abandona la música para reaparecer en todo su esplendor en 1988 durante la fiesta de aniversario del sello Atlantic en el Madison Square Garden. Volvió a vivir días de esplendor participando en musicales de Broadway, grabando bandas sonoras de películas y registrando algunos discos cargados de nostalgia, como el último, *Jump In To The Fire*, en 1995. Fue la segunda artista femenina que entró en el Salón de la Fama del Rock.

Hank Ballard & The Midnighters

El rhythm & blues lujurioso

1954- 1965
Detroit, Michigan

Sus letras escandalosas y su peculiar estilo musical, que el propio Ballard definía como una mezcla de «un poco de blues, country, gospel y rhythm & blues» llevaron a una gloria temporal a esta banda que pasó a la historia por inventar un baile, el twist. Henry Bernard Ballard nació en Chicago y según su propio relato en su infancia fue testigo de los malos tratos a los que era sometida su madre, que acabó huyendo de casa. Tras la muerte de su padre, Henry se fue a vivir a Alabama con unos parientes, pero a los quince años huyó del pueblo para regresar a Detroit, donde trabajó en la cadena de montaje de la Ford. Allí coincidió con su prima Florence Ballard, que más tarde formaría parte de The Supremes. Con ella descubrió los ambientes musicales y conoció a Sonny Woods, que formaba parte de The Royals, un

grupo de doo-wop en el que estaban Alonzo Tucker, Henry Booth, Charles
Sutton y Lawson Smith, el vocalista, que fue sustituido por Hank Ballard.

En 1951 el grupo participó en un concurso organizado por Johnny Otis,
que los contrata para Federal Records y graban *Every Beat Of My Heart*, el
primer disco de Ballard, que da un giro a las blandengues letras del grupo,
componiendo canciones como «Get It», un tema de tono picante y sexual
que se convirtió en un bombazo que trajo a la banda algunos problemas con
la censura, situación que llegaría a su punto álgido en 1954, cuando su canción «Work With Me Annie» fue prohibida en la mayoría de los emisoras
de radio, pese a lo que llegó a lo más alto en las listas de éxitos. Para atraer
a un público más conservador, el tema sería regrabado con una letra más
suave y rebautizado como «Dance Whit My Henry», cuya versión serviría
para el despegue musical de Etta James. En ese momento de gloria el grupo
cambia su nombre por The Midnighters e insiste en su vena lujuriosa con
canciones como «Annie Had A Baby» y «Annie's Aunt Fanny», que venden
más de un millón de copias y les convierten en la banda del momento. Ac-
túan en clubs de todo el país y sacan un nuevo disco *It's Love Baby (24 Hours
A Day)* que también logra buenas ventas. Pero los siguientes dos años pasan
por una etapa de estancamiento con continuos cambios en su formación. En
1959 fichan por King Records, se renombran como Hank Ballard & The
Midnighters y lanzan el tema «Teardrops On Your Letter», que les devuelve
a los primeros puestos de las listas de rhythm & blues gracias sobre todo a su
cara B, una canción titulada «The Twist», que se hará mundialmente famosa

en la voz de Chubby Checker. Durante los dos años siguientes el grupo se dedica a producir canciones bailables como «Finger Poppin' Time», «The Hoochi Coochie Coo», «Do You Know How To Twist» o «Let's Go, Let's go, Let's Go». Pero la fortuna fue efímera, los Midnighters se separaron en 1965 y Ballard acabó viviendo de su gloria pasada integrado en el espectáculo *James Brown Revue*.

The Bar-Kays

Marcados por la tragedia

1966 - 2006
Memphis, Tennessee

Tras unos inicios como grupo de acompañamiento de las estrellas del sello Stax y la muerte en accidente de la mayoría de sus miembros, The Bar Keys renacieron como una banda de funk que pasaría con letras mayúsculas a la historia de la música tanto por su excepcional calidad artística como por la tragedia que les marcó para siempre. Comenzó como grupo de estudio en 1966 con Jimmie King a la guitarra, Ronnie Caldwell al órgano, Ben Cauley a la trompeta, Phalon Jones al saxo, James Alexander al bajo y Carl Cunningham a la batería. Un año después Otis Redding los eligió como banda de acompañamiento, pero apenas tuvieron tiempo de mostrar su talla al lado del maestro. En diciembre de 1967, King, Caldwell, Jones y Cunningham, fallecieron junto a Otis y su mánager cuando su avión se estrelló en el Lago Monona. Ben Cauley sobrevivió al accidente y James Alexander no viajaba en el avión. Ambos decidieron seguir adelante y refundaron la banda con el saxofonista Harvey Henderson, el guitarrista Michael Toles, el organista Ronnie Gorden, el batería Willie Hall y el vocalista Larry Dodson. La nueva formación siguió funcionando como banda de respaldo para las figuras del sello Stax, como Issac Hayes,

Rufus Thomas o Albert King. Durante esos años también grabaron una serie de álbumes exitosos como *Soul Finger*, en 1967, *Gotta Groove*, en 1968, *Hot Buttered Soul*, con Isaac Hayes en 1969, *Black Rock*, en 1971 y *Coldblooded*, en 1974, todos con el sello Volt, una marca filial de Stax.

Tras la incorporación del guitarrista Lloyd Smith en 1973, el grupo evolucionó en una línea cada vez más funk, insuflando las letras de sus canciones de una temática cada vez más social. En 1975 firmaron con Mercury Records y un año después lanzaban el disco *Too Hop To Stop*, al que siguieron en años sucesivos *Money Talks*, *Light Of Life*, *Injoy* y *Animal*, el último que grabaron con Mercury antes de pasar por discográficas como Zoo, Basix y Curb. Los cambios en la formación fueron constantes, con incorporaciones como las del trompetista Charles Allen, el guitarrista Lloyd Smith, el trombonista Frank Thompson y el batería Michael Beard. Con la entrada de sintetizador, su sonido fue derivando cada vez más hacia la música disco. La tragedia volvió a golpear a la banda en 1984, cuando Marcus Price -una de sus más recientes incorporaciones- fue asesinado cuando regresaba de un ensayo. Las últimas incorporaciones fueron las de Larry Dodson, Archie Amor, Bryan Smith y Tony Gentry. A finales de los años noventa su producción creativa se redujo casi a cero y comenzaron a vivir de las rentas de sus viejos éxitos. En 2006, la banda desapareció prácticamente de los escenarios.

Ray Barreto

La prehistoria del latin soul

Raymond Barreto Pagan
29 de abril de 1929 – 17 de febrero de 2006
Nueva York – Nueva York

Aunque su nombre no suele figurar frecuentemente vinculado a la música negra, sus contactos con la comunidad musical afroamericana de Nueva York le colocaron en el epicentro del movimiento que en los años sesenta fusionó el jazz latino con el mambo cubano y el soul para alumbrar un género por el que a finales del siglo XX comenzaron a transitar músicos de hip-hop y r&b como Rihanna, Alicia Keys o Mariah Carey. Hijo de emigrantes portorriqueños, pasó su infancia en el Harlem español. Comenzó tocando swing, antes de pasarse a los ritmos latinos. En 1960 fichó por el sello Riverside para editar un primer disco, *Barreto Para Bailar*, con buena acogida entre los ambientes del jazz. Un año después grabó su primer disco de gran éxito, *Pachanga With Barreto*, que incluía «El Watusi», la primera canción latina que entraba en las listas de *Billboard* y que calaba entre los aficionados al soul más dinámico. En 1967 ficha por Fania Records para grabar un año después el que quizá sea el primer experimento de fusión entre el rhythm & blues y la música latina, un disco cargado de funk que llevaba el título de *Acid* y que contenía un nuevo éxito en el *Billboard*, el tema «Deeper Shade Of Soul», que veintitrés años después sería rapeado por la banda Urban Dance Squad. En los setenta siguió grabando para Fania temas cada vez más salseros con bastante éxito, hasta que su banda se fue disolviendo y él se fue acercando de nuevo al jazz. Puso sus congas al servicio de grupos tan dispares como The Rolling Stones o The Bee Gees y a finales de la década firmó con Atlantic Records, la discográfica por excelencia del soul neoyorquino. En 1990 recibió un Grammy.

Fontella Bass

La autora de Rescue Me

3 de julio de 1940 – 26 de diciembre de 2012
Saint Louis, Missouri - Saint Louis, Missouri

Hija de la cantante de gospel Martha Bass, empezó acompañando al piano a su abuela, que cantaba en servicios funerarios. Entre los nueve y los dieciséis años, acompañó a su madre en sus giras cantando música religiosa mientras hacía sus pinitos en el rhythm & blues en concursos de jóvenes talentos. A los diecisiete años empezó a actuar regularmente en el Showboat, un club de Missouri, y tocó el piano en la banda del *bluesman* Little Milton Campbell, quien le dió la oportunidad de grabar su primer tema «So Mean To Me» en 1962, después del que vino su disco de debut para el sello Bobbin, *I Don't Hurt Anymore*. Su siguiente single, *I Love The Man* fue producido por Ike Turner, quien le graba un dúo con Tina Turner en el tema «Poor Little Fool», incluido en el disco *Vesuvius*.

En 1965 se traslada a Chicago y logra una audición en Chess Records, donde la contratan para realizar dúos con Bobby McClure, logrando un significativo éxito con «You'll Miss Me». Su siguiente entrada en el estudio fue

para grabar «Rescue Me», una canción que había escrito junto a Carl Smith
y Raynard Minery, que se convertiría en icono de la música negra y que copó
los primeros puestos de las listas, vendiendo más de un millón de copias y
logrando un disco de oro. Pero este triunfo tuvo un sabor agridulce cuando
la dejaron fuera de los *royalties* por derechos de autor, comenzando un litigio judicial que duraría años. Deambuló por diversas discográficas en busca
de un triunfo que nunca se repetiría y en 1972, después de grabar el disco
Free abandonó la música. Dieciocho años después regresó reconvertida en
cantante de gospel. Desde finales de los ochenta siguió sacando al mercado
discos de irregular fortuna: *No Ways Tired* en 1995, *Now That I Found A Good
Thing* en 1996 y *Travelin'*, que cierra su currículum discográfico en 2001.

William Bell

Los sonidos del Sur

William Yarborough
16 de julio de 1939
Memphis - Tennessee

Fue uno de los grandes estilistas del southern soul y sus composiciones fueron decisivas para definir el sonido del sello Stax. Nació en Memphis justo

al comienzo de la Gran Depresión y eligió su nombre artístico como homenaje a su abuela Belle. Comenzó a cantar con The Del-Rios, un grupo vocal con el que grabó un single en 1956, *Alone On A Rainy Night*, para el sello Meteor. Poco después, gracias a los buenos oficios de Chips Moman, un productor de Satx Records, entró a trabajar como compositor en la discográfica. Debutó como cantante con «You Don't Miss Your Water», un tema en línea country soul que se convirtió en uno de los primeros éxitos de Stax, donde su faceta de cantante fue eclipsada por su dotes como compositor, habitualmente en colaboración con Booker T. Jones o Steve Cropper, y no grabó su primer álbum hasta 1967, cuando registró *The Sopul Of A Bell*, del que se extrajo el single *Everybody Loves a Winner*, que se colocó en los primeros puestos de ventas. Ese año otro de su temas, «Born Under A Bad Sing», fue superventas en la voz de Albert King. Al año siguiente triunfó con un homenaje al fallecido Ottis Redding, *Tribute To A King*, un disco al que siguieron *Bound To Happen*, en 1969, *Wow... William Bell*, en 1971, *Phases Of Reality*, en 1973, *Waiting For William Bell*, en 1973 y *Relating*, en 1974, un año antes de que Stax cerrase y él tuviese que emigrar al sello Mercury. Todos aquellos discos tuvieron escaso éxito, comparados con los temas que componía para las estrellas de la compañía. En 1985 se trasladó a Atlanta y montó su propia discográfica, Wilbe, donde mantuvo vivo el sonido que había hecho famosa a Stax. Se mantuvo en activo hasta 1992. Regresó en el año 2000 con *A Portrait Is Forever* y cerró el ciclo en 2006 con *New Lease Of Life*.

Chuck Berry

Papá rock

Charles Edward Anderson Berry
18 de octubre de 1926
Saint Louis, Missouri

Considerado uno de los más grandes magos de la guitarra eléctrica, creció tocando blues y evolucionó el rhythm & blues para convertirlo en rock & roll, una música a la que muchos atribuyen su paternidad. Comenzó a tocar la guitarra a los trece años y a los quince actuó en público por primera vez. En el verano de 1944 tuvo su primer desencuentro con la justicia cuan-

do fue detenido por robar un coche a
punta de pistola y pasó tres años en la
prisión de Algoa, Missouri. Al salir se
casó y montó su propio negocio de peluquería, aunque siguió tocando en los
clubs de la ciudad. En 1952 comenzó
a actuar en el Cosmopolitan Club, tocando todo tipo de estilos: blues, country o rhythm & blues. En 1955 se fue
a Chicago, donde Muddy Waters le
puso en contacto con Chess Records
y grabó «Maybellene», un rock & roll que se convirtió en número uno, al
igual que sucedió con «Roll Over Beethoven» al año siguiente. En 1957 participa en la gira de Allan Freed con grandes estrellas del rock como Buddy
Holly o The Everly Brothers y graba su disco *After School Session*. En 1958
sale al mercado *One Dozen Berrys*, que contiene su famoso tema «Rock And
Roll Music» y un años más tarde edita *Chuck Berry Is On Top*, que incluye
el eterno «Johnny B. Good». En 1959 fue condenado a un año y medio de
prisión, acusado de relaciones con una menor. En 1963 sale de la cárcel y recibe el tributo de bandas británicas como The Rolling Stones y The Beatles.
Un año más tarde realiza su primera gira por el Reino Unido y aunque todo
anunciaba una etapa de éxitos renovados, su difícil temperamento le aboca
a una carrera alejada de los grandes éxitos, siempre en la carretera, tocando
con bandas de ocasión que siguen admirando al gran maestro que convirtió
el rhythm & blues en una cosa que otros bautizaron como rock & roll.

Beyoncé

La voluptuosidad del moderno r&b

Beyoncé Giselle Knowles
4 de septiembre de 1981
Houston, Texas

Comenzó cantando cuando era una colegiala con el grupo Destiny's Child
junto a su prima Kelly Rowland y sus amigas LaTavia Roberson y LeToya

Lucket. Eran los inicios de los años noventa y el padre de Beyoncé, Mathew Knowles, decidió apostar por el futuro de las chicas hasta el extremo de dedicarse en exclusiva a ser mánager del grupo. En 1997 firmaron un contrato con Columbia Records y después de cuatro álbumes se habían convertido en el grupo femenino más rentable de la historia, con temas que batieron récords de ventas como «Jumpin' Jumpin'», «Say My Name» o «Survivor». Pero las desavenencias de Roberson y Lucket con el padre de Beyoncé por el reparto de beneficios provocaron su salida del cuarteto y el inicio de la carrera en solitario de Beyoncé.

En 2003 graba su primer álbum *Dangerously In Love*, que se convierte en disco de platino y le proporciona a la cantante sus cinco primeros Grammy. Al año siguiente sale al mercado *Destiny Fulfilled*, un nuevo disco de Destiny's Child, que se vuelven a disolver después de la gira de promoción. Beyoncé vuelve a la carga como solista en 2006 con *B'day* mientras triunfa en el cine con películas como *Dreamgirls* o *Cadillac Records*, donde interpreta el papel de Etta James. En 2008 lanza un nuevo disco, *I Am... Sasha Fierce*, al que sigue en 2010 *I Am... World Tour*. En los años siguientes sigue acaparando fama en colaboraciones con grandes figuras del r&b y el hip-hop como Jay-Z o The Dream, actuando en la investidura del presidente Barack Obama o en la final de la Super Bowl. En 2013, su disco homónimo vuelve a convertirse en récord de ventas. En su abultado palmarés figuran diecisiete premios Grammy, doce de la MTV, un premio *Billboard* del Milenio y una estrella en el Paseo de la Fama de Hollywood.

Bobby Bland

El Sinatra del blues

Robert Calvin Bland
27 de enero de 1930
Rosemark, Tennessee

Nunca pisó una escuela, pero su analfabetismo no le impidió convertirse en uno de los mejores narradores de la música afroamericana. Nunca fue un músico de masas ni conectó con el público blanco. Su larga trayectoria musical le sitúa entre los pioneros del rhythm & blues que transitaron hacia el soul manteniendo la esencia del blues. Se nutrió tanto del gospel como del blues rural, aprendiendo directamente de *bluesmen* como Blind Lemon Jefferson.

En 1944 su familia se mudó a Memphis, donde fue miembro fundador de los míticos The Beale Streaters, junto a grandes leyendas del blues como BB King, Johnny Ace o Junior Parker. Su primer contrato se lo consiguió otro mito de la música negra, Ike Turner, que le introdujo en Mordern Records, aunque su marcha al ejército interrumpió su carrera, que recuperó en 1955 cuando llamó la atención de Don Robey, el dueño de Duke Records, que lo contrató para cantar con la Harvey Bill Orchestra. En 1957 consiguió su primer éxito con la canción «Farther On Up The Road», a la que seguirían otras como «Little Boy Blue» y «Blues Bobby», en las que participó el arreglista Jope Scott, que modularía la forma de cantar de Bland, dotándola de su peculiar estilo narrativo. En 1961 grabó su primer álbum, *The Steps From The Blues*, al que seguirían *Call On Me*, en 1963 y *Touch Of The Blues*, en 1968. En 1973 el sello Duke fue absorbido por la compañía ABC donde Bland grabó *His California Album*, que obtuvo buenos resultados de ventas pero que marcó el principio de una etapa de monotonía que se hizo más patente con los siguientes, *Try Me, I'm Real*, en 1981 con MCA, *First Class Blues*, con Malaco en 1987, y *Midnight*

Run, también con Malaco en 1989. En su día fue conocido como el Sinatra del Blues y el León del Blues. En 1992 fue incluido en el Salón de la Fama del Rock.

Mary J. Blige
La flor del gueto

Mary Jane Blige
11 de enero de 1971
Nueva York.

Su vida parece sacada del guión de una serie televisiva. Nació en el Bronx, emigró a Georgia y regreso al neoyorkino barrio de Yonkers donde pasaba la mayor parte del día en la calle, sin asistir a la escuela y cultivando una imagen de chica peligrosa que mantuvo durante los primeros años de su carrera musical. Un buen día grabó una cinta en un *karaoke* de un centro comercial y la grabación acabó llegando a manos del rapero Andre Harrel, fundador de Uptown Records, donde a los dieciocho años comenzó como cantante de estudio y en 1992 grabó su primer disco, *What's the 411*, producido por Puff Daddy. Dos años después y en la misma compañía, registra su segundo álbum *My Life*, en el que sus vivencias en el lado duro del gueto atraparon a miles de fans y se convirtió en un éxito fulminante. En 1996 Uptown Records se disuelve y Blige pasa a MCA donde un año después graba *Share My World*, un disco que se coloca en lo más alto de las listas del *Billboard*, con aires más clásicos de soul, una línea de sonido en la que profundiza en su siguiente álbum de estudio, *Mary*, grabado en 1999 con colaboraciones de estrellas como Stevie Wonder, Lauryn Hill o Elton John. Su estilo se volvió cada vez más elegante en discos como *No More Drama*, en 2001, *Dance For Me*, en 2002, *Love & Life*, grabado en 2003 o *The Breakthrough*, en 2005, que vendió un millón de copias en los diez días posteriores a su salida al mercado. En los últimos años ha desarrollado además una importante carrera como actriz y colabora en diversas iniciativas sociales en favor de las mujeres marginadas y maltratadas.

Booker T. & The MG´s

El soul de la integración

1962
Memphis, Tennessee

Fue una de las primeras bandas que integró a músicos blancos y negros y esa característica, junto a la creación de un sonido fruto de las influencias del blues, el rhythm & blues, el country y el rockabilly, les convirtió en uno de los más valiosos puntales del sonido Stax. Booker T. Jones nació en Memphis en 1944 y a los catorce años ya dominaba el piano, el órgano y el clarinete. Siendo un adolescente entró a formar parte de la plantilla de músicos de estudio de Stax, cuando todavía se llamaba Satellite Records. Allí conoció a Steve Cropper, un guitarrista blanco, Lewis Steinberg, bajista y Al Jackson, batería, con los que montó Brooker T. & The MG. En 1962 su tema «Green Onions» les aupó a los primeros puestos de las listas, abriendo camino a otras estrellas de su discográfica como Otis Redding o Wilson Pickett. En 1964 Steinberg fue sustituido por Dolnald 'Duck' Dunn, otro músico blanco amigo de Cropper y hasta entonces miembro de The Mar-Keys, lo que dejaba la cuestión racial en empate, algo importante para la imagen y el carisma de la banda en los años de la lucha contra la segregación racial.

En la segunda mitad de los años sesenta siguieron grabando éxitos como «Hip Hug Her», «Soul Limbo» o «Time Is Tight». En 1970 grabaron *McLemore Avenue*, un disco de versiones instrumentales del *Abbey Road* de The Beatles, con parodia de portada incluida, con los miembros del grupo cruzando un paso de cebra en McLemore Avenue, la calle de los estudios Stax. Ese mismo año Booker T se casó y decidió comenzar una carrera en solitario en California. Por entonces la llegada a Stax de Al Bell como nuevo director había cambiado la política interna de la compañía y la marcha de Booker fue el pistoletazo de salida. El siguiente en abandonar fue Steve Cropper que se montó unos estudios a medida, TMI, para dedicarse en cuerpo y alma al sonido country soul. Dunn y Jackson intentaron seguir adelante reclutando a Carson Whitsett para sustituir a Booker en el órgano y a Bobby Manuel para hacerse cargo de la guitarra. Pero el experimento no funcionó y el disco de reivindicativo título que sacaron en 1973, *The Mgs*, fue un fracaso. Además los gustos del público estaban cambiando, Stax empezaba a entrar en declive y las posibilidades de reunir de nuevo al grupo original se truncaron cuando Booker T., que llevaba una errática carrera profesional, fue asesinado. Aunque la banda nunca ha desaparecido del todo e incluso han seguido sacando discos, nada volvió a ser lo mismo. A principios de los ochenta 'Duck' Dunn y Steve Cropper, la mitad blanca del grupo, formaron parte de las giras de los Blues Brothers. A principios de los años noventa fueron admitidos en el Salón de la Fama del Rock y acompañaron a músicos como Bob Dylan o Neil Young. Dunn falleció en Tokio en 2012, dejando a Steve Cropper como único testimonio de una de las más grandes bandas de la musica pop.

Boyz II Men

Las estrellas del swingbeat

1988
Philadelphia, Pensylvania

La puesta al día del soul, el r&b y el swingbeat o new jack swing, les ha supuesto a estos herederos de la mejor tradición de la música negra un éxito de ventas arrollador que les ha colocado al lado de Michael Jackson, The Beatles o Elvis Presley. Esta historia deslumbrante comenzó en 1988 en el Instituto de Artes Creativas y Artísticas de Philadelphia, donde estudiaban dos amigos, Nathan Morris y Marc Nelson, que crearon el proyecto Unique Attraction, al que incorporaron a Wanya Morris, Shawn Stockman y Michael McCary. Se inspiraron en New Edition, una banda muy popular en los años ochenta, precursora de las modernas *boy bands*. Era tal la devoción que renombraron al grupo como Boyz II Men, en homenaje a una canción de New Edition.

Ficharon por Motown en 1990, cuando Marc Nelson abandonó la banda, que quedó reducida a un cuarteto. Su primer álbum fue *Cooleyhighharmony*, en 1991 y al año siguiente su tema, «End On The Road», se convirtió en número uno mundial batiendo todos los récords de ventas. Entre 1993 y 1997 arrasaron con discos como *Christmas Interpretations*, *II* o *Evolution*. En 1999 Motown fue absorbida por Universal, donde grabaron el álbum *Nathan Michael Shawn Wanya*. En 2002 editaron con el sello Arista, *Full Circle*, que volvió a ser récord de ventas. En 2003 McCary abandona la banda por problemas de salud y un año después montaron su propia discográfica, MSM Music y grabaron *Throwack Vol. I*, un álbum con versiones de artistas como Michael Jackson o Bobby Cadwell. En 2006 editan *The Remedy*, también en su propio sello, y tres años después firman con Decca para grabar *Love*. Regresaron a MSM en 2011 para lanzar *Twenty*, su último álbum hasta el momento. Además de tres premios Grammy y un Award, también han sido galardonados por la ANNC, la histórica asociación que lucha por los derechos civiles de los afroamericanos.

James Brown

El orgullo negro

James Joseph Brown
3 de mayo de 1933 – 25 de diciembre de 2006
Barnwell, Carolina del Sur – Toccoa, Georgia

Su gigantesca talla artística es paralela a su enorme dimensión humana, social e incluso política. Redimensionó el rhythm & blues, revolucionó el soul, creó el funk y proporcionó a los afroamericanos el eslogan y la banda sonora del orgullo negro. Su vida es legendaria desde el primer minuto ya que se le dio por muerto al nacer y se recuperó milagrosamente gracias a los esfuerzos de su abuela Minnie. Nació en el seno de una familia extremadamente pobre de una pequeña comunidad rural que abandonó a los seis años para trasladarse a Augusta, a casa de una tía que regentaba un negocio a mitad de camino entre casa de huéspedes, casino y prostíbulo. Desde muy pequeño

ejerció todo tipo de trabajos, tanto legales como ilegales, para sobrevivir en un entorno marcado por la segregación racial. Antes de llegar a la mayoría edad, según afirmó siempre, fue detenido por un robo a mano armada y condenado a una dura pena de prisión. Pasó tres años en la cárcel y otros tres en un reformatorio de donde le sacaron los buenos oficios de la familia del músico Bobby Byrd, que le acogió en su casa. A los veinte entró a formar parte de un grupo de gospel, The Starligthers, que su carácter poco dado a las oraciones se encargó de convertir en un profano grupo de rhythm & blues con el nombre de The Famous Flames, en el que Byrd era uno de sus compañeros. Su primer éxito fue el mítico «Please, Please, Please», un tema con el que en 1956 logró atraer la atención de la industria musical. Pero su primer número uno en las lista lo conseguiría con «Try Me» en 1958.

El 24 de octubre de 1962 se produce el gran salto hacia adelante con la grabación de *Live At The Apollo* en el Teatro Apollo de Nueva York. A partir de ese día la fama y el éxito le acompañan en todos sus lanzamientos discográficos. En 1965 realiza el giro de vuelta definitivo a su carrera con el tema «Papa's Got A Brabd New Bag», en el que introduce los compases sincopados y los contrarritmos percusivos de bajo y batería que anuncian la revolución del funk que se confirma un año después con «Cold Sweat». El huracán Brown arrasa entre un público urbano hambriento de nuevas sensaciones y la pulsión musical se funde con el ansia de libertad del ala más radical del movimiento por los derechos civiles. Acaba de estallar el orgullo negro, que se plasma en 1968 en el tema «Say It Loud I'm Black & Proud».

Pero este grito de orgullo racial choca con la intolerancia de muchos responsables de emisoras de radio y televisión que vetan la presencia de Brown, cosa que no detiene una imparable ascensión que se cobra su primera víctima, The Famous Flames, que son sustituidos por una banda más joven y contundente: The JB'S, antes conocidos como The Peacemakers. Durante los siguientes veinte años se sucedieron los números uno, los discos de oro y platino, los galardones y las películas. Obtuvo dos premios Grammy y fue miembro fundador del Salón de la Fama del Rock. *Sex Machine*, *The Payback*, *Gravity*, *Pap Don't Take No Mess* o *I Got You (I Feel Good)*, forman parte de la discografía elemental de la música popular.

En 1988 pasó una nueva temporada en prisión tras una espectacular persecución policial. Salió de la cárcel tres años después y comenzó una etapa oscura y conflictiva, con acusaciones de maltrato a su esposa, el fallecimiento de esta y continuos problemas con la justicia por consumo de drogas y tenencia de armas. Tras una cura de desintoxicación, regresó a los escenarios para recoger una vez más la admiración del público de todo el mundo. El día de Navidad de 2006, a los setenta y tres años de edad, se eclipsaba definitivamente la estrella del Soul Brother Number One, de Universal James, de Mr. Dynamite, del gran Padrino del Soul.

Maxine Brown

El estigma de la mala suerte

18 de agosto de 1939
Kingstree, Carolina del Sur

Han tenido que pasar más de treinta años para que el talento excepcional de esta cantante de suaves y elegantes baladas de soul haya sido reconocido. Nacida en una zona rural de Carolina del Sur, donde aprendió los secretos del gospel más puro, a los siete años se fue a vivir con su familia a Nueva York. En 1960 firma su primer contrato con un sello modesto, Nomar Records, con el que editó un prometedor single, *All In My Mind*, que se aupó al número dos de las listas de rhythm & blues, al que siguió *Funny*, que llegó al número tres. En 1962, en su momento de mayor esplendor, fichó por la compañía ABC, pero lo que prometía ser un trampolín en su carrera se convirtió en una decepción, ya que después de un año en el dique seco tuvo que abandonar la compañía sin haber obtenido ningún resultado. Su siguiente intento fue con el sello Wand de Nueva York, donde editó «Oh No Not My Baby», una canción compuesta por Carole King y Gerry Goffin, con la que en 1964 consiguió un éxito más que aceptable. Pero a pesar de grabar algunos temas memorables como «I Wonder What My Baby's Doing Tonight» o «Something You Got», ambos a dúo con Chuck Jackson, Brown no acababa de tener suerte. Wand centraba todos su esfuerzos en promocionar a Dionne Warwick, la *prima donna* de la discográfica, y Maxine tuvo que volver a emigrar en 1969 a unos nuevos estudios, esta vez a Commomwealth United, donde siguió grabando canciones maravillosas como «We'll Cry Together», que sin embargo no acababan de conseguir la popularidad que merecían. Quemó su último cartucho en 1971 en Avco Records, donde tampoco supieron sacar partido a las excepcionales cualidades de la cantante, que se fue eclipsando para desaparecer en el anonimato de los clubs de segunda categoría.

Ruth Brown

Miss Rhythm

30 de enero de 1928 – 17 de noviembre de 2006
Portsmouth, Virginia – Henderson, Nevada

Aunque olvidada por casi todos, esta cantante de voz seductora e innato sentido del espectáculo fue fundamental para sentar las bases del rhythm & blues en la escena neoyorquina y para los primeros pasos de uno de sus sellos más importantes, Atlantic. Su padre era un trabajador portuario que dirigía el coro de la iglesia, adonde la llevaba todos los domingos, pero a la joven Ruth le gustaba más cantar en los clubs, así que a los 17 años se fugó con Jim Brown, un trompetista del que se divorció un par de años más tarde cuando vivían en Washignton, donde entabló amistad con la hermana del *jazzman* Cab Calloway, quien le facilitó la entrada en una discográfica que daba sus primeros pasos: Atlantic. En 1950 sale al mercado su primer single, «Teardrops From My Eyes», que proporciona a Atlantic su primer número uno en las listas de rhythm & blues. Durante los primeros años cin-

cuenta sigue triunfando con canciones como «5-10-15 Hours», «This Little Girl's Gone Rockin», «(Mama) He Treats Your Daughter Man» o «Mambo Baby». Durante los años más duros de la lucha por los derechos civiles actuó frecuentemente en los estados del Sur, haciendo frente a la segregación racial. En 1960 cerró su etapa en Atlantic con el disco *Don't Deceive Me* y durante diez años desapareció del panorama musical. A principios de los años setenta reapareció con un disco de gospel en el sello Mercury y desarrolló una carrera como actriz de teatro y televisión. Su papel en el musical de Broadway *Black And Blues* le supuso un premio Tony en 1989. Tras una larga lucha con Atlantic para recuperar sus derechos de autor, decidió montar una fundación para ayudar a otros músicos en similar situación. En 1993 ingresó en el Salón de la Fama del Rock.

Solomon Burke

El obispo del soul

James Solomon McDonald
21 de marzo de 1936 o 40 – 10 de octubre de 2010
Philadelphia, Pennsylvania - Ámsterdam, Holanda

Su acentuada personalidad le convierte en un artista único y diferente. Su excentricidad ha sido uno de sus sellos de identidad y una de sus grandes aportaciones al mundo del espectáculo. Sentado en su trono y revestido con la pompa de un monarca a la antigua usanza, paseó por todo el planeta las esencias del blues, el soul y el rhythm & blues. Se crió en el seno de una familia profundamente religiosa que tenía templo propio, The House of God For All People, más conocido como Solomon's Temple, donde el pequeño Solomon se reveló como un prodigioso predicador que a los nueve años encandilaba a la audiencia con sus sermones. Su primera grabación fue «Christmas Present From Heaven», una canción que dedicó a su abuela en

1955 y que, según algunas versiones, adaptaría al rock & roll en 1959 como «Be Bop Grandma». En 1960 firmó con Atlantic Records y comenzó a colaborar con el productor Jerry Wexler con quien grabó su primer éxito, «Just Out Of Reach Of My Open Arms». Dos años después graba su primer álbum, *Solomon Burke*, y lanza un single, *Cry To My* que se coloca en los primeros puestos de la lista del *Billboard*, algo que repetiría al año siguiente con *If You Need Me*. En 1963 es coronado como el Rey del Rock & Soul en una aparatosa ceremonia en el Royal Theatre de Baltimore, investido con una réplica de la corona británica y una capa de armiño que desde entonces usó repetidamente en sus actuaciones.

En 1964 grabó una canción que había escrito cuando era un adolescente para cantar en la iglesia. Se titulaba «Everybody Needs Somebody To Love» y es universalmente conocida sobre todo por la versión que John Belushi y Dan Aykroyd realizaron en la película *The Blues Brothers*. Ese año grabó *I Almost Lost My Mind*, con el sello Clarion, una filial de Atlantic que al mismo tiempo lanzó al mercado *Rock 'N' Soul*, con el que consigue un premio Grammy. Burke atraviesa su mejor momento. En 1965 graba *The Best Of Solomon Burke*, que se convierte en un éxito de ventas, aunque se agudizan sus diferencias con los directivos de Atlantic, que apuestan por los nuevos talentos de la discográfica como Aretha Franklin o Wilson Pickett. Después de sus álbumes *King Solomon*, en 1967 y *I Wish I Knew*, en 1968, abandona Atlantic y ficha por el sello Bell durante un corta temporada en la que grabó un álbum, *Proud Mary*. En 1970 firma con MGM y al año siguiente edita *The Electronic Magnetism*, un disco con un potente sonido funk al que siguen *We're Almost Home* y *History of Solomon Burke*, en 1972 y *I Have a Dream*, en 1974, tras el que abandona MGM y pasa a Chess Records donde editó dos discos, *Music to Make Love By*, en 1975 y *Back to My Roots*, en 1976, tras los que comenzó un peregrinaje por varias discográficas como Infinity, Charly, Savoy Rounder o Blak Top, en las que no pudo recuperar sus éxitos anteriores. En los años noventa su figura formaba parte ya del Olimpo de los históricos de la música negra y en 2001 entró en el Salón de la Fama del Rock. Murió a los setenta años en el aeropuerto de Amsterdam cuando viajaba para actuar en un concierto en la ciudad holandesa. Además de un legado de cientos de canciones indispensables, el rey del Rock & Soul dejó al morir veintiún hijos, noventa nietos y diecinueve biznietos, muchos de ellos vinculados también a la música.

Jerry Butler

El soulman de hielo

8 de diciembre de 1939
Sunflower, Mississippi,

El mayor de cuatro hermanos y miembro de una familia que había emigrado de los campos de Mississippi al gueto de Chicago, su carrera comenzó a los dieciocho años, cuando decidió formar un grupo de doo-wop con Curtis Mayfield, su amigo y compañero del coro de la iglesia. Primero se llamaron The Rooters y luego The Impressions, pero el primer disco, un single titulado «For Your Precious Love», salió al mercado como Jerry Butler and The Impressions, con el sello Vee-Jay. El cambio no le hizo ninguna gracia al resto de los músicos y le supuso a Butler la salida de la banda. Dos años después, en 1960, graba su primer sencillo en solitario «He Will Break Your Heart», una canción compuesta por Curtis Mayfield.

Vee Jay Records quebró en 1966, y Butler decidió mudarse a Philadelphia para comenzar una nueva etapa. Junto a Kenny Gamble y Leon Huff, los creadores del Phyll Soul, con su sello PIR, publicó una serie de históricos temas como «Never Give You Up», «Hey Western Union Man» y «Only The Strong Survive», además de un par de álbumes muy destacables: *The Ice Man Cometh* (1968) y *Ice on Ice* (1970) que le adjudicaron el apodo de El Hombre De Hielo. En 1970 abandonó el sello PIR y en 1976 fichó por Motown, donde grabó un par de sencillos, *Love's On The Menu* y *Suite For The Single Girl*, que siguieron teniendo el favor del público a pesar de su coqueteo con estilos más proximos al pop. Pero sus álbumes más destacados fueron los que tuvieron el marco del Philly Sound. En la década de los ochenta comenzó a distanciarse del mundo de la música para dedicarse a los negocios y más tarde empezó una carrera política en Chicago, cosa que no le ha impedido participar en la mayoría de los programas especiales que las cadenas de televisión dedican al soul y al r&b. En 1991 ingresó en el Salón de la Fama del Rock.

C

Mariah Carey

La nueva estrella del latin soul

27 de marzo de 1970
Huntington, Nueva York

Su madre era una profesora de música repudiada por su familia al casarse con un hombre de raza negra y el componente multirracial marcó la infancia de Mariah. Sus primeras canciones eran una mezcla de soul, pop y gospel, compuestas en colaboración con el arreglista Ben Morgulies. Se trasladó a Manhattan, trabajó como camarera hasta que un día conoció a Brenda K. Starr, una figura ascendente de la música pop que le facilitó el acceso a una fiesta de ejecutivos de Columbia Records, donde le entregó una maqueta a Tommy Mottola, director de Sony Music, quien la escuchó de vuelta a su casa y estuvo buscando a su autora durante algunas semanas hasta que pudo dar con ella. En 1990 y bajo la dirección de Mottola, su futuro marido, debutó con un álbum que llevaba por título su propio nombre. Cuatro temas del disco fueron número uno en la lista de *Billboard*. Su segundo álbum, *Emotions*, sale al mercado en 1991, dos años despues publica *Music Box* al que siguen *Merry Christmas*, en 1994 y *Daydream*, en 1995. En 1997 *Butterfly* logra un éxito espectacular y su single *My All* la convierte en una de las vendedoras de sencillos más importantes de la historia, solo por detrás de The Beatles y Elvis Presley. En esa época se produce una conjunción de nuevas estrellas del soul con la interpretación a dúo entre Mariah Carey y Whitney Houston del tema «When You Believe», que marca un hito en la música de finales de los años noventa. En 2000 abandona Columbia y firma un contrato multimillonario con Virgin Records, pero el fracaso de su primera película, *Glitter*, la sume en la depresión y su carrera musical comienza a declinar. Tras una época de ostracismo, en 2002 firma un contrato millonario con Island Records y en 2005 vuelve a lo más alto de las listas de éxitos con *The Emacipation Of Mimi*. Ha sido premiada con cinco Grammy, ha vendido más de setecientos millones de discos, figura entre las cien mujeres más grandes de la historia de la música y el prodigioso registro de su voz ha sido incluido en el Record Guinness.

James Carr

La balada del chico triste

13 de junio de 1942 – 7 de enero de 2001
Coahoma, Mississippi – Memphis, Tennessee

Su carrera estuvo marcada por un trastorno bipolar que le impidió alcanzar la popularidad merecida. Nacido en el corazón del Delta, donde germinó el blues, siendo muy joven se trasladó junto con su familia a Memphis, donde comenzó a cantar en coros de gospel y se incorporó a los Soul Stirrers. Comenzó a alejarse de la música religiosa al entablar amistad con Quinton Claunch, directivo de Goldwax Records, donde en 1966 grabó su primer disco, *You've Got My Mind Messed Up*, que escaló a lo más alto de las listas de rhythm & blues. Gracias a una canción del equipo de compositores Chips Moman, Dan Penn y Spooner Oldham, «The Dark End Of Street», logró una fama que le llevó a competir directamente con Ottis Redidng.

En los años siguientes se vio incapaz de mantener el ritmo de grabaciones y actuaciones en directo y su salud mental comenzó a deteriorarse. Llegó a completar un par de álbumes más, *A Man Needs a Woman* y *Freedom Train*, ambos grabados en 1968, pero un año después, durante la grabación del siguiente disco en los famosos estudios Muscle Shoals de Alabama, se quedó en blanco tras grabar una versión de la canción «To Love Somebody», de Bee Gees. En esa época Goldwax cerró, Carr se sumergió en un mundo de drogas, alcohol y depresión y acabó refugiándose de nuevo en la musica gospel. A principios de los noventa grabó un par de discos de nombre revelador, *Take Me To The Limit* y *Soul Survivor*, pero ya nunca volvió a ocupar un lugar digno en el panorama musical.

Clarence Carter

La sonrisa picante del Sur

14 de enero de 1939
Montgomery, Alabama

El sentido del humor, la capacidad de superación personal y un gusto por las letras de guiños eróticos han caracterizado a este cantante de trayectoria irregular que contribuyó a sentar las bases del southern soul. Se quedó ciego a los nueve años y estudió en la escuela para niños invidentes de Taladega, en la que se graduó en piano y guitarra. En 1960 formó un dúo con el pianista Calvin Scott. Debutaron con el tema «I Wanna Dance But It Don't Know How», en Fairlane Records y dos años después grabaron una serie de singles en el sello Duke con el nombre de C & C Boys. En 1965 ficharon con la mítica discográfica Fame, de Muscle Shoals, donde registraron «Step By Step», un tema que les facilitó ser contratados como banda de cabecera de uno de los clubs más famosos de Birmingham, el 2728. Cuando todo parecía ir rodado, Calvin sufrió un grave accidente de circulación y Carter tuvo que continuar su camino en solitario. En 1967 grabó una canción, «Tell Daddy», que más tarde Etta James convertiría en su famosa «Tell Mama». Para Carter fue simplemente el tema que le llevó a Atlantic Records, donde en 1968 grabó el single «Looking For A Fox», en el que apunta las claves de sus futuros éxitos: guiños a su ceguera y un sutil sentido del humor, mezclados con referencias eróticas. Su siguiente disco, *Slip Away*, marcó el principio de una serie de éxitos como *Soul Deep*, en 1970, *Scratch My Back (And Mumble In My Ear)*, en 1971 o *Sixty Minute Man*, en 1973. Pero el tema que más fama le reportó fue su versión de «Patches», una canción del grupo Chairmen Of The Board, que en la voz de Carter se convirtió en número uno en los Estados Unidos y Gran Bretaña.

En 1974 su carrera comenzó a tambalearse. Su fracaso matrimonial con la cantante Candi Stanton y el cierre de Fame Records le arrastraron a una mala racha de la que nunca se recuperaría. A principios de los ochenta sobrevivió grabando en discográficas de segunda fila y en 1985 volvió a rozar el éxito con «Strokin», una canción que funcionó muy bien, pero que fue considerada demasiado obscena por las radios y cadenas de televisión. En los últimos años ha seguido actuando regularmente en el sur de los Estados Unidos, donde conserva una buena legión de seguidores.

Otis Clay

Entre Dios y el diablo

11 de febrero de 1942
Waxhaw, Mississippi.

Su música osciló siempre entre el gospel, el rhythm & blues y el soul, entre Dios y el diablo, y fue esta dicotomía la que proporcionó a su música el carácter especial que le ha mantenido durante más de medio siglo entre lo más destacado del soul de Chicago. Nació en el seno de una familia de músicos y tras el inevitable paso por los coros de la iglesia, se curtió como cantante en una larga lista de grupos de gospel como The Morning Glories, The Voices Of Hope o The Sensational Nightingales. En 1965 se estableció en Chicago y trabajó para el sello On-Derful, en el que dió el salto definitivo al soul con el disco *That's How It Is (When You're In Love)*, un primer éxito al que sigue

A Lasting Love. Justo en ese momento la discográfica cierra y sus músicos pasan al sello Cottillion, una filial de Atlantic Records, que en 1968 lanza *She's About A Mover*, un disco grabado en los estudios de Muscle Shoals, al que siguen *Hard Working Woman* e *Is it Over*, los dos con un importante respaldo comercial.

En 1971 ficha por Hi Records, donde durante seis años consecutivos grabó bajo la dirección de Willie Mitchell unos exquisitos discos de soul blues como *Trying To Live My Life Without You*, con el que en 1972 consigue destacar en las listas de rhythm & blues, aunque el tema acabaría llegando al número uno en 1981 con la versión que hizo Bob Seger. A esa etapa pertenecen míticas canciones como «That's It Is», «Precious, Precious» o «Let Me Be The One». A finales de los setenta, tras un breve paso por el sello Kayvette, donde vuelve a editar un nuevo hit de ventas, *All Because Of Your Love*, inicia una serie de giras por Japón, un país en el que se convierte en un cantante idolatrado por el público y en el que permanece una temporada disfrutando de la gloria hasta que en 1989 retoma su colaboración con Willie Mitchell para grabar el álbum *Watch Me Now*. Desde entonces ha seguido realizando giras por Europa y Japón y ha iniciado un camino de retorno hacia el gospel con discos como *On My Way Home*, con Blind Pig Records en 1993 y *Walk A Mile In My Shoes*, con Echo Records en 2007.

George Clinton
El estajanovista del funk

22 de julio de 1941
Kannapolis, Carolina del Norte

Infatigable creador del P-Funk, Clinton grabó al mismo tiempo con varias discográficas y nombres distintos, pero casi siempre con el mismo núcleo central de músicos, dejando un legado de discos tan extenso como difícil de clasificar. Era el mayor de nueve hermanos y desde pequeño trabajó para ayudar a mantener a su familia, que tenía una peluquería en cuya trastienda George montó a los dieciséis años su primer grupo, The Parliaments, con Calvin Simon, Grady Thomas, Ray Davis y Clarence 'Fuzzy' Haskins. En 1967 publicaron con el sello independiente Revilot la canción «(I Wanna)

Testify», que ocupó los primeros puestos de la lista del *Billboard*. Mientras tanto, también escribía canciones para artistas como Diana Ross o The Jackson Five. Tras un enfrentamiento con el sello Revilot, perdió los derechos del nombre Parliaments y en 1968 formó con su antigua banda un grupo nuevo llamado Funkadelic, con el que dos años después grabó un álbum homónimo con el sello Westbound, donde también editó *Maggot Brain*, *America Eats Is Young* o *Cosmic Slop*, discos en los que fusionó el funk con la psicodelia y la música electrónica y que darían como resultado un estilo denominado P-Funk. En 1970 recuperó el nombre de Parliaments para grabar con el sello Invictus, en paralelo y con la misma banda, unos elepés con fuerte carga bailable como *Up For The Downstroke*, en 1974, *Mothership Connection*, en 1976 o *The Clones Of Dr. Funkenstein*, en 1977.

En 1981 grabó el último disco de la marca Funkadelic, *Who's A Funkadelic?*, para comenzar una carrera individual que produjo joyas como *Computer Games*, grabado en 1982 con el sello Capitol, *You Shouldn't NufBit Fish*, en 1983 también con Capitol, *Urban Dance Floor Guerrillas*, con la banda P-Funk All Stars para CBS en 1983, *Some of My Best Jokes Are Friends*, en 1985 y r&b *Skeletons In The Closet*, en 1986, ambos con el sello Capitol. A finales de los ochenta su carrera perdió fuelle, aunque en la década siguiente todavía produjo muestras del mejor funk como *Hey Man! Smell My Finger*, en 1993. Durante toda su vida ha practicado una música creativa sin perder nunca de vista uno de sus objetivos primordiales: la diversión. Su legado ha sido reivindicado en los últimos años por los músicos de hip-hop.

Nat King Cole

El germen del rhythm & blues

Nathaniel Adams Coles
17 de marzo de 1919 – 15 de febrero de 1965
Montgomery, Alabama – Los Ángeles, California

A pesar de ser uno de los mejores pianistas de jazz de todos los tiempos, su nombre siempre será asociado a las melodías románticas que su voz convirtió en imperecederas. Tanto una faceta como la otra ocultan además su innegable aportación al nacimiento del rhythm & blues, al ser uno de los primeros músicos que condensó el swing de las grandes *big bands* de los años cuarenta en una formación musical adaptada a la intimidad de los clubs. Su padre era diácono y su madre tocaba el órgano en la iglesia y fue la primera y única maestra de Nat, que comenzó tocando gospel. Cuando era todavía un niño la familia se trasladó a Chicago, al barrio de Bronzeville, famoso a finales de los años veinte por sus clubes de jazz, la música que atrapó el alma del joven Nat. Tras una primera grabación de aficionados en 1936 con su hermano mayor Eddie, monta una banda con la toca en los clubs de la ciudad con una maestría impropia de un adolescente y que le supuso el sobrenombre de «King». Se incorporó a la gira del *jazzman* Eubie Blake, con el que llegó por primera vez a California, un lugar del que convirtió en su hogar y donde comenzó su carrera con su grupo de jazz, Nat King Cole Trio, integrado solo por un piano, un contrabajo y una guitarra, una revolución en la época de las grandes orquestas que traería consecuencias para el futuro de la música negra.

En 1940 su canción «Sweet Lorraine» le proporciona una popularidad que le facilita su primer contrato con Capitol Records, la discográfica que le debe buena parte de su existencia. Es justo en esos primeros años cuarenta cuando se produce su aportación fundamental al futuro desarrollo de soul, que preconiza con sus susurrantes baladas y el rhythm & blues, que adelanta con su restringida formación orquestal en la que los diálogos entre la guitarra y el piano sientan las bases de un estilo que pronto sería imitado por pilares del género como Ray Charles o Charles Brown. Buena prueba de ese cambio de registro es su primer éxito como cantante, «Straighten Up and Fly Right», un tema que preconiza incluso el futuro rock & roll. Desde entonces se convirtió en la estrella mundial de la canción melódica que todos conocemos.

The Coasters
El humor como bandera

1956
Los Ángeles, California

El germen de esta banda que creció de la mano del histórico dúo de compositores Lieber y Stoller fue un grupo de doo-wop que comenzó cantando en la calle como The Robins, fundado por Carl Gardner y Boby Nunn, dos cantantes negros con una marcada influencia de la música country y un estilo ambientado en el viejo oeste. Su imagen un tanto circense y su inagotable sentido del humor no ensombrecen un legado de canciones decisivas en el desarrollo del rhythm & blues y el rock & roll, con clásicos tan apabullantes como «Charlie Brown». El éxito de su primera grabación, una canción titulada «Smoky Joe's Cafe», editada en 1955 por el sello Spark, animó a Lieber y Stoller a montar una banda con desparpajo y ritmo rotundo para grabar con Atlantic Records. Así nacieron The Coasters, integrados por Carl Gardner, Bobby Nunn, Bill Guy, Leon Hughes y Adolph Jacobs, quién abandonó el grupo tras las primeras grabaciones. El primer tema, «Down In Mexico», grabado en 1956, fue un fenómeno de ventas al que siguieron canciones como «Young Blood» y «Searchin». En 1957 Lieber y Stoller se trasladan a Nueva York y Nunn y Hughes dejan la banda para ser reemplazados por Will 'Bud' Jones y Cornell Gunter. Su siguiente disco es *Yakety Yak*, con King Curtis al saxo, que se convierte en el tema favorito de una juventud ávida de diversión.

En 1959 llegan a lo más alto de las listas con el famoso «Charlie Brown». Durante los primeros años sesenta siguen encandilando al público adolescente con temas como «Poison Ivy» y «Little Egipt». En 1961, Cornell Gunter abandona el grupo en el primero de una serie sucesivos cambios en la formación, que comienza a caminar hacia el ocaso, sobre todo a partir de 1963, cuando Lieber y Stoller abandonan Atlantic y se desentienden de su trayectoria. En 1976 grabaron su último disco con cierto eco, *If I Had A Hammer*. Aunque han seguido en activo tratando de vivir de los viejos tiempos, a partir de ese momento se desdibujaron completamente.

The Commodores

El funk salvaje venido del sur

1967
Detroit, Michigan

La historia de esta banda que llegó a Motown como un soplo de aire fresco cuando la famosa discográfica de Detroit más lo necesitaba, comenzó en el Instituto de Tuskegee, Alabama, donde dos grupos de amigos The Mighty Mystics y The Jays se unieron para formar The Commodores, cuyos integrantes originales fueron Lionel Richie, piano, saxo y voz, William King, trompeta, Thomas McClary, guitarra, Milan Williams, teclados, Ronald La Pread, bajo y Walter Orange, batería. Un buen día se marcharon a Nueva York en busca de éxito y fortuna. Cuando tocaban en un club fueron descubiertos por un cazatalentos que les dio la oportunidad de grabar con el sello Atlantic un primer disco que fue un absoluto fiasco. En 1971 ficharon por Motown, que buscaba savia nueva que sustituyese a sus viejas y legendarias figuras. La discográfica tenía unas normas de funcionamiento que no encajaban bien con el espíritu aventurero de aquellos muchachos de Alabama. pero tras un periodo de adaptación mutua, en 1974 salió al mercado su álbum de debut, *Machine Gun*, que se convirtió en disco de oro. Su funk contundente gustaba al público, que acogió con entusiasmo sus siguientes discos, *Caught In The Act* y *Movin' On*.

A finales de los setenta comienza a destacar entre el grupo el cantante Lionel Richie, que se camela a la audiencia con canciones como «Easy» o «Three Times A Lady», próximas a las baladas de soul sureño, que se convierten en superventas y sitúan a The Commodores en su punto álgido.

Pero cuando mejor iban las cosas y habían creado su propia productora, Umbrella Commodore, su popularidad empieza a decaer y discos como *Heroes* son recibidos con frialdad. En 1981 Lionel Richie comienza una carrera como solista y el resto de miembros fundadores dejan progresivamente la banda que abandona por completo sus raíces funk y busca escenarios más comerciales. En 1985 su disco *Nightshift*, un homenaje a los clásicos del soul, recupera el éxito de ventas pero sitúa a la banda en las antípodas de sus inicios. Los años posteriores han sido un ejercicio de nostalgia a cargo de músicos que nada tienen que ver con los originales.

Arthur Conley

La herencia frustrada

Arthur Lee Conley
4 de enero de 1946 – 17 de noviembre de 2003
McIntosh, Georgia – Ruurlo, Bélgica

Este genio prematuro comenzó a actuar a los doce años con los Evening Smiles, un grupo de gospel que apareció regularmente en una radio local de Atlanta. En 1963 grabó su primer disco como cantante de su banda, Arthur & The Corvets y dos años después su carrera da un salto definitivo cuando conoce a Otis Redding, que por aquel entonces se dedicaba a descubrir y producir a grupos y artistas noveles. Otis le incluye en sus giras y comienza a ocuparse directamente de su promoción artística. Fruto de esta dedicación es «I'm A Stranger», un tema que Conley había compuesto hacía un par de años y que tras pasar por las manos de Redding se graba en Stax Records como «I'm A Lonely Stranger», con el que el joven cantante de Atlanta consigue su primer éxito. En 1967 compuso junto a su padrino «Sweet Soul Music», uno de los temas más legendarios y admirados del género. La canción estaba inspirada en el «Yeah Man» de Sam Cooke y en pocos meses se coloca en el segundo puesto de las listas de éxitos. Pero poco después Redding murió y sin su apoyo la estrella de Conley comenzó a oscurecer, a pesar de que aún sacaría discos como *Shake, Rattle And Roll*, en 1967, que llegaría a figurar en el Top 20 de la lista de r&b, *Soul Directions* y *More Sweet Soul*, ambos en 1968. A principios de los setenta sobrevivió grabando singles de forma esporádica hasta que en 1975 decidió comenzar una nueva etapa en Europa y vivió durante varios años en Inglaterra y Bélgica. En 1980 se cambió el nombre por el de Lee Roberts, el apellido de soltera de su madre y se instaló definitivamente en un pueblo de Bélgica, Ruurlo, donde se dedicó a producir y promocionar a bandas locales de rock & roll y donde falleció a los 57 años de edad.

Sam Cooke

El supremo hacedor del soul

Samuel Cook
22 de enero de 1931 – 11 de diciembre de 1964
Clarksdale, Mississippi – Los Ángeles, California

Su nombre y el soul son términos intercambiables. Fue la esencia y el divulgador de una música que ilustró el renacer del pueblo afroamericano en los días decisivos de la lucha por sus derechos, una lucha en la que Sam Cooke se implicó hasta que el miedo provocado por años de prejuicios acabó con su vida. Fue uno de los ocho hijos de Annie Mae y el Reverendo Charles Cook. En 1933 toda la familia se trasladó a Chicago huyendo de las penurias de la Gran Depresión. A los seis años cantaba en el coro de la iglesia y a los nueve formó un cuarteto familiar. Su afición a escaparse a los clubs le llevó a la música profana y a meterse en líos, como el que le llevó tres meses a un correccional por divulgar entre sus compañeros material pornográfico. Se enmendó y volvió a cantar en un grupo de gospel, The Highway Qcs. En 1951 fue invitado a sustituir al cantante de The Soul Stirrers, un grupo que gozaba de cierta popularidad. Pronto se convirtió en la atracción de la banda y sus conciertos congregaban a una multitud de jóvenes inusual en los conciertos de música religiosa. Grabaron algunos temas de éxito como «Peace In The Valley», en 1951 o «One More River» en 1955, pero el gospel empezó a perder popularidad y la banda se disolvió. Cooke llamó la atención del productor Robert 'Bumps' Blackwell, que había grabado a algunas jóvenes figuras del rhythm & blues como Little Richard, y en 1956 grabó su primera canción de música profana, «Lovable», que editó bajo el alias de *Dale Cooke*, para no perder a su público religioso. Pero el nombre no pudo ocultar su característica voz, que cautivó a Art Roupe, un directivo de Specialty Records que intentó convertirlo en una figura de rhythm & blues. Pero Sam no encajaba en el estilo y Blackwell decidió romper con Specialty y firmar contrato con Keen Records. En 1957 su primera grabación, *You send me*, se mantuvo durante seis semanas en el número uno del *Billboard*. Pero la segregación racial hacía estragos en el ambiente musical. La canción de Cooke fue interrumpida drásticamente en *El Show de Ed Sullivan*, el cantante sufrió las actitudes racistas durante sus giras por el sur del país y se convirtió en un activista de los Derechos Civiles. Por entonces arrasaba en las listas de éxitos con temas como «I Love You For Sentimental Reasons» o «Only Sixteen» y álbumes como *Tribute Of The Lady*, un homenaje a Billie Holiday o *Kit Kit*, ambos con el sello Keen.

En 1960 la canción «Wonderful Woman» le consagra como el prototipo de *soulman* a imitar por las generaciones venideras. Ese año es también el de su fichaje millonario por la compañía RCA, que edita el álbum *Cooke's Tour*, mientras se despide de Keen con el magistral *The Wonderfool World Of Sam Cooke*. En paralelo monta su propio sello discográfico, SAR, para promocionar a jóvenes promesas de la música negra. Sus temas suenan en todas las emisoras de radio y máquinas de discos. Temas como «Chaing Gang», «Cupid», «Twistin' The Night Away» o «Frankie And Johnnie» se convierten en la banda sonora de una sociedad que trata de sacudirse la pesadilla de la segregación racial. En 1963, el mismo año que Cooke edita los álbumes *Mr. Soul* y *Night Beat*, Martin Luther King se dirige a la multitud de la Marcha sobre Washington para pronunciar su famoso discurso «Yo tengo un sueño». Pero al año siguiente un suceso nunca bien aclarado, en el que se mezclan la mala suerte con los prejuicios racistas, acaba con su vida. Mientras busca a una amiga en un hotel, entra por error en la habitación de la encargada blanca y es abatido por tres disparos. Deja grabados dos discos que aparecerán al año siguiente a modo de mensaje póstumo: *Ain't That Good News* y *Sam Cooke At The Copa*. Pero su testamento más escalofriante es la canción «A Change Is Gonna Come», una obra suprema del soul en la que se puede escuchar «Vivir es demasiado duro, pero tengo miedo a morir».

The Crystals
Las chicas del muro

1961
Nueva York

El primer grupo del sello discográfico creado por Phil Spector fue una afortunada idea de Benny Wells, tío de Bárbara Alston, que además dirigió los primeros ensayos las amigas de su sobrina. En uno de ellos fueron descubiertas por el joven Spector, que acababa de montar una discográfica, Philles Records y andaba a la caza de nuevos talentos. El quinteto inicial estaba formado por Barbara Alston, Dolores 'Dee Dee' Kennibrew, Mary Thomas, Patricia 'Patsy' Wright y Myrna Gerrard, que para cuando comenzaron las pruebas con Spector había sido sustituida por Dolores 'LaLa' Brooks que en principio iba a ser la voz principal del grupo. Pero Phil decidió apostar por Alston para ese papel y así fue como grabaron en 1961 su primera canción, «There's No Other (Like My Baby)», que al año siguiente sería el primer sencillo en alcanzar el millón de copias. La maquina de hacer dinero comenzó a funcionar con temas como «Oh, Yeah, Maybe, Baby», esta vez con Patricia Wright al frente y «Uptown», canciones que marcarían un cambio en el estilo de los grupos vocales de rhythm & blues, con una tendencia a un pop más serio y elegante. Su siguiente single, *He Hit Me (It Felt Like A Kiss)*, una composición de Carole King y Gerry Goffin que hablaba de malos tratos, fue una apuesta arriesgada que no funcionó en las emisoras de radio. Spector decidió regrabar el tema con otra cantante, Darlene Love. Marcaba así un nuevo estilo de producción en el que él era el cerebro y tenía la última palabra. «He's A Rebel», el siguiente single, se grabó siguiendo sus dictados y sin la banda, que fue sustituida por Love & The Blossoms. La canción introducía además una nueva temática, la de chica buena enamorada de chico malo, que sería muy explotada por los grupos femeninos a partir de entonces. El siguiente disco, *He's Sure The Boy I Love*, también corrió a cargo de Love y sus chicas.

Pero Spector iría todavía más lejos en su excentricidad con «Let's Dance The Screw- Part I», una canción de seis minutos, en la que en realidad no se sabe quien ponía las voces. En 1963 volvieron las Crystals originales para grabar el clásico «Da Doo Rom Rom», un arrasador éxito al que siguió «Then He Kissed Me». Los problemas aumentaron cuando Spector se volcó en su siguiente grupo de chicas, The Ronettes y llegó incluso a usarlas para sustituir a las propias Crystals en el disco recopilatorio de 1963, *The Crystals Sing Their Greatest Hits*. Para entonces ni Mary Thomas ni Myrna Gerrard estaban en el grupo y 'Patsy' Wright se marchó ese año, cerrando la puerta de un grupo que sigue actuando con cantantes de la más variada procedencia pero que nada tienen que ver con el proyecto original, si es que tal cosa existió alguna vez.

King Curtis

El saxo del soul

Curtis Ousley
7 de febrero de 1934 – 13 de agosto de 1971
Fort Worth, Texas – Nueva York

A pesar de que su nombre no figura habitualmente entre los de las grandes estrellas del rhythm & blues, su figura es fundamental para el desarrollo del género, su saxo tenor suena en algunos de los mejores discos de soul y fue uno de los introductores de este instrumento en los primeros discos de rock & roll. Aprendió a tocar a los doce años con músicos de la zona de Dallas, como Charles Brown o Wynonie Harris. En 1952 llega por primera vez a Nueva York, formando parte de la orquesta de Lionel Hampton. Se convirtió en uno de los músicos de sesión más apreciados del rhythm & blues, especialmente desde que en 1958 empezó a trabajar con regularidad para el sello Atlantic acompañando a grupos como The Coasters y artistas como Buddy Holly o Andy Williams.

También grabó discos personales para sellos modestos como New Jazz, Prestige o Tru Sound y en 1962 llegó al número uno con *Soul Twist*, editado por Enjoy Records y que salió al mercado como King Curtis & The Noble Knights. Al año siguiente fue contratado por Capitol Records, donde registró un single, «Soul Serenade», que se convirtió en un clásico del género. En 1965 tuvo uno de sus mayores momentos de gloria cuando tocó con The Beatles en su actuación en el Shea Stadium. Ese año regresó a Atlantic y compuso joyas del saxo tenor como «Memphis Soul Stew» o «Ode To Billie Joe» y puso su instrumento al servicio de artistas como Aretha Franklin, de quien fue director musical desde 1970. Su carrera se truncó en 1971 cuando estaba en el mejor momento de su carrera al ser asesinado en el curso de una discusión con unos *yonkies* que estaban en la puerta de su casa.

Chaka Khan

La pantera negra del funk

Yvette Marie Stevens
23 de marzo de 1953
Great Lakes, Illinois

Reverenciada por muchos como la Reina del Funk, Yvette Stevens se crió en el South Side, el barrio negro de Chicago en los años en los que el blues electrificado se hallaba en su apogeo. A los once años ya montó su primer grupo musical, The Crystalettes, donde era conocida como «La pequeña Aretha» por la majestuosidad de su voz. A los trece años se produce su transformación de personalidad cuando se une al grupo Shades Of Black, de ideología africanista, cuyo líder espiritual la rebautiza como Chaka Adune Aduffe Hodarhi Karifi. Comenzó a trabajar con los Panteras Negras en programas con los niños de los barrios más pobres y poco a poco se fue radicalizando, hasta el punto de entrenarse en la lucha armada, algo que la sumió en una época de desequilibrio, según reconocería más tarde. En

1970 se une a Ask Rufus, un grupo de
funk más tarde pasa a llamarse simple-
mente Rufus, en el que Yvette-Chaka
se convierte en la atracción principal.
La banda debuta en el sello BCA en
1973 con el álbum homónimo al que
siguen *From Rags To Rufus*, ese mismo
año y *Rufus Featuring Chaka Kahn*, en
1975, todos ellos con un considerable
éxito. En 1978 debuta en solitario con
el álbum *Chaka* del que se extrae un
single, *I'm Every Woman* que la catapulta a la fama. Tres años después sale al
mercado su segundo disco, *What Cha' Gonna Do For Me* seguido en pocos
meses por *Echoes Of An Era*. En 1982 graba *Chaka Khan*, su primer disco
con Warner, la discográfica donde se produciría su consagración definitiva
en 1984 con el álbum *I Feel For You*, que se convierte en disco de platino y le
proporciona su primer Grammy. Los dos siguientes discos, *Destiny*, en 1986
y *CK*, en 1988, la mantienen en los puestos altos de las listas, pero a finales
de los ochenta su estrella empieza a declinar y se traslada a Europa, donde su
música tiene todavía una buena acogida. En 1990 logra su segundo premio
Grammy con «I'll Be Good To You», un dúo con Ray Charles. El último
premio de esta categoría lo obtuvo en 2004 por el tema «What's Going
On», producido por Marvin Gaye.

Gene Chandler

El aristócrata del uptown soul

Eugene Dixon
6 de julio de 1937
Chicago, Illinois

Conocido como 'Duque' o 'El Duque de Earl', fue uno de los personajes
más populares de la escena de los años sesenta en Chicago, donde se convirtió en una pieza fundamental para la eclosión del estilo conocido como
uptown soul. Su labor como cantante, compositor, productor y ejecutivo

de la industria discográfica deja un legado de más de un centenar de discos. Se crió en el South Side, en cuyas calles conoció las esencias del blues. A principios de los años cincuenta comenzó a cantar con The Gaytones, un grupo formado en su instituto, pero Earl Edwars, el líder de una conocida banda local, The Dukays, le ofreció el puesto de solista y Dixon decidió aceptar. En 1962 su tema «Duke Of Earl», una mezcla de soul y doo-wop, se coloca en el primer puesto de las listas de rhythm & blues y se convierte casi inmeditamente en un clásico. Fue una gran oportunidad que no volvió a repetirse. Durante toda su vida se mantuvo en una zona de popularidad intermedia, lejos de los superventas pero muy admirado por los aficionados a la música negra.

Durante los años sesenta pasó por varias discográficas, desde Vee-Jay a Stax, pasando por Constellation, Brunswick y Mercury, en las que produjo y compuso sus propios discos en colaboración con Curtis Mayfield, además de colaborar en dúos con cantantes como Barbara Acklin o Jerry Butler. En 1970 compone «Groovy Situation», su segundo gran éxito que fue comercializado por Mercury Records y que vendió más de un millón de copias, logrando un disco de oro en pocos meses. Participó en discos de artistas tan diferentes como Curtis Mayfield y Eric Clapton y a finales de la década de los setenta se convirtió en el vicepresidente del sello Chi-Sound.

Ray Charles

La blasfemia que engendró el soul

Ray Charles Robinson
23 de Septiembre de 1930 - 10 de junio de 2004
Albany, Georgia – Beverly Hills, California

Su experimento de mezclar letras carnales con música sacra fue piedra de escándalo. Su piano gospel sonaba como si estuviese en un *honky tonk* y su voz desgarrada cantaba aleluyas a los placeres más terrenales. De aquella mezcla diabólica nació una música que acabaría etiquetada como soul. Nació en un suburbio de Albany, Georgia, en 1930, mientras el hambre y la miseria se extendían por todo el país en los duros comienzos de la Gran Depresión. Perdió la vista a los siete años a causa de un glaucoma. Aunque estudió

música en St. Augustine School, un centro para invidentes, fue autodidacta absoluto del piano. A los quince años y después de perder trágicamente a un hermano, quedó huérfano de padre y madre y tuvo que ganarse la vida como músico. A los 18 años grabó su primer disco, imitando a dos grandes mitos de aquel tiempo: Nat King Cole y Charles Brown. En 1949 graba su primer single, «Confession Blues» y en 1951 obtiene su primer éxito gracias al tema «Baby, Let Me Hold Your Hand», una síntesis de rhythm & blues, gospel y jazz que al cabo de los años sería conocida como soul. Pero para los gustos de la época aquello era una blasfemia imperdonable y así se lo hicieron saber músicos como el *bluesman* Big Bill Broonzy, quien le aconsejaba que si quería cantar gospel se fuese a la iglesia. Pero Charles no se amilanó, firmó un contrato con el sello Atlantic y durante la primera mitad de los años cincuenta siguió grabando canciones como «Kiss Me Baby», «Mess Around», «I Got A Woman», «A Fool For You» o «Hallelujah I Love Her So», que en 1957 fue incluida en su primer álbum, Ray Charles que fue seguido ese mismo año de *The Great Ray Charles*, dos éxitos que preceden a los discos *Yes Indeed!* y *Soul Brothers*, grabados en 1958.

Su año de despegue definitivo es 1959, cuando edita Charles *At The Newport*, que recoge su actuación en el Festival de Jazz del mismo nombre, con dos temas «(The Night Time is) The Right Time» y «What'd I Say» que le dan una enorme y controvertida popularidad que consagraría con otro disco grabado en directo en Atlanta, *Ray Charles In Person*, editado en 1960. Por esa época abandona Atlantic Records y ficha por ABC, firmando un contrato que le garantiza los derechos de sus canciones de por vida, algo inusual en un músico negro de la época. Ray siguió sorprendiendo a sus seguidores con un repertorio en el que mezclaba las baladas con la música pop y el country, con álbumes como *Modern Sounds In Country And Western Music*, en 1962 o *Sweet & Sours Tears*, en 1964. En 1965 fue detenido por posesión de heroína, a la que era adicto desde sus primeros días como músico de carretera, y pasó por una larga desintoxicación. En 1972 cierra su contrato con RCA con el disco *Through the Eyes of Love*, convertido ya en un clásico de la música negra universalmente reconocido. Durante sus últimos años disfrutó de un reconocimiento artístico y personal con emotivos momentos, como cuando en 1979 su estado natal, Georgia, le pidió perdón por haberle impedido tocar en el pasado por su postura anti segregacionista y adoptó como himno oficial la famosísima «Georgia On My Mind». Falleció el verano de 2004, a los setenta y tres años de edad, en su casa de California.

Chubby Checker

El baile de la fortuna

Ernest Evans
3 de octubre de 1941
Spring Gulley, Carolina del Sur

La mayor aportación de este cantante correcto al que el azar colocó en primera línea de la fama y la fortuna fue haber popularizado la versión más blanda del rhythm & blues a través del baile más pegadizo de todos los tiempos. Su familia emigró a Philadelphia y allí comenzó a cantar en grupos callejeros. Era un buen imitador de las estrellas de rock como Elvis Presley o Jerry Lee Lewis, pero no logró fraguar una carrera musical hasta que un día, cuando trabajaba en una tienda de pollos, un amigo del propietario del negocio, Kal Mann -que era compositor en Camedo Records- le consiguió una audición con Dick Clark, conductor del famoso programa de televisión *American Bandstand*, cuya esposa sugirió para él el nombre de 'Chubby Checker' como alusión a Fast Domino, uno de los cantantes que interpretó (*chubby* significa rechoncho y *checker* juego de damas). El renombrado Checker logró un contrato con el sello Cameo, que en 1959 lanza su primer single, «The Class», con unos resultados más bien discretos. En 1960 graba una versión de un tema de Hank Ballard, «The Wist», que se convirtió en un bombazo inmediato, desatando una fiebre mundial con su exagerado meneo de caderas y tobillos. Tuvo una carrera fulgurante, plagada de éxitos bailables como «Slow Twistin», «Jingle Bell Rock», «Limbo Rock» o «Let's Twist Again», hasta que a mediados de los años sesenta los gustos del público comenzaron a cambiar y su fama comenzó a eclipsarse. A pesar de la fama imperecedera que le proporcionó el twist, Checker siempre le culpó de haber eclipsado sus cualidades como músico y su talento como cantante de club. En 1988 tuvo una breve reaparición con la versión rap que de su famoso tema hicieron The Fat Boys. Vive prácticamente retirado del mundo de la música.

D'Angelo

El retorno a los orígenes

Michael Eugene Archer
11 de febrero de 1974
Richmond, Virginia

Su familia era de una religiosidad rayana en el fanatismo y vivió una infancia con escasa comunicación con el entorno extrafamiliar. En su juventud sus referentes musicales fueron Al Green, Curtis Mayfield, Stevie Wonder y Marvin Gaye. En 1991, tras enviar un maqueta de presentación, firmó un contrato con EMI, y en 1994 compone el tema «U Will Know», para la banda sonora de la película *Jason's Lyric*. En 1995 aparece su primer álbum, *Brown Sugar*, que contiene un tema, «Lady», que se convierte en un éxito inmediato. El disco pronto llega a disco de platino y es acogido con unas críticas entusiastas que saludan la aparición del neo soul que en la década de los noventa también haría visible a otros artistas como Erykah Badu, Tony! Toni! Toné! o Lauryn Hill. Sin embargo habría que esperar cinco años para la grabación de un nuevo álbum, *Voodoo*, un abierto homenaje al soul de los años setenta, recibido con aclamaciones de obra maestra por parte de la crítica, colocado durante casi un año en los primeros puestos del *Billboard* y que le supuso un Grammy a su autor. Además el vídeo de promoción del tema «Untitled» obtuvo varias nominaciones a los MTV Video Awards y se convirtió en un fenómeno de masas.

Tras este rotundo éxito, prolongado por una espectacular gira de promoción, D'Angelo volvió a un semiretiro, con escasas apariciones públicas, colaborando puntualmente con otros artistas como Macy Gray o Fela Kuti. En 2008 salió al mercado un disco de grandes éxitos que incluye algunos temas inéditos y en los años siguientes los rumores sobre la inminente salida de un nuevo álbum se han sucedido constantemente, animadas por esporádicas y sorpresivas actuaciones en directo como la del North Sea Jazz Festival de Rotterdam, en 2012.

Geater Davis

Un talento en la sombra

Vernon 'Geater' Davis
9 de enero de 1946 – 29 de septiembre de 1984
Kountze, Texas – Dallas , Texas

Es uno de los grandes talentos olvidados del soul y en su día fue muy admirado por sus propios compañeros, James Carr o OV Wright. Fue autor de la mayoría de sus canciones y demostró un talento superior a la media para hacer unos temas profundos, enraizados en el blues y cantados con una voz que oscilaba entre la dulzura y la angustia y que le debía mucho al estilo de Boby 'Blue' Bland. Comenzó a cantar a principios de los sesenta y

tras un largo recorrido por pequeños sellos locales, en 1971 graba con el sello House of Orange el álbum *Sweet Woman's Love* que incluye una versión de «For Your Precious Love» de Jerry Butler & The Impressions que se convertiría en una pieza de colección para los grandes amantes del género. Pero Orange cerró al año siguiente y Davis comenzó un peregrinaje por varios sellos discográficos.

Aunque sus discos sean difíciles de encontrar se puede escuchar una selección de los temas grabados durante su etapa en el sello House of Orange en una recopilación lanzada por West Side Records en 1998 y titulada *Sadder Shades Of Blue: The Southern Soul Sessions 1971- 76*. La misma discográfica lanzó al mercado en el año 2008 una selección más reciente de material recuperado de grabaciones históricas, *I'll Play The Blues For You: The Legendary House Of Orange Sessions*.

The Delfonics

Los pioneros del sonido Philadelphia

Philadelphia
1966

A principios de los años sesenta los hermanos William y Wilbert Hart, Ritchie Daniels y Randy Cain eran compañeros en el Overbrook High School, de Philadelphia, que por entonces era una de las ciudades más importantes de la música norteamericana. Influidos por los baladistas para adolescentes como Frankie Lymon, deciden montar un cuarteto de doo wop con el pedestre nombre de The Four Gents. En 1966 Sam Watson, un productor de Cameo Parkway pensó que las elegantes canciones de aquellos cuatro chavales podían funcionar muy bien y les grabó un par de singles, antes de que la discográfica desapareciese y Watson montase su propia compañía, Philly Groove, con el arreglista Thom Bell como cerebro y alma de sus produciones. En 1968 The Delfonics son los encargados de grabar el primer disco del sello, *La La Means I Love You*, con un sonido en las antípodas del soul sureño que practicaban las bandas de Stax y Muscle Shoals y que al principio fue recibido con ciertas reticencias por los críticos pero con gran entusiasmo por el público. En 1969 graban su segundo disco, *The Sound Of Sexy Soul* y uno de sus temas, «Didn't I (Blow Your Mind This Time)» logra un importante número de ventas. Al año siguiente lanzan un álbum de título homónimo en el que se perfilan claramente las líneas básicas del soul de Philadelphia. En 1971 Randy Cain es sustituido por Major Harris y tres años después graban su último disco con Philly Groove Records, *Alive & Kicking*. Tras un par de éxitos menores como «I Told You So» y «I Don't Want To Make YouWait», el grupo ficha por la discográfica Curtom, el sello de Curtis Mayfield, en el que en 1975 graban *Let It Be Me*, el disco con el que comienza su declive final. De entonces a hoy han intentado sobrevivir usando nombres como The New Delfonics y llegando a funcionar como tríos separados con entradas y salidas de distintos cantantes. Han sido referentes básicos para varias generaciones de músicos. Aretha Franklin, The Jackson Five, Patti La Belle y Prince han cantado versiones de sus temas que además han sido sampleados por grandes figuras del hip-hop como The Notoruis B.I.G., Boyz II Men, Missy Elliot o The Wu-Tang Clan.

The Dells

La longevidad del uptown soul

1953 - 1992
Chicago

Esta banda pionera del uptown soul de Chicago ha sido uno de los grupos vocales de rhythm & blues que más ha durado manteniendo practicamente la misma formación, convirtiéndose en una leyenda de la música negra, aunque su trayectoria discográfica fuese ciertamente irregular. Nacieron en un instituto del sur de Chicago en el que estudiaban Marvin Junior, Verne Allison, Johnny Funches, Chuck Barksdale, Mickey y Lucius McGill, que decidieron fundar El-Rays, una banda con la que grabaron un primer single

«Darling I Know» para Checker Records, una filial del sello Chess. Poco después Lucius McGuill abandona el grupo, que pasa a llamarse The Dells.

En 1955 les llega la primera oportunidad seria al firmar con el sello Vee-Jay, donde graban «Dreams Of Contentment», una balada sin mayor trascendencia a la que seguiría «Oh What A Nite» que se colocaría entre los cinco mejores singles de las listas de rhythm & blues de 1956, con Johnny Funches como cantante principal. Fue el comienzo de una serie de giras que se truncarían en 1958 con un grave accidente de circulación del que Marvin Junior sale con la garganta dañada y el grupo se ve obligado a tomar un descanso. Regresaron en 1960 para realizar una gira con la *blueswoman* Dinah Washington, aunque Funches no se había recuperado del todo y fue sustituido por Johnny Carter, un antiguo miembro de The Flamingos. Después de dos años de gira firmaron un nuevo contrato con Argo, otra filial de Chess Records, con la que lanzaron cuatro singles con un sonido muy cercano al jazz.

En 1964 regresaron al sello Vee-Jay para retomar su auténtico estilo de rhythm & blues con temas como «Stay In My Corner», con el que volvieron a tener una breve temporada de popularidad, ya que dos años después la discográfica se hundió y tuvieron que cambiar otra vez a una filial de Chess: Cadet. Acompañaron a Ray Charles en sus giras y en 1967 la compañía les pone en manos del productor Bobby Miller y el arreglista Charles Stepney para grabar su primer álbum, *There Is*, un bombazo del que se extraen cuatro singles que se instalan en lo más alto en las listas de favoritos. Un año después graban *Always Together*, al que sigue *Love In Blue*, un disco que incluye una versión de su primer éxito, «Oh What A Nite», que se convierte en un número uno. En 1975 fichan por Mercury Records y su carrera entra en una fase de estancamiento, hasta que en 1980 recuperan la magia por última vez con el disco *Touched A Dream*. Lo siguieron intentando con una serie de discos: *Seconde Time*, en 1988 y *I Salute You*, en 1992, siempre sin fortuna. Su capacidad de adaptación les permitió sobrevivir al paso de modas y estilos musicales, cosechando más de medio centenar de éxitos.

Manu Dibango
El latido del funk africano

Emmanuel 'Manu' N'Djoké Dibango
12 de diciembre de 1933
Douala, Camerún

Este saxofonista ha sido el embajador de la música africana en el mundo, enlazando con la música negra de los Estados Unidos, en un viaje de ida y vuelta entre el soul, el funk y la música folclórica de África occidental. Hijo de un matrimonio interétnico (duala y yabassi), una rareza en su país natal en la primera mitad del siglo XX, vivió siempre dividido entre la tribu de su padre y la de su madre. Estudió música en una escuela protestante de su aldea. Comenzó tocando en grupos de rumba camerunesa y predecesores del jazz africano. En 1968 grabó su primer álbum homónimo, al que siguió *O Boso*, grabado en 1971 en Londres y *Soma Loba*, un disco de 1972 grabado con otros artistas africanos.

Su tema «Soul Makossa», grabado en 1972, se sitúa en la base del funk africano y el afrobeat y ha influido en artistas tan importantes como el propio Michael Jackson, Rihanna, Eminem o los raperos Poor Righteous Teachers. Entre las innumerables versiones que se han hecho de este tema destaca, por lo esperpéntica, la que en su día grabaron los inefables Mili Vanili. A lo largo de su vida Dibango ha colaborado con los más importantes músicos de ambos lados del Atlántico, desde Fania All Stars a Herbie Hanckok, pasando por Fela Kuti, Don Cherry, Ladysmith Black Mambazo o King Sunny Adé. Desde 2004 es embajador de la UNESCO para la Paz.

Bo Diddley

Esencias de rock & roll

Ellas Otha Bate
30 de diciembre de 1928 – 2 de junio de 2008
McComb, Mississippi – Archer, Florida

Creció escuchando a los músicos que pasaban por su pueblo e imitándoles con instrumentos caseros, entre ellos el *diddley bow*, o arco de cuerda. A los seis años su madre lo envió a Chicago, a casa de su primo Gussie McDaniel que le adoptó, pasando a llamarse Ellas McDaniel. Estudió música en la iglesia de su barrio, en cuya orquesta tocó hasta que se sintió atraído por la música de John Lee Hoocker. A principios de los cincuenta forma un dúo con el armonicista Billy Boy Arnold, tocando en la calle principal del barrio negro, Maxwell Street. En 1954 Diddley y Arnold grabaron una maqueta que llegó a Leonard Chess, quien eliminó las partes más obscenas y bautizó el tema como «Bo Diddley». El single, con la cara B,« I'm A Man», se convirtió en un éxito en 1955, llegando al segundo puesto de la lista de éxitos y disparando la popularidad de su autor, que le daba una vuelta de tuerca al rhythm & blues. En 1958 grabó su primer álbum, *Bo Diddley*, iniciando una serie de lanzamientos, al menos dos discos por año, que llevarían todos su nombre en el título. A pesar de que su estilo marcó a los nuevos guitarristas de rock como Jimi Hendrix, su popularidad decayó durante los años sesenta. A finales de esa década comenzó a viajar asiduamente a Inglaterra, donde contaba con la admiración de bandas como The Rolling Stones o The Yardbirds. En 1979 fue homenajeado por los reyes del punk inglés, The Clash, una última prueba de que su música había influido mucho más en el universo blanco del rock & roll que en el mundo del rhythm & blues negro. El 1987 fue admitido en el Salón de la Fama del Rock. Murió en 2008 en Florida y en su funeral el numeroso público asistente coreó su tema de cabecera.

Fats Domino
El hombre que derribó la frontera racial

Antoine Dominique Domino
26 de febrero de 1928
Nueva Orleans

A este orondo pianista le debemos en buena medida la popularización del rhythm & blues entre el público blanco de los años cincuenta y su piano sentó las bases del futuro rock & roll. Creció en una familia en la que casi todos tocaban algún instrumento. Su padre era violinista y un tío suyo tocaba la trompeta. A los seis años comenzó a tocar el piano y en plena adolescencia actuaba en los garitos de La Perla de Louisiana acompañado por Billy Diamond, un contrabajista que le bautizó como *Fats* (gordo o grasas). Ejerció los más duros oficios para sobrevivir, hasta que en 1949, mientras tocaba en el Club Hideway, fue descubierto por Lew Chudd, un ejecutivo de Imperial Records. Un año después graba «The Fat Man», una versión de un tema del *bluesman* Champion Jack Dupree que le consolida como el músico negro de mayor aceptación. Entre 1951 y 1954 compone temas como «Rockin' Chair», «Goin' Home, Going To The River», «Dont' Leave Me», «Rose Mary», «You Done Me Wrong» o «Ain't It A Shame», que se convierten en sucesivos éxitos que por primera vez traspasan la frontera racial y logran aceptación entre el público blanco. En 1956 participa en el show de Steve Allen, donde es presentado como la nueva sensación del rock & roll. Ese año publica el álbum *Rock And Rollin'*, con el sello Imperial, donde editaría *Here Stands Fast Domino*, en 1957, *Fabulous Mr. D*, en 1958, *I Miss You So*, en 1961 y *Twistin' The Stomp*, en 1962. En 1963 firma con Paramount Records y se traslada a Nashville donde graba *Red Sails In The Sunset*, un single que se convierte en un éxito de ventas. Pero los gustos del público están cambiando. El pop invade las listas de éxitos y Domino comienza un peregrinaje por discográficas como Mercury y Reprise, sin llegar a recobrar la gloria pasada, aunque todavía grabaría joyas del rhythm & blues como *Fats Is Back*, con el sello Repris, en 1968. A principios de los ochenta se instala de nuevo en Nueva Orleans y desde entonces realiza conciertos por todo el mundo, paseando el estilo con el que contribuyó a cambiar la música popular. Tiene en su haber más de veinte discos de oro y es miembro fundador del Salón de la Fama del Rock.

Lee Dorsey

El punch del rhythm & blues

Irving Lee Dorsey
24 de diciembre de 1926 – 2 de diciembre de 1986
Nueva Orleans, Louisiana - Nueva Orleans, Louisiana

A los diez años su familia se mudó de Nueva Orleans a Portland, Oregón, donde vivió hasta el comienzo de la Segunda Guerra Mundial. Durante la contienda estuvo alistado en la Marina y al acabar intentó sobrevivir como profesional del boxeo, llegando a conseguir una cierta popularidad como Kid Chocolate. Pero en 1955 decidió cambiar el ring por los escenarios y regresó a Nueva Orleans para actuar en clubs nocturnos, una actividad mal pagada que redondeaba con su trabajo en su taller de coches. En 1961 los productores Allen Toussaint y Harold Battiste le llevaron al sello Fury para que editase su primer single, «YaYa», un tema con un ritmo pegadizo que vendió un millón de copias y se convirtió en disco de oro. Pero las sustanciosas ganancias no acabaron en los bolsillos de Dorsey, que tuvo que volver a trabajar al taller. Sus siguientes discos, *Do Re Mi*, grabado en 1962 y *Ride*

Your Pony, en 1965 con el sello Amy y que contó con el respaldo instrumental de The Meters, mantuvieron la misma esencia. En 1966 grabó el disco más importante de su carrera, *Working In The Coalmine*, de nuevo en el sello Amy y con el respaldo de Toussaint, que escaló a los primeros puestos de las listas de éxitos y abrió el camino a sus siguientes álbumes *The New Lee Dorsey*, en 1966 y *Yes We Can*, esta vez con el sello Polydor en 1970. A principios de los años setenta desapareció del panorama musical para regresar una década después participando en algunos conciertos de Jerry Lee Lewis o James Brown, aunque su último momento de gloria lo tuvo como invitado de la gira americana del grupo punk británico The Clash. Murió en 1986 en la ciudad que le había visto nacer. Tenía 61 años.

The Dramatics

La autenticidad del northern soul

1962
Detroit, Michigan

En principio fueron un sexteto integrado por Ron Banks, Roderick Davis, Larry Reed, Robert Ellington, Larry 'Squirrel' Demps y Elbert Wilkins, que comenzaron en el sello Wingate bajo el nombre de The Dynamics con el que grabaron un sencillo sin consecuencia alguna. Tras el abandono de Ellington pasaron a llamarse The Dramatics y ficharon por el sello Sport, subsidiario de la poderosa Motown, donde en 1967 registraron *All Because Of You*, un sencillo que logró un discreto hueco entre los favoritos de rhythm & blues. En 1968 se fueron a la otra gran discográfica del soul, Stax. Pero a pesar de todos sus esfuerzos pasaron unos años improductivos hasta que en 1971 graban «Watcha See Is Watcha Get», un tema que llega al número tres en el Top del *Billboard*, logra un disco de oro y les hace populares en todo el país. Al año siguiente repiten fortuna con «In The Rain», quinto en las listas de éxitos, y en 1973 con «*The Devil is Dope*», una canción cargada de compromiso racial. A pesar de la buena racha, los cambios se suceden en la formación. Howard y Wilkins abandonan la banda y son sustituidos por LJ Reynolds y 'Lenny' Mayes. Durante una temporada pasan a llamarse Ron Banks & The Dramatics, mientras solventan litigios por el nombre con Wilkins. A pesar de los cambios en los gustos del público, más inclinado a la música disco, logran otro célebre disco con *Welcome Back Home* en 1980, precisamente el año en el que Tony Hester, el autor de sus más sonados temas, fue asesinado a balazos en una calle de Detroit.

Han sido un grupo especialmente prolífico que se ha mantenido activo, aunque con diferentes formaciones, durante más de cuatro décadas. LJ Reynolds, Willie Ford, Winzell Kelly y Michael Brock siguen actuando de forma esporádica con la misma brillantez.

The Drifters

El banderín de enganche del soul

Nueva York
1953

Tienen el dudoso honor de ser una de las formaciones más inestables de la historia de la música americana. A lo largo de su historia han pasado por la banda más de veinticinco músicos, entre los que figuran varias de las más relevantes figuras del soul y el rhythm & blues como Ben E. King, Johnny Terry, Charlie Thomas, Terry King o Bobby Hendricks. El grupo original fue creado por Clyde McPhatter tras su abandono de Billy Ward & The Dominoes, bajo la dirección de Ahmet Ertegün, quien le contrató para el sello Atlantic. Como primera medida Clyde trató de reunir de nuevo a su antiguo grupo de gospel, The Mount Lebanon Singers' pero bastó una sola sesión de grabación para que tanto McPhatter como Ertegün se diesen cuenta de que la formación no funcionaba y optasen por buscar una nueva. Los elegidos son Gerhart y Andrew Thrasher, Bill Pinkney, Willie Ferbee y Walter Adams, también cantantes de estilo gospel que, esta vez sí, logran darle el sonido deseado al grupo que logra su primer éxito con «Money Honey» a finales de 1953. De inmediato se producen los primeros cambios en la formación con el abandono de Ferbee por un accidente y la muerte de Adams, que es sustituido por Jimmy Oliver. Los éxitos se suceden con temas como «Honey Love» y «White Christmas», grabados en 1954, que consolidan la marca Drifters, que pasa a ser propiedad del manager George Tradwell. En 1956 graban su primer álbum, *Clyde McPhatter & The Drifters*, al que siguen *Rockin' & Driftin'*, en 1948, *Save The Last Dance For Me*, en 1962, *Under The Boardwalk*, en 1964, *The Good Life With The Drifters*, en 1965 y *I'll Take You Where The Music's Playing*, su último disco con el sello Atlantic en 1966. Desde ese momento Johnny Moore se convierte en el primer cantante permanente del grupo, en 1972 se trasladan a Inglaterra y fichan con Bell Records para grabar sus cuatro últimos elepés, *The Drifters Now*, en 1973, *Love Games* y *There Goes My First Love*, en 1975 y *Every Nite's A Saturday Night*, en 1976. El grupo se mantiene vivo actuando en galas y recuperando una y otra vez sus viejos temas entre interminables batallas legales con la familia de George Tradwell por la propiedad del nombre.

Dyke & The Blazers

En los orígenes del funk

1964 -1971
Phoenix, Arizona

El mayor mérito de esta formación es el de haber sido la primera banda que colocó la etiqueta *funky* en la portada de un disco. Arlester 'Dyke' Christian nació en 1943 en Buffalo, Nueva York. En 1960 comenzó a tocar el bajo en una banda local, Carl LaRue and his Crew, que llegó a editar un single allá por 1963. Un año después el grupo fue llamado por el *DJ* y cazatalentos de Phoenix, Eddie O'Jay. Tras algunos conciertos y audiciones La Rue decidió regresar a casa, pero 'Dyke' y dos miembros del grupo, el guitarrista Alvester 'Pig' Jacobs y el saxofonista JV Hunt, decidieron quedarse para probar fortuna en Arizona y se integraron en The Three Blazers, que con el tiempo pasaron a llamarse Dyke and the Blazers. En 1966 editaron su tema más conocido, «Funky Broadway», en Artco, un sello independiente local. El

tema fue reeditado al poco tiempo por el sello Art Lanboe's de Los Ángeles y se convirtió en un éxito de ventas. A finales de los sesenta y principios de los setenta siguieron grabando singles con un sonido muy similar al que usaba James Brown, con mucho *riff* de guitarra, teclados sintetizados y potentes vientos. 'Dyke' era un animador que ponía más énfasis en cómo cantaba que en lo que decía al cantar.

En 1967, mientras Wilson Pickett colocaba en el número uno de las listas su versión de «Funky Broadway», la banda se separó y 'Dyke' regresó a Buffalo para montar una nueva banda con la que editó singles como «We Got More Soul», «Let A Woman Be A Woman... Let A Man Be A Man», «You Here My Shushine» y «Runaway People». La carrera de 'Dyke' Christian finalizó bruscamente cuando murió en un tiroteo en Phoenix a la edad de veintiocho años.

E

Earth, Wind & Fire

La banda que cambió el pop negro

1969
Chicago, Illinois

Funk, soul, pop, rock, gospel, jazz, blues, psicodelia, música disco y ritmos africanos son los ingredientes de una ecléctica banda que ha dejado una impronta imborrable en el panorama de la música popular de los años setenta y ochenta. Nacieron en Chicago en 1969. Maurice White, que tenía una larga experiencia como batería de sesión para Chess Records, decidió montar un equipo para componer y producir canciones junto a sus amigos Don Whitehead, teclista y Wade Flemons, cantante. Se hicieron llamar The Salt Peppers y firmaron un contrato con Capitol Records. Tras un par de singles, Maurice se dio cuenta de que la idea no funcionaba y se mudó a Los Ángeles, donde fueron recalando el resto de componentes de la banda.

Basándose en los elementos de su signo zodiacal, Maurice bautiza a la banda como Earth, Wind & Fire. Firman con Warner y debutan en 1970 con un disco homónimo bien recibido por la crítica. Al año siguiente graban *The Need Of Love*, que gusta a los aficionados pero no cuaja comercialmente. White desmantela la banda, con excepción de su hermano Verdine y recluta a Philip Bailey y Jessica Cleaves a la voz, Ronnie Laws al saxo, Roland Bautista a la guitarra, Larry Dunn en los teclados y Ralph Johnson a la batería. En 1972 debutan en la multinacional CBS con *Last Days And Time* y desde ese momento se suceden los cambios permanentes en la formación, por la que pasaron más de cincuenta artistas diferentes. En 1974 llega su primer éxito de masas con *Open Our Eyes*, en el que colabora por primera vez el productor Charles Stepney que da más amplitud al repertorio de la banda. El primer single extraído del álbum, «Mighty Mighty» se convierte en un superventas y les abre el camino de los grandes festivales con músicos como Carlos Santana, la composición de bandas sonoras para películas y las primeras giras por Europa. En 1975 su álbum *Gratitude* se convierte

en número uno y el siguiente, *Spirit*, alcanza el número dos de las listas en Estados Unidos. En 1977 llega «Boogie Wonderland», considerada su mejor canción, que les catapulta definitivamente al estrellato internacional. Su último álbum por el momento es *Now, Then & Forever*, grabado en 2013. Han conseguido seis premios Grammy y tienen una estrella en el Paseo de la Fama de Hollywood, entre otros cientos de reconocimientos.

The Emotions
La perfección armónica

1968
Chicago, Illinois

El grupo de smoth soul formado por las hermanas Sheila, Wanda y Jeanette Hutchinson ha derrochado sonrisas y voces dulces con una homogeneidad pocas veces conseguida y ha proporcionado a la historia del rhythm & blues alguno de sus momentos más elegantes. Pasaron su infancia cantando en la iglesia de su barrio como The Heavenly Sunbeans, aunque más tarde optaron por la denominación familiar y pasaron a llamarse The Hutchinson Sunbeans. Su padre Joseph las hacía estudiar y ensayar durante varias horas al día, en busca de la perfección armónica. En 1968, tras actuar en un concurso en el Regal Theatre de Chicago, Pops Staples las fichó para Stax Records, donde cambiaron sus registros piadosos del gospel por las canciones más carnales que componían Isaac Hayes y David Porter. Al año siguiente lanzan su primer disco, *So I Can Love You* que no fue precisamente un bombazo.

En 1970 Jeanette se casó y abandonó el grupo, siendo sustituida por su prima Theresa Davis que cantaba con las Our Ladies Of Soul. El siguiente disco, *Untouched*, incluyó un par de singles con bastante fortuna comercial y en 1976 Jeanette regresa a tiempo para participar en la grabación de *Flowers*, su ultimo disco con el sello Stax, que se hallaba en plena bancarrota, pero que les proporcionó un par de sonados éxitos con los temas «Flowers» y «I Don't Wanna Lose Your Love» que ocupa durante cinco semanas el número uno de las listas de música pop.

En 1977 el líder de Earth, Wind & Fire, Maurice White, las ficha para Kalimba Productions, donde graban los nuevos álbumes, *Rejoice*, que se convirtió en disco de platino y *Sunbeans.* De esta colaboración surge el single *Best Of My Love.* The Supremes también acompañan a EWF en sus actuaciones en directo y en la grabación de «Boogie Wonderland». En ese momento Jeanette vuelve a abandonar el grupo para dar a luz su segundo hijo y es sustituida por su hermana pequeña, Pamela. En 1985, tras el nuevo regreso de Jeanette, entraron en Motown para grabar *If I Only Knew,* considerado su último disco oficial, aunque en 1996 montaron su propio sello para lanzar *The Emotions Live.* Wanda, Pamela y Sheila siguen manteniendo viva la formación y actuando esporádicamente.

The Falcons

El semillero del soul

1955 - 1963
Detroit, Michigan

Por esta banda de rhythm & blues de Detroit pasaron algunas de las figuras más influyentes del soul, como Wilson Pickett, Eddie Floyd, Joe Stubbs o Mack Rice. Además de su aportación histórica como rampa de lanzamiento de grandes *soulman,* fue uno de los primeros grupos que integró a músicos negros y blancos. En 1955, dos empleados de una joyería -Eddie Floyd y Bob Manardo- decidieron probar fortuna en el mundo de la música y convencieron a dos amigos, Arnett Robinson y Tom Shetler, para montar un grupo al que sumaron a un cantante callejero, Willie Schofield. Grabaron un primer sencillo para el sello Mercury pero, casi inmediatamente, Manardo y Shetler son llamados a filas para realizar el servicio militar y Floyd recluta para la banda a dos nuevos cantantes, Joe Stubbs y Bonnie 'Mack' Rice, y a un guitarrista, Lance Finnie. En 1959 debutan con el disco *You're So Fine* en Lu Pine Records. El primo de Floyd, Robert West, propietario de varios sellos de segunda fila, les consigue la distribución a través de United Artists y el disco escala las primeras posiciones de las listas de éxitos con Joe Stubbs como cantante principal, un papel que repite en 1960 con The Teacher». Dos años después es sustituido por Wilson Pickett, quien pone la primera voz en «I Found A love». Pero Pickett pretendía volar más alto y abandona la banda para emprender su propio camino, imitado muy pronto por Floyd y Rice. Los verdaderos Falcons desaparecieron en 1963, dejando tras de sí un legado de canciones que forman parte fundamental de la columna vertebral del soul en su vertiente más gospel. A partir de ese momento toma las riendas Robert West, que se había quedado con los derechos del nombre, y emprende una nueva aventura reclutando a Carlis 'Sonny' Monroe & The Fabulous Playboys, que en 1966 grabaron *Standing On Guard* un disco que llegó a figurar entre los favoritos del soul en esos años, a pesar de lo cual la banda se disolvió para siempre.

Lee Fields

Parecidos que marcan

1951
Carolina del Norte

Durante años fue conocido como Little JB, a causa de su parecido con James Brown, que no se limitaba a su apariencia física sino también a su voz y su forma de cantar y que, aunque en su día pudo abrirle algunas puertas, con el paso del tiempo se convirtió en un lastre para el desarrollo de su propia personalidad artística. Debutó en 1969 en el sello Bedford con el tema «Bewildered» que supuso en éxito no-
table, pero nunca logró ser un cantante de masas aunque algunos de sus discos son auténticas joyas de la música negra. Sus mejores discos fueron

una serie de temas grabados con pequeñas discográficas a lo largo de los años setenta como «Gona Make Love», «Let's Talk It Over», en 1973 en el sello London, «The Bull Is Coming», en 1974 con Angle 3, y «Everybody Gonna Give Their Thing Away To Somebody (Sometime)» en 1975 con SoundPlus. En 1979 grabó con The Expressions el álbum *Let's Talk It Over*. Después de una larga desaparición de los circuitos musicales en los años ochenta, regresó a finales de los noventa para emprender una nueva y exitosa etapa, lejos de la sombra que proyectaba su parecido con Brown. En 1995 su álbum *Coming To Tear The Roof Down*, con Ace Records y en 1996 *Dreaming Big Time*, con Avanti, marcan un retorno con sello propio que ha continuado produciendo buenos resultados en la primera década del siglo XXI, cuando su figura ha sido reivindicada por algunas figuras del nuevo r&b. En 2002 sacó al mercado *Problems*, en 2009 *My World* y en 2012 *Faithful Man*, con Truth & Soul Records, todos ellos discos de un factura excelente en línea con el soul más tradicional.

Roberta Flack

La emotiva elegancia

10 de febrero de 1939
Black Mountain, Carolina del Norte

Con una voz elegante y aterciopelada, su recorrido por la historia de la música estuvo caracterizado por los altibajos que la mantuvieron en un plano discreto del que la rescató la colaboración con el malogrado cantante Donny Hathaway. Hija de un organista de la Iglesia Baptista de Nashville, desde pequeña orientó su carrera hacia el piano. Tras estudiar música en la Universidad Howard, fue descubierta por Less McCann cuando cantaba en un club de jazz. Gracias a él firma con la discográfica Atlantic y comienza su carrera musical. Grabó su primer álbum, *First Take*, en 1969, con un éxito prácticamente nulo y lo mismo sucedió con el segundo, *Chapter 2*, grabado al año siguiente. Pero las cosas cambiaron en 1971, cuando su tema «The First Time Ever I Saw Your Face» fue incluido en la banda sonora de la película *Play Misty For Me*, que colocó la canción en el número uno de las listas de éxitos del año 1972. Un año después logra su segundo número uno con «Killing Me Softly With This Song», a dúo con Donny Hathaway, y repite en 1974 con «Feel Like Makin Love». Tras una temporada fuera del circuito, en 1977 su álbum *Blue Lights*, junto a Hathaway, la coloca de nuevo en el camino del triunfo, pero dos años después el suicidio de su compañero supone un duro golpe profesional y personal del que comienza a recuperarse a principios de los ochenta con otro partenaire musical, Peabo Byrson, con el que realiza varias giras. Durante los últimos años ha vuelto a los escenarios reconvertida en cantante de jazz.

Eddie Floyd
La esencia del sonido Stax

Eddie Lee Floyd
25 de junio de 1935
Montgomery, Alabama

Fue uno de los autores más productivos del legendario sello Stax y escribió canciones que se convertirían en clásicos, cantadas tanto por él mismo como por leyendas como Wilson Pickett. Creció en Detroit, donde se formó musicalmente junto a su tío Robert Wesy, propietario de Lupine Records. Fue fundador de The Falcons, donde llevó la voz principal hasta la llegada de Wilson Pickett. Tras la disolución del grupo original en 1963, Floyd fundó junto a su amigo Al Bell la discográfica Safice con el objetivo de dar salida a las composiciones de ambos. En 1965 fichó por Stax Records, donde trabajó, habitualmente en colaboración con el guitarrista Steve Cropper, como compositor de canciones para Wilson Pickett, Booker T & The Mgs y Carla Thomas, para la que escribió su éxito Comfort Me. Dos de sus primeras canciones, «634-5789» y «Ninety Nine And A Half», se convirtieron en un bombazo cantadas por Wilson Pickett. En 1966 escribió una canción en principio destinada a Otis

Redding, «Knock On Wood», pero Floyd decidió que era la hora de saltar a primera línea y convenció a Jim Stewart, el presidente de la discográfica, para cantarla él mismo, logrando su primer gran triunfo en solitario. El tema vendió más de dos millones de copias y marcó la línea por la que en adelante seguiría el sonido de la discográfica de Memphis. Fue el primero de una larga serie de discos que marcan una época dorada del soul: *Looking Back*, en 1968, *Never Found A Girl*, en 1969, *California Girl*, en 1970, *Down To The Earth*, en 1971, *Baby Lay Your Head Down* en 1973 y *Soul Street*, en 1974, el último álbum con Stax Records, tras el que vino una etapa de renovados intentos en sellos como Malaco, Ichiban o Plane Records. Tuvo un repunte de popularidad a principios de los noventa gracias a sus giras con The Blues Brothers Band. Su despedida discográfica se produjo en 2008 con el álbum *Eddie Loves You So*, donde se reencontró con su vieja casa, Stax Records.

The Four Seasons

Sobreviviendo a las modas

1960
Newark, New Jersey

Aunque por el grupo han pasado más de cuarenta músicos y cantantes, la formación siempre ha pivotado en torno a Frankie Valli y Bob Gaudio, que durante décadas han mantenido viva una banda que ha transitado por diversos estilos, desde el soul al pop, pasando por la música disco. Todo empezó en 1954 cuando dos amigos, Frankie Valli y Tommy de Vito, montaron un grupo llamado The Variatones, que dos años después se convirtieron en The Four Lovers, un cuarteto que publicó un single, *You're The Apple Of My Eye*, que entró en los puestos bajos de la lista del *Billboard*. Entre 1956 y 1960 siguieron grabando con distintos nombres y con poca fortuna mientras tocaban en clubs de segunda categoría. En 1958 Bob Gaudio, un joven de quince años que tocaba el teclado y la guitarra, sustituyó a De Vito. En 1960 la banda pasó a llamarse The Four Seasons, el nombre de la bolera en la que Gaudio y Valli decidieron dar un giro a su carrera. Al año siguiente lanzaban con el sello Gone un sencillo, *Bermudas*, que pasó sin pena ni gloria. Entonces comenzaron a trabajar con el productor Bob Crewe quien compuso con Gaudio una canción, «Sherry», con la que convencieron al sello Vee-Jay para que los contratase, marcando el hito de ser el primer grupo de blancos fichado por dicha discográfica. En 1962 graban su primer álbum, *Sherry & 11 Others* y el single homónimo se convierte en número uno y ese mismo año editan *The 4 Seasons Greetings*, al que siguen *Big Girls Don't Cry And Twelve Others* y *The 4 Seasons sing Ain't That a Shame and 11 others*, en 1963, con un éxito de ventas solo igualado por unos Beach Boys en su mejor momento.

Para entonces Vee-Jay estaba a punto de morir de éxito al no poder hacer frente a la vorágine que supuso su contrato para distribuir a The Beatles y The Four Seasons se fueron a Phillips Records, donde en 1964 graban *Born To Wander-Tender and soulful ballads*. Pero la invasión británica era imparable y a pesar de que The Four Seasons fueron los que mejor aguantaron, las ventas ya no volvieron a ser las mismas. Su popularidad fue disminuyendo a finales de los años sesenta y a partir de 1970 pasaron a llamarse Frankie Valli & The Four Seasons. Desde entonces han seguido actuando por todo el mundo con formaciones dispares, manteniendo un discreto perfil con Frankie Valli al frente de la banda y Bob Gaudio dedicado a labores de composición y producción.

The Four Tops

Los amos del pop soul

1953
Detroit, Michigan

Pioneros del sonido Motown, este cuarteto ha sido uno de los más populares de la música pop y sus canciones son auténticos himnos que han perdurado durante décadas. Sus fundadores, Levi Stubbs, Renaldo 'Obie' Benson,

Lawrence Payton y Abdul 'Duke' Fakir, eran compañeros de colegio en Detroit y comenzaron a cantar en fiestas estudiantiles con el nombre de The
Four Aims, hasta que Roquel Davis, un compositor que tenía cierta amistad
con el grupo, les convenció para dar el salto y fichar con Chess Records
con el nombre de The Four Tops. A pesar de que sus primeras experiencias
discográficas con Chess, Columbia y Riverside Records fueron un fracaso,
su paso por los escenarios de los clubs nocturnos les sirvió para montar un
cuarteto de voces bien armonizadas que, de nuevo por mediación de Roquel
Davis, sirvió para que en 1963 Berry Gordy les diese una oportunidad en
Motown Records. Comenzaron haciendo temas de jazz, pero en 1964 el
equipo de compositores Holland-Dozier-Holland puso en sus manos «Baby
I Need Your Loving», que The Four Tops convirtieron en un éxito inmediato. Tras este vinieron «I Can't Help Myself», «Ask The Lonely», «Shake
Me, Wake Me» y «It's The Same Old Song», que se convirtieron en himnos
adolescentes con ventas millonarias.

En 1966 su canción «Reach Out I'll Be There» ocupa el número uno de
las listas y les consagra como el grupo más popular del momento. A finales
de los años sesenta siguen arrasando con temas como «Bernadette» y sus
álbumes *On Top*, grabado en 1966, *Four Tops Hits* y *Reach Out*, en 1967 no
solo triunfan en Estados Unidos sino que copan los primeros puestos de las
listas inglesas. Pero en 1968, Holland-Dozier-Holland dejan Motown y la
popularidad de The Four Tops empieza a declinar, aunque todavía edita-

rán discos soberbios como *The Magnificent 7*. En 1972, coincidiendo con el traslado de Motown a California, The Four Tops fichan por ABC Records, donde graban «Keeper Of The Castle», que recupera las ventas millonarias, y los álbumes *Main Street People*, en 1973 y *Meeting The Minds*, en 1974, el mismo año en el que «One Chain Don't Make No Prison» se convierte en una de las canciones más célebres de la música popular.

A partir de 1983 regresaron a Motown, pero los gustos del público habían cambiado y su actividad se centró en giras y galas con su eterno repertorio. Al contrario de lo que suele suceder con este tipo de grupos, durante más de cuarenta años la formación se mantuvo estable y sus miembros fueron inevitablemente sustituidos a medida que fueron falleciendo. En la actualidad, 'Duke' Fakir sigue manteniendo vivo el grupo con la colaboración de Roquel Payton, Theo Peoples, Ronnie McNeir.

Aretha Franklin
La reina del soul

Aretha Louis Franklin
25 de marzo de 1942
Memphis, Tennessee

La incuestionable gran dama del soul aportó al género mucho más que una voz excepcional y una personalidad arrolladora. Al contrario que muchos de sus compañeros, utilizó su raíz gospel para empaparla de rhythm & blues y estimular un soul desgarrado, cargado de emociones y sentimientos en los que el desamor, la risa y el llanto tenían cabida a partes iguales. Era hija de un predicador y una cantante de gospel que abandonó a su familia cuando Aretha era una niña. Su padre descubrió pronto su talento e intentó que tomara clases de piano, pero ella se negó y prefirió aprender sola con la ayuda de grabaciones. Creció rodeada de grandes figuras de la música negra como Clara Ward, Mahalia Jackson, Dina Washington, Ella Fitzgerald o James Cleveland, que eran amigos de su familia. Comenzó cantando con sus hermanas Erma y Carolyn en la iglesia de su padre, la First Baptiste Church de Detroit, y a los catorce años realizó su primera grabación *The gospel soul of Aretha Franklin*, un álbum en el que se escuchan composiciones gospel

con un potente sonido soul de piano. El disco fue grabado por JVB/Battle Records y reeditado por Checker. En 1960, viajó hasta Nueva York para tomar clases de técnica vocal y danza. Grabó algunas maquetas que envió a las discográficas y que llamaron la atención del ejecutivo de Columbia Records, John Hammond un cazatalentos que inmediatamente la fichó para grabar al año siguiente su primer álbum *Aretha*, al que seguirían *The Electrifying Aretha Franklin* y *The Tender, The Moving, The Swinging Aretha Franklin*, en 1962, *Laughing On The Outside*, en 1963, *Running Out Of Fools*, en 1964. Ese mismo año edita *Songs Of Faith*, con el sello Checker y, tras un intento malogrado de grabar con la discográfica FAME, de Muscle Shoals y un par de discos intrascendentes con el sello Harmony, en 1966 graba *Soul Sister*, su último álbum en Columbia, una compañía con la que había tenido abundantes desencuentros.

En 1967 lanza *I Never Loved A Man The Way I Love You*, el primer álbum en Atlantic, que contiene la canción «Respect», que la hizo universalmente famosa. Un año después se edita *Lady Soul*, con tres canciones, «A Natural Woman», «Chain of Fools» y «(Sweet Sweet Baby) Since You've Been Gone», que supusieron su coronación definitiva como reina del soul el mismo año que edita *Aretha Now* con el tema «Think», otro de sus hitos musicales.

A finales de los años setenta, sus ventas comenzaron a disminuir y su fama se eclipsó durante más de una década hasta que a finales de los noventa comenzó a resurgir y a participar en giras y festivales, arropada por la admiración y el cariño de las nuevas generaciones, que reconocen en ella a la última gran emperatriz de la música negra. Su música reflejaba su carácter forjado a lo largo de una vida jalonada de circunstancias adversas y momentos de gloria. Tuvo a su primer hijo a los quince años y el segundo a los diecisiete y se convirtió en una mujer adulta en plena adolescencia. Quizá por eso fue toda su vida una activa militante de la causa feminista y de la lucha por los derechos civiles de los negros. De hecho su padre, al que apodaban «La voz del millón de dólares» por la vehemencia de sus sermones y discursos, era uno de los principales colaboradores del Dr. Marthin Luther King. Su trayectoria ha sido galardonada con 20 premios Grammy. Para la revista *Rolling Stone* ocupa el primer lugar entre las cien mejores cantantes de todos los tiempos. Fue la primera mujer negra que apareció en la portada de la revista *Time* y la primera en entrar en el Salón de la Fama del Rock. En 2005, el presidente de los Estados Unidos le entregó la Medalla de la Libertad.

Erma Franklin

El estigma de la hermana mayor

Erma Vernice Franklin
13 de marzo de 1938
Shelby, Mississippi

La hija mayor del reverendo Clarence y Bárbara Franklin nunca ha logrado despegarse de la sombra que proyecta su hermana Aretha. Debutó en el coro de la iglesia a los cinco años y cuando la familia se instaló en Detroit, tras un periplo por Tennessee, Nueva York y Michigan, formó equipo con sus hermanas pequeñas. En la adolescencia montó un grupo llamado The Cleo-Patretts que llegó a grabar un disco en un modesto sello local tras ganar un concurso de jóvenes talentos. A finales de los años cincuenta, Berry Gordy se fijó en ella para convertirla en la primera estrella de Motown. Pero el reverendo Franklin tenía otros planes para su hija y decidió que primero debía acabar los estudios y luego plantearse si se dedicaba a la música. Las canciones que estaban destinadas a Erma fueron grabadas por Etta James y Jackie Wilson y Erma tuvo que esperar a finalizar la universidad para hacer sus primeras audiciones con Columbia Records, junto a su hermana pequeña, Aretha. Mientras esta firmaba con la compañía principal, Erma tuvo que conformarse con un contrato con la filial Epic y se trasladó a Nueva York, donde acabó cantando con la orquesta de Lloyd Price, hasta que en 1967 grabó con el sello «Shout Piece Of My Heart», una canción con la que al año siguiente obtuvo una nominación al premio de mejor artista revelación. Cuando preparaba su primer álbum, Bert Berns, propietario de la discográfica, falleció repentinamente y Erma tuvo que acabar buscando trabajo en una empresa de informática, mientras su canción triunfaba en la voz de Janis Joplin.

Regresó a la música para registrar el álbum *Her Name Is Erma*, hacer coros junto a su hermana Carolyn en algunos discos de Aretha, realizar algunas giras por Europa y actuar en obras de teatro. A finales de los años setenta decidió retirarse para trabajar en fundaciones benéficas de ayuda a niños maltratados y abandonados.

Harvey Fuqua

Un hombre clave en Motown

27 de julio de 1929 – 6 de julio de 2010
Louisville, Kentucky – Detroit Michigan

A pesar de que su figura ha permanecido durante años en un segundo plano, es uno de los motores que desarrollaron el sello Motown. Era sobrino de Charlie Fuqua, un famoso músico de los años treinta y cuarenta, líder de la banda The Ink Spots, que figura entre los creadores del doo-wop, el rhythm & blues y el rock & roll. En 1951 Harvey fundó un grupo vocal, The Crazy Sounds, con Bobby Lester, Alexander Graves y Prentiss Barnes, con los que actuó en las calles de Louisville hasta que se marcharon a Cleveland, Ohio, donde se pusieron en manos del *disc jockey* Alan Fred, que comenzaba a organizar su espectáculo *Moondog Coronation Ball*, el predecesor de los conciertos de rock & roll. Fred los rebautizó como The Moonglows y editó sus primeras canciones con su sello, Champagne Records. En 1954 grabaron su primer single importante con Chess Records, *Sincerely*, que llegó al número uno del *Billboard*. En 1957 Fuqua despide a sus compañeros y renombra al grupo como Harvey & The Moonglows, al que incorpora a los integrantes de The Marquees, entre los que figuraba un joven Marvin Gaye. Tras grabar un nuevo tema de éxito, «Ten Commandments of Love», en 1958, Fuqua abandona el proyecto para grabar un par de temas con Etta James, «Spoonful» y «If I Can't Have You» y fundar su propio sello discográfico, TriPhi.

A principios de los sesenta se casó con Gwen Gordy, la hermana del due-

ño de Motown, en cuya compañía se integró llevándose con él a las inci-
pientes estrellas de su sello, Jr Walker & The All Stars y Marvin Gaye.
Durante años trabajó con su cuñado, destacando como uno de su mejores
cazatalentos. Él fue quien captó a músicos como Tammy Terrell y Johnny
Bristol, además del citado Marvin Gaye. Además siguió grabando algunos
discos como *The First Time*, en 1961 o *What Can You Do Now*. En 1971
abandona Motown y se marcha a RCA, donde su logro principal fue el
descubrimiento de la pionera de la música disco Sylvester. En sus últimos
años trabajó como manager para Smokey Robinson y produjo el último
disco de Marvin Gaye.

G

Gladys Knight & The Pips
Leyendas familiares

1953
Atlanta, Georgia

El propio origen de este grupo familiar es material de leyenda. Sucedió en
Atlanta, Georgia, en 1952. Con solo ocho años Gladys Knight acaba de ganar dos mil dólares en un concurso de televisión y su familia lo celebra por
todo lo alto coincidiendo con el cumpleaños de su hermano mayor Meral
'Bubba' Knight. De aquella reunión salió un conjunto vocal formado por los
hermanos 'Bubba', Gladys y Brenda Knight y sus primos, Willian y Eleanor
Guest, a quienes se añadiría otro primo, James 'Pips' Woods, que acabaría
dando nombre al grupo: The Pips. En la primera gira Brenda sería sustituida por Langston George. El primer éxito les llegó en 1961 con «Every
Beat of my Heart», una versión de una canción de Johnny Otis que habían
popularizado Hank Ballard & The Midnighters. En realidad grabaron la
canción para un amigo que la vendió a la discográfica Vee-Jay y se que-

dó con los beneficios, por lo que The Pips grabaron una segunda versión titulada simplemente «Every Beat», que se convirtió en un número uno. Langston George abandonó la banda, que se convirtió en un cuarteto con el nombre de Gladys Night & The Pips, con el que grabaron su siguiente single, *Letter Full Of Tears*, en 1962. Entonces Gladys abandonó la banda para dedicarse a su familia y durante dos años The Pips realizan giras de irregular fortuna, hasta que en 1964 la cantante regresa para grabar *Giving Up*, un moderado éxito con el que aguantaron su carrera hasta 1966, cuando firmaron con Motown y grabaron dos canciones, «Just A Closer Walk With Thee» y «How Great Thou Art», incluidas en un álbum colectivo *In Loving Memory*. En 1967 graban un álbum, *Everybody Needs Love*, que incluye el single *I Heard It Through The Grapevine*, que llega al número uno en las listas de rhythm & blues y segundo en el *Billboard*, proyectando definitivamente su carrera, aunque sería un éxito todavía mayor en la voz de Marvin Gaye. Pero su mayor éxito en Motown llegó en 1973 con el tema «Neither One Of Us (Wants To Be The First To Say Goodbye)», con el que obtuvieron un Grammy. Ese año Gladys Night & The Pips se mudan a Buddah Records, donde a mediados de los setenta logran varios números uno con discos como *Midnight Train To Georgia* que les supuso otro Grammy. Su primer álbum con Buddah es *Imagination*, que es disco de oro en 1973, algo que repiten al año siguiente con *Claudine* y al siguiente con *2nd Aniversary*. En los ochenta, por problemas legales con la discográfica, Gladys y The Pips comienzan

grabar por separado y su carrera se diluye en una serie de colaboraciones con otros artistas y grabaciones de discos de gospel. En 1996 entraron en el Salón de la Fama del Rock. Para la historia de la anécdota musical queda el dato de que en 1968 Gladys tuvo una visión profética cuando le sugirió a Berry Gordy que contratase a un grupo de chicos de Indiana que se hacían llamar The Jackson Five.

Marvin Gaye

El príncipe de Motown

Marvin Pentz Gay Jr.
2 de abril de 1939 – 1 de abril de 1984
Washington DC - Washington DC

Era hijo del predicador de un iglesia ultraconservadora. El estricto corsé moral y la violencia verbal y física de su iracundo padre, que no le permitía celebrar fiesta alguna ni siquiera practicar deporte, le hicieron refugiarse en la música. Aprendió a tocar el piano y la batería y a los quince años montó su primer combo, DC Tones. La represión sufrida en su infancia agudizó su carácter rebelde e indisciplinado por el que fue expulsado de las fuerzas aéreas. De vuelta a la vida civil ingresó en The Rainbows, un grupo de doo-wop sin mayor pena ni gloria, al igual que el siguiente, The Marquees, aunque con estos últimos llegó a grabar un fallido single apadrinado por el mismísimo Bo Diddley. Las cosas le comenzaron a ir mejor con The Moonglows, una de las formaciones de doo-wop más populares de finales de los cincuenta, liderada por el carismático Harvey Fuqua, con la que en 1959 lograron un notable éxito con el single *Mama Loocie*, grabado en Chess Records. Marvin y Harvey consolidaron una amistad que perduraría toda la vida y que en 1960 les llevaría a Detroit para trabajar en la discográfica de Berry Gordy, con cuya hermana Anna se casó.

En Motown, Gaye comenzó tocando la batería para grupos como Smokey Robinson & The Miracles o Marta & The Vandellas y en 1961 comenzó su carrera en solitario con un sonado fracaso: su disco *Soulful Mood*. Dos años después vuelve a intentarlo con *That Stubborn Kinda Fellow*, un modesto éxito al que sigue ese mismo año su disco en directo

Marvin Gaye Recorded Live On Stage. En 1964 graba *When I'm Alone I Cry*
y comienza su colaboración con la cantante Mary Wells, con la que graba
Together, un álbum que les aporta menos popularidad de la esperada. En
1965 grabó dos singles que se convirtieron en sendos números uno, *I'll Be
Doggone* y *Ain't That Peculiar* y un disco a dúo con Kim West que tampoco
cuajó.

Fueron sus dúos con Tammi Terrell los que le llevaron a lo más alto de
su carrera. Durante años fueron amigos inquebrantables y aguantaron ele-
gantemente los rumores sobre su relación, que acabó a causa de un tumor
cerebral que segó la vida de Tammi en 1970. Fue ahí donde comenzó el declive mental de Marvin. De aquella relación artísitica quedan joyas del soul
como «Ain't Nothing Like the Real Thing», «Ain't No Mountain High
Enough» o «Your Precious Love», el tema que estaban cantado en cuando
en 1967 ella se desmayó en los brazos de Marvin a causa de su enfermedad.
En 1968 Gaye logra un éxito de ventas millonarias con el sencillo «I Heard
It Trough The Grapevine» y a partir de ese momento todo cambia. Sus
letras se vuelven más profundas, más comprometidas y su siguiente álbum,
What's Going On, aborda temas como la Guerra del Vietnam, el desencanto
social y la corrupción, lo que le crea problemas con los directivos de la discográfica. Cuando el disco sale a la calle y se coloca en los primeros puestos
de las listas, Gaye logra una victoria que sin embargo anuncia su final. Tras
otro exitoso disco a dúo con Diana Ross, *Marvin & Diana*, y otro en solitario, *I Want You*, grabado en 1976, se divorcia de Anna Gordy y comienzan

una serie de problemas legales y económicos que le obligan a grabar un nuevo disco, *Here, My Dear*, un íntimo ajuste de cuentas sentimental. Tras un periplo a la deriva por Europa y Hawai, en el que su adicción a las drogas se vuelve practicamente insostenible, rompe con Motown y firma con Columbia y en 1982 graba *Midnight Love*, que le devuelve la fama de sus mejores tiempos. Pero su desequilibrio personal se agrava y regresa a casa de sus padres. Su final fue una mezcla de paranoia, fanatismo y guión de cine. Su padre lo mató de un balazo el día antes de su cuadragésimo quinto aniversario, durante una de sus múltiples discusiones a causa de enrevesados motivos personales y religiosos.

Gloria Gaynor

Sobrevivir a la efímera gloria

Gloria Fowles
7 de septiembre de 1949
Newark, New Jersey

Ella misma cuenta en su biografía, titulada *I will survive* como la canción que la inmortalizó, que creció rodeada de música por todas partes. Su padre actuaba en clubs, cantando y tocando el ukelele y la guitarra con una banda llamada Step 'n' Fetchit, en su casa sonaban constantemente los éxitos de Nat King Cole y Sarah Vaughan y sus hermanos cantaban gospel. Comenzó cantando con los Soul Satisfiers a principios de los años sesenta y grabó un par de sencillos sin mayor trascendencia. En 1975 ficha por MGM y sale al mercado su primer álbum, *Never Can Say Goodbye*, un curioso trabajo de veinte minutos de duración sin pausa entre las canciones, que la perfiló como una firme candidata a reina de las discotecas. Su segundo elepé, *Experience Gloria Gaynor*, sale ese mismo año intentando imitar el éxito del anterior, cosa que no logró. En 1976 edita *I've*

Got You, esta vez con Polydor. En los dos años siguientes lanzó consecutivamente *Glorious* y *Park Avenue Sound*, con modestos resultados. Su siguiente álbum *Love Tracks*, sale al mercado a finales de 1978 con una bomba de relojería en su interior, la canción «I will survive» que al año siguiente le supuso su momento de gloria absoluta. No solo arrasó en radios y discotecas sino que se convirtió incluso en un himno de liberación femenina, ya que en la canción la protagonista manifesta su alegría por sentirse libre y seguir su camino en solitario tras la ruptura con su amante, cosa que en 1979 no estaba tan generalizada como podría parecer.

La canción tiene el extraño honor de ser el primer y único premio Grammy dedicado a la música disco. De hecho fue el último y único bombazo de Gaynor, que vio como a principios de los ochenta la música disco perdía popularidad a velocidad vertiginosa. La cantante abandonó la música y entró en una etapa de misticismo religioso: tras un repunte en 1984 con el disco *I Am Gloria Gaynor* desapareció para seguir viviendo de la nostalgia.

Al Green

La irresistible llamada del demonio

Albert Greene
13 de abril de 1946
Forrest City, Arkansas

Tanto su vida personal como su carrera musical fueron una eterna lucha entre su inclinación religiosa y su existencia mundana. Una dualidad que le llevó a crear obras maestras tanto del soul como del gospel. Sus padres eran Robert y Cora Greene, dos humildes aparceros que decidieron emigrar al norte, a Michigan, cuando Albert tenía nueve años. La familia se instaló en Grand Rapids, una próspera ciudad industrial casi a mitad de camino entre Detroit y Chicago. Allí Al y sus tres hermanos, Robert, Wakter y Willian, formaron un cuarteto vocal que cantaba gospel bajo la atenta vigilancia de su padre, preocupado por la afición de Al a la música de Jackie Wilson, conocido por entonces como el Elvis Negro y cuyos excitantes sonidos no eran del agrado del señor Greene, que acabó apartándolo del grupo familiar. Pero la carrera de Al había echado a andar de forma imparable. A los 18 años fundó con sus amigos Palmer James, Curtis Rogers y Gene Mason un grupo de rhythm & blues, The Creations, que tras una gris experiencia discográfica se disolvió para refundarse en 1967 como Al Greene & The Soul Mates,con los que en 1968 grabaría una canción, «Back Up Train», con un modesto  éxito. Estas experiencias musicales profanas no impedían a Green seguir participando en combos de música religiosa, como el coro de la iglesia de la Madre Bates.

Comenzó su carrera como solista y cantante de club en 1969 con su nombre artístico definitivo, Al Green. Gracias al productor de Hi Records, Willie Mitchell, creó un estilo personal y en 1970 grabó su primer álbum, *Green is Blues*, con el que logró calar entre el público lo suficiente como para lanzar otro disco a los pocos meses, Al Green Gets Next To You, del que se extrajeron cuatro singles que fueron éxitos de ventas: pero su momento más afortunado llegó en 1972 con el ábum *Let's Stay Together*, cuya canción homónima se colocó en el número uno del *Billboard*. En los dos años siguientes sacó tres discos al mercado, *I'm Still In Love With You*, *Call Me* y *Al Green Explores Your Mind*. En octubre de 1974 Al Green vivió una traumática experiencia que le llevaría a profundizar todavía más en su esquizofrenia religiosa. Mary Woodson, su compañera sentimental, al ver rechazadas sus pretensiones de matrimonio decidió vengarse tirándole por encima una olla de sémola hirviendo, lo que le provocó graves quemaduras. Mary se suicidó y Al regresó el seno de la iglesia como predicador en Memphis, aunque siguió grabando discos como *The Belle Album*, en 1978, uno de sus mejores discos. Un año después sufrió un accidente mientas actuaba en Cincinnatti y volvió a ver en ello un aviso del Señor, así que se volvió a retirar a cantar en su iglesia y a grabar discos de gospel, un estilo musical que le proporcionó ocho premios Grammy. Pero la llamada del diablo seguía siendo muy fuerte y en 1988 regresó al rhythm & blues de la mano de la cantante Annie Lennox. Aunque su estrella declinó, siguió grabando discos a lo largo de los años noventa, en 1995 ingresó en el Salón de la Fama del Rock y en 2008 recibió un premio Award como reconocimiento a su carrera.

Harold Melvin & The Blue Notes

Romanticismo elegante

1954-1997
Philadelphia, Pennsylvania

Harold Melvin nació en Philadephia en 1939 y aprendió a tocar el piano de forma autodidacta antes de montar su primera banda de doo-wop. En 1954 Melvin, Bernard Williams, Jesse Gillis, Roosevelt Brodie y Franklin Peaker, conocidos hasta entonces como The Charlemagnes, cambian de nombre y se refundan como The Blue Notes, un grupo que durante sus primeros años de vida transitó por las carreteras secundarias del r&b, grabando esporádicamente discos de escaso éxito, como su single de debut en 1956, *If You Love Me*. En 1960 registraron para el sello Value su canción «My Hero», que les proporcionó cierta notoriedad en el circuito musical de Philadelphia y cinco años después volvieron a acercarse al éxito con «Get Out», un tema producido por Landa Records.

Las cosas sufrieron un giro radical en 1970 con la incorporación de Teddy Pendergrass para sustituir a John Atkins, que abandonó abruptamente el grupo, en mitad de una gira por el Caribe. Pendergrass era el batería de The Cadillacs, la banda que acompañaba al grupo. La voz y la elegante puesta en escena de Pendergrass les abren las puertas del sello Philadelphia International donde, bajo la dirección de los compositores Gamble & Huff, graban los discos más populares de su carrera: *If You Don't Know Me By Now*, en 1972, *Black & Blue*, en 1973, y *Wake Up Everybody*, en 1975, el mismo año de *To Be True*. Durante esos años la formación original sufrió cambios como la sustitución de Lloyd Parks por Bernard Willians o la entrada de Sharon Paige. El fundador de la banda, que ejercía las tareas de productor, compositor y cantante en la mayoría de los temas, tuvo que dar un paso atrás y ceder el protagonismo a Pendergrass, quien llevó la banda a sus momentos de mayor esplendor durante cinco años. Pero los roces y disputas

entre Melvin y Pendergrass por el liderazgo del grupo son continuos y en 1976 este último decide volcar todo su talento y su atrativo personal en su propia carrera musical y abandona el grupo, lo que significa también que el sello Philadelphia International apuesta por él y se desprende de Melvin y sus Blue Notes, que desde entonces regresaron casi al punto de partida. Ficharon un nuevo cantante, David Ebo y grabaron tres álbumes con ABC Records, entre ellos *Reaching For The World*, que se convierte en su último single de éxito. A partir de ahí siguieron grabando esporádicamente en modestas compañías, con un par de elepés que tuvieron una aceptable acogida comercial. Ebo es sustituido por el cantante Gil Saunders y siguen actuando, sobre todo en Europa, a lo largo de los años ochenta y noventa. El punto final llegó en 1997, cuando Harold Melvin falleció cerrando una brillante aunque irregular trayectoria en la historia del soul.

Donny Hathaway

El soul intelectual

1 de octubre de 1945 – 13 de enero de 1979
Chicago, Illinois – Nueva York

Productor, compositor e intérprete de extraordinario talento, Hathaway iba camino de convertirse en uno de los principales revulsivos del soul de los ochenta cuando murió de forma trágica. Con él desapareció el primer

representante de una generación de músicos afroamericanos con formación universitaria e inquietudes intelectuales, que buscaron su inspiración en las raíces de la cultura afroamericana. Hathaway nació en Chicago, aunque pasó su infancia en Saint Louis, educado por su abuela, la cantante de gospel Martha Pitts-Cronwell, que lo puso a cantar en el coro de la iglesia con solo tres años y lo llevó a clases de piano, un instrumento que dominaba a la perfección cuando en 1964 consiguió una beca y se matriculó en la Facultad de Bellas Artes de la Universidad de Howard. Allí conoció a su futura esposa Eulaulah, a Roberta Flack, que sería su amiga hasta el fin de sus días y a futuras estrellas como Carla Thomas o Ric Powell, con quien montaría un trío de jazz. Pero en 1967 abandonó los estudios para irse a Chicago a trabajar como compositor y productor para The Staples Singers, la banda de acompañamiento de Aretha Franklin, y para The Impressions, el grupo de Leroy Hunter, otro de sus compañeros en el semillero de artistas que fue la Universidad de Howard.

En 1969 graba con Atlantic Records «The Guetto», una canción cargada de contenido que habla sobre la infancia mísera de los suburbios, que figura entre los temas que abrieron paso a la reivindicación social del orgullo negro. Fue un éxito absoluto de ventas y le consolidó como uno de los cantantes más prometedores del momento. Un año después graba con Atlantic su primer álbum *Everything Is Everything*, seguido en 1971 por *Donny Hathaway*, un disco del que se extraen sus primeros singles en colaboración con Roberta Flack, *You've Got A Friend* y *Where Is The Love* que le supone un premio Grammy y se coloca en el número cinco de las listas de rhythm & blues en 1972, su año más intenso, en el que sale a la calle el elepé *Live*, la banda sonora de la película *Come Back Charleston Blue* y el álbum *Roberta Flack & Donny Hathaway*. Entró en el estudio por última vez en 1973 para grabar *Extension Of A Man*.

La noche del 13 de enero de 1979, después de cenar con su mánager y su amiga Roberta Flack, Hathaway se precipitó desde la ventana del decimoquinto piso del Hotel Essex House. La puerta de su habitación estaba cerrada y no había signos de violencia. Su muerte fue declarada oficialmente como un suicidio, pero ese dictamen nunca convenció a sus amigos, entre los que se encontraba el reverendo Jesse Jackson, que siempre pusieron en duda que Donny se quitara la vida por su propia voluntad. Sin embargo, el suicidio era una idea sobre la que había elucubrado a lo largo de toda su vida y sobre la que siempre había debatido desde un punto de vista teórico. Su funeral fue un homenaje de lo más granado de la comunidad afroamericana.

Isaac Hayes

El Moisés negro

Isaac Lee Hayes
20 de agosto de 1942 – 10 de agosto de 2008
Covington, Tennessee – Memphis, Tennessee

Segundo hijo de Eula Wade, que falleció cuando era un niño, y de Isaac Hayes, que abandonó a la familia, Issac creció al cuidado de se sus abuelos, trabajando en el campo, prácticamente sin asistir a la escuela y sobreviviendo en condiciones de miseria hasta que se marchó a Memphis. Allí se casó y comenzó a ejercer diversos oficios como chatarrero o mozo de carga en el matadero, trabajos que simultaneaba con su actividad musical en grupos de r&b como Teen Tones o Sir Calvin and His Swinging Cats e incluso llegó a montar su propia banda, Sir Isaac and the Doo-Dads, sin que el ansiado éxito llamase a su puerta. En 1964 conoce a Floyd Newman, saxofonista de Mar Keys y uno de los pilares de Stax Records, donde logró convertirse en músico de sesión y trabajó habitualmente tocando el teclado con los más grandes del soul como Otis Redding o Sam & Dave y sustituyendo a Booker T. Jones en las grabaciones de su banda, The MGs. En 1966 llegan a la discográfica de Memphis Sam & Dave, para los que Hayes comienza a componer temas con su amigo David Porter. Éxitos como «Soul Man», «Hold ON! I Am Comin'» o «You Don't Know Like I Know», colocan a Hayes y Porter en el epicentro creativo del sonido Stax y suponen su lanzamiento profesional definitivo.

La primera llamada de la fortuna se produjo una noche de 1967 tras una fiesta en la que el vicepresidente de la compañía, All Bell, le propuso hacer una sesión de grabación con Al Jackon y Donald 'Duck' Dunn. A la mañana siguiente tenían lista la base de su primer álbum, *Presenting Isaac Hayes*. Pero

el producto de una noche de alcohol e improvisación, a pesar de recibir buenas críticas, es un fracaso comercial y Hayes deberá esperar todavía tres años para tener una nueva ocasión, esta vez en medio de una crisis de los estudios, que buscaban nuevas figuras que les sacasen del estancamiento. En enero de 1969 Bell le propone a Hayes que grabe un disco según su propio estilo, sin imposiciones de ningún tipo y esta vez la apuesta funciona. *Hot Buttered Soul* se coloca en pocas semanas en el número ocho de las listas y se convierte en disco de platino. En la grabación, con una instrumentación un tanto barroca, se incluyen unos monólogos con fondo musical que el propio Hayes definió como «rapear» unos cuantos años antes de que existiese el hip-hop. Stax ha encontrado la gallina de los huevos de oro y decide explotarla con una serie de discos triunfadores: *The Issac Hayes Movement* y *To Be Continued*, en 1970, *Black Moses*, en 1972 o *Joy* y *Live At The Sahara Tahoe*, convertidos en discos de oro en 1973. Son los años del movimiento blaxploitation y la música y la imagen dura y agresiva de Hayes encajan como un guante en las bandas sonoras de películas como *Shaft*, *Truck Turner* o *Three Tough Guys*.

Tras varios desencuentros con Stax, que se encuentra al borde de la quiebra, Hayes abandona la compañía y monta su propio sello, Hot Buttered Soul, con el que lanza *Chocolate Chip*, disco de oro en 1975. A partir de ese momento se lanza a competir en la arena de la moda disco con álbumes como *Disco Connection* y *Disco Freak*. Pero los excesos y la mala administración lo llevan a la quiebra y a finales de los años setenta sobrevive gracias a la reedición de sus éxitos anteriores, apariciones en series de televisión como *Strasky y Hutch*, películas como *1997, rescate en Nueva York* y algún disco afortunado como el que grabó en 1977 con Dionne Warwick, *A Man And A Woman*. Murió a los 65 años convertido en un icono de las nuevas generaciones de raperos. Su carrera está jalonada de premios: un Oscar, tres Grammy y un Globo de Oro, entre otros muchos reconocimientos.

Screamin' Jay Hawkins
El delirante precusor del rock

Jalacy Hawkins
18 de julio de 1929 – 12 de febrero de 2000
Cleveland, Ohio – Neuilly Sur Seine, Francia

Su vida estuvo marcada desde el primer día por la extravagancia. Se crió en una reserva de los indios Pies Negros donde se reveló como un niño prodigio, tocando el piano con solo seis años y el saxofón con catorce. Su talento musical corría parejo a su habilidad con los puños y se convirtió en boxeador, llegando a ganar un Guante de Oro en 1943. Era un admirador de Paul Robeson cantante, actor, intelectual y activista afroamericano muy popular en los años treinta. Fruto de esa admiración era su vocación de cantante de ópera, una disciplina que estudió en el Conservatorio de Ohio. Pero el *bel canto* era demasiado sobrio para su extremado carácter. En la Segunda Guerra Mundial se alistó en la fuerza aérea pero su participación en el conflicto siempre ha sido objeto de controversia. Él contaba que había combatido con los cuerpos especiales en el Pacífico, pero parece ser que en realidad se dedicaba a realizar espectáculos músicales para entretener a la tropa. Lo que sí es cierto es que fue capturado y estuvo en un campo de prisioneros. Su vida dio un giro radical en 1952, cuando comenzó a trabajar como chófer para el *jazzman* Tiny Grimes y este le incluyó en su banda permitiéndole grabar un tema propio, «Why Did You

Waste My Time». Pero el estilo de Hawkins y temas como «Blues Screamin» eran demasiado estruendosos para el gusto de la época y de la discográfica Gotham, que se deshizo de él a causa de sus enfrentamientos con compañeros y productores. En 1954 entró en la banda de Fast Domino pero su personalidad apabullante no encajaba con la sobriedad de Domino, que le invitó a dejar el grupo el día que se presentó a trabajar con una traje de leopardo. Entonces se convirtió en una rareza que animaba los circuitos del naciente rock & roll. Fue Alan Fred el que dio alas a su delirante puesta en escena el día que se le ocurrió que tocase en un ataúd. Eso sucedió en 1957 y así siguió saliendo al escenario a partir de entonces, con unas estrambóticas simulaciones de ritos de vudú. En los años sesenta y setenta realizó numerosas giras, la mayoría por Europa. En los ochenta realizó colaboraciones con grupos de rock como The Fuzztones e incluso tocó con The Rolling Stones

Su principal aportación a la historia de la música negra es su canción «I Put A Spell On You», que ha sido incluida entre los temas que dieron origen al rock & roll. Fue interpretada por primera vez por un Hawkins tan borracho que al día siguiente no era capaz de recordarla, así que tuvo que aprendérsela a partir de lo que había grabado. Sus letras hoy se considerarían políticamente incorrectas, mezcla de sexualidad explícita o directamente escatológicas, como su «Constipation Blues» (El blues del estreñimiento). En 1990 se instaló en Francia, donde falleció en el año 2000. A lo largo de su vida grabó veinte álbumes, diez singles y seis elepés recopilatorios, pero donde reveló una asombrosa fecundidad fue en su faceta reproductora: tuvo almenos cincuenta y siete hijos.

Lauryn Hill

La belleza radical del r&b

25 de mayo de 1975
New Jersey

Convertida en una diva a su pesar, su militancia política y su reivindicación radical de los derechos de la comunidad negra le proporcionaron al r&b y al hip-hop contenido social y aura de respetabilidad. Lauryn creció escuchando los discos de rhythm & blues y soul de sus padres. Comenzó a actuar en

series de televisión siendo una adolescente y a los dieciocho años participó
junto a Whoopi Goldberg en la película *Sister Act 2: De vuelta al convento*.
Fue miembro fundadora del grupo de
rap The Fugees, cuyo álbum de lanzamiento, *Blunted On Reality*, recibió
buenas críticas en Europa pero fue fulminado por la prensa norteamericana.
Decepcionados con la discográfica, los
miembros de la banda remezclaron la

grabación logrando que una de sus canciones, «The Score», vendiese más
de seis millones de ejemplares y marcase un hito en la historia del rap. Hill
se convirtió, a pesar suyo, en la imagen de la banda, lo que unido a la revelación de que el padre de su hijo era Rohan Marley, el hijo de Bob Marley,
la colocó en el punto de mira de todas las revistas y programas de televisión
como controvertida madre soltera. Esta fama no buscada la llevó a centrarse
en su propia carrera y en 1998 grabó su primer album, *The Miseducation of
Lauryn Hill*, con un éxito fulminante: ganó cinco premios Grammy, incluido el de mejor disco del año. El título del disco estaba inspirado en el libro
The Mis-Education of the Negro, de Carter G. Woodson, en el que defendía
la tesis de que los negros eran adoctrinados culturalmente por el sistema
de gobierno de los blancos para convertirlos en personas dependientes y
sumisas. El hecho de que en la grabación participase el escritor y activista
Amiri Baraka, el intelectual más comprometido de la cultura afroamericana,
le añadió al éxito comercial una respetabilidad que lo aupó a lo más alto de
la lista del *Billboard* y le proporcionó a Hill cinco premios Grammy, además
de numerosos galardones de organizaciones sociales y políticas de la comunidad negra.

Tras una temporada dedicada a producir obras de teatro, libros y películas con autores tan reputados como la novelista Toni Morrison, abandonó
el *show bussines* y se adentró en un mundo de desarrollo espiritual del que
regresó en 2001 con el disco *MTV Unplugged 2.0* en el que el contenido
primó sobre la música, reducida a su propia guitarra. La obra fue recibida
con críticas dispares que iban de la calificación de obra maestra a la de in-
genua chapuza, a pesar de lo cual se colocó en el tercer puesto del *Billboard*.
Hill ha sido siempre una furibunda activista y nunca ha tenido escrúpulos
a la hora de cargar contra los abusos y las iregularidades, como durante su

actuación en el Vaticano donde denunció los abusos a menores por parte de curas católicos. En los últimos años ha mantenido una actitud errática en sus actuaciones, con retrasos y cancelaciones, lo que ha hecho decaer su popularidad. Se ha retirado en buena medida de la vida pública y mantiene una frenética actividad creativa en diversos ámbitos culturales.

ZZ Hill

Rescatando la esencia del soul blues

Arzell Hill
30 de septiembre de 1935 – 27 de abril de 1984
Naples, Texas – Dallas, Texas

Nacido en los duros años de la Depresión en un villorrio de Texas, Hill recorrió el camino típico de los cantantes de soul. Comenzó en un coro de espirituales, The Spiritual Fives, con los que realizó varias giras mientras el blues y el soul de BB King, Freddie King, Sam Cooke o Wilson Pickett iban moldeando sus gustos musicales. En 1964 decidió trasladarse a Los Ángeles con su hermano Matt, un joven emprendedor que montó su propio sello discográfico, MHR Records, que se estrenó precisamente con un disco de ZZ, *You Were Wrong*, que se convertiría en un clásico del soul aunque entonces no fue un superventas. La calidad de la obra llamó la atención de los hermanos Bihari, propietarios del sello Kent, que intentaron sin éxito promocionar su soul blues. Tras un decepcionante paso por discográficas como Capricorn, en 1971 Hill decide regresar al viejo Sur, donde su estilo era más apreciado, y graba en Muscle Shoals un par de singles, *Faithful & True* y *Chokin' Kid*, con los que entra en las listas de los más vendidos, lo que le facilita la entrada en la multinacional United Artists, donde -con la producción de Allen Toussaint y Lamont Docier- logra mantenerse en primera línea del negocio musical. En 1977 su tema «Love Is So Good When You're Stealing Hit», editado por Columbia, se coloca durante dieciocho semanas entre lo más escuchado del rhythm & blues, lo que anuncia el salto histórico que se produce en 1982, cuando su disco *Dow Home*, editado por el sello Malaco, logra una sorprendente acogida y aguanta en las listas del *Billboard* durante más de dos años, aunque su mérito fundamental fue recuperar la esencia del blues primigenio para un público joven que lo tenía etiquetado como una expresión retrógrada y olvidada de la cultura afroamericana. En 1984 sufrió un grave accidente de tráfico del que nunca se recuperó y acabó falleciendo en Dallas a los 48 años de edad.

Loleatta Holloway

Vedette del disco soul

5 de noviembre de 1946 – 21 de marzo de 2011
Chicago, Illinois – Los Ángeles, California

Una afortunada mezcla de soul y música disco con espectacular orquestación convirtió en diva de la discográfica Salsoul a esta intérprete que comenzó cantando gospel, en la Holloway Community Singers junto a su madre, que grabó por primera vez con Albertina Walker & The Caravans a finales de los años sesenta y que también fue miembro del elenco de la revista musical *Don't Bother Me, I Can't Cope* a principios de los setenta. En este tiempo conoce a su futuro productor, mánager y esposo Floyd Smith, con quien grabó en 1971 «Rainbow 71», una canción de Curtis Mayfield. La buena acogida del tema la lleva a firmar un contrato con Aware, el sello de Atlanta especializado en música soul, donde grabó sus primeros álbumes: *Loleatta*, en 1973 y *Cry to Me*. En 1976 firmó con el sello de Norman Harris, Gold Mind, y grabó un disco para su filial de Nueva York, Salsoul Records. Su álbum de lanzamiento en esta nueva etapa repetía título, *Loleatta*, e incluía el tema «Broken Heart Worn Out», una balada que alcanzó el vigésimo quinto puesto en las listas de r&b. Un año después sale al mercado el aparatoso single *Runaway*, en el que estaba acompañada por la Salsoul Orchestra, una banda de cincuenta músicos que incluía dieciocho violines. Esta parafernalia causa sensación y convierte a Loleatta en reina de las pistas de baile y estrella de la discográfica con la que registró álbumes como *Queen of the Night*, en 1978, *Loleatta Holloway*, en 1979 y *Love Sensation*, en 1980, que sería su último disco de estudio debido al cierre de Salsoul, aunque durante sus últimos años saldrían al mercado algunos recopilatorios, entre los que destaca *Queen Of The Night:The Ultimate Club Collection*, editado por EMI en 2001.

Whitney Houston

La decepción de la princesa triste

Whitney Elizabeth Houston
9 de agosto de 1963 – 11 de febrero de 2012
Newark, New Jersey – Beverly Hills, California

La gran promesa de la música negra, la diva de clase alta llamada a revitalizar el soul con su prodigiosa voz y sus canciones melodiosas, acabó naufragando en un mar de dinero, aburrimiento, drogas y música comercial. Era hija del productor John R. Houston y la cantante de gospel Cissy Houston y se educó rodeada de músicos y cantantes como su prima Dionne Warwick, Aretha Franklin o Roberta Flack. A la edad de once años, comenzó a formarse como vocalista en el coro gospel infantil de la iglesia New Hope Baptist de Newark, New Jersey, y más tarde acompañaría a su madre en los conciertos. Después de aparecer en el álbum de 1978 de su madre, *Think It Over*, empezó a hacerle los coros a otros intérpretes reconocidos, tales como Jermaine Jackson, Chaka Khan, Cissy Houston o Lou Rawls.

Comenzó como modelo, pero a los 17 años le ofrecieron ser la voz principal en el sencillo de la banda de Michael Zager, quien le ofreció un contrato que la madre de Whitney rechazó para encarrilar su carrera hacia metas más suculentas. A los veintiún años debutó en la discográfica Arista, el sello con el que grabaría durante toda su vida, con el álbum *Whitney Houston*, que incluía un dúo con el histórico del soul Teddy Pendergrass. Dos años después registró *Whitney*, al que siguieron *I'm Your Baby Tonight*, en 1990, *The Bodyguard*, la banda sonora de la película homónima, en 1992, *My Love Is Your Love*, en 1998, *Just Whitney*, en 2002 y *I Look To You*, en 2009, todos ellos éxitos superventas. Además intervino en cuatro películas y decenas de anuncios publicitarios y programas de televisión. Dotada de una voz impactante, su estilo inicial, una mezcla de r&b, soul clásico y pop descafeinado, hizo abrigar grandes esperanzas al público que esperaba una renovación del soul, pero su tendencia a la blandura comercial hizo que ninguno de sus discos de los últimos años fuese más allá de una copia gris de las grandes estrellas afroamericanas.

The Impressions
La piedra angular del Chicago Soul

1958 – 1983
Chicago, Illinois

El soul y el rhythm & blues le deben a esta banda de Chicago buena parte de su fuerza sentimental y de su carga ideológica y social, que marcaron a todos los grandes artistas que les sucedieron. Además de dejar en herencia una serie de incunables de la música negra, ejercieron una considerable influencia en los pioneros del ska jamaicano en general y en Bob Marley & The Wailers en particular. En 1957 Curtis Mayfield, Jerry Butler y los hermanos Arthur y Richard Brooks crean The Roosters, un grupo de doo-wop que logra su primer éxito al año siguiente con el tema «For Your Precious Love», grabada en Vee-Jay Records bajo el apadrinamiento del productor Eddie Thomas y con un nuevo nombre: Jerry Butler & The Impressions.

La canción se colocó entre los primeros puestos de las listas de r&b y se desmarcaba claramente del estilo de los grupos de doo-wop al uso en aquella época. Mayfield y Butler se habían conocido cuando cantaban en el coro de una iglesia de Chicago y habían pasado por un par de grupos de gospel adolescente. Mayfield aportó el sonido de su guitarra, su inimitable voz de falsete y su conciencia social a favor de los derechos de los afroamericanos. Butler, que abandonó la banda poco después de componer el primer éxito del grupo, destacó por su humildad y su fría voz de terciopelo. Fue sustituido por Fred Cash y Mayfield se convirtió en la voz principal y adoptó el papel de compositor, aunque siguió manteniendo su colaboración con Butler, lo que le proporcionó unas ganancias que le permitieron llevarse a The Impressions a Nueva York en 1961 para comenzar a grabar con la discográfica ABC, con la que grabaron un primer single, «Gypsy Woman» que se aupó al número uno de las listas de rhythm & blues. Sus siguientes sencillos, «Little Young Lover» y «Minstrel And Queen» no cumplen las expectativas de ventas y los hermanos Brooks deciden abandonar la banda. Reducidos a un trío, The Impressions regresan a Chicago y en 1963 logran un triunfo clamoroso con «It's All Right», una canción incluida en un álbum del mismo nombre considerado el mejor de la banda y uno de los mejores de la historia del soul. Al año siguiente sorprenden con un tema reivindicativo del orgullo racial, «Keep On Pushing», que marca el inicio de una serie de discos indispensables en la música negra: *We're A Winner*, *This Is My Country* o *The Young Mods' Forgotten Story*.

En 1970 Mayfield deja el grupo para emprender una carrera en solitario, es sustituido por LeRoy Hutson y desde entonces The Impressions son una pálida sombra de lo que habían llegado a ser. En 1972 editan *Time Have Changed* y un año después, tras grabar el disco *Preacher Man*, Hutson también abandona el grupo, al que se incorporan Regie Trian y Ralph Johnson, que a su vez sería sustituido por Nate Evans en 1976, poco después de que saliese al mercado *Three The Har Way*, quizá el último disco reseñable. En 1991 fueron incluidos en el Salón de la Fama del Rock. Aunque el grupo ha seguido actuando con distintas e irregulares formaciones, viviendo casi exclusivamente de las rentas de la nostalgia, el verdadero final se produjo en 1983 cuando Mayfield, Butler, Goden y Cash se reunieron por última vez para realizar una gira conmemorativa.

The Isley Brothers

Cinco décadas de historia musical

1954 – 1986
Cincinnati, Ohio

Es la banda de r&b con una trayectoria más prolongada. Fueron protagonistas y testigos del nacimiento del soul, el funk, el black rock y el sonido disco. El matrimonio formado por Sally Bell y O´Kelly Isley, ambos músicos de Cincinnati, Ohio, tuvo seis hijos; cuatro de ellos, O'Kelly JR, Rudolph, Ronald y Vernon comenzaron, como es de rigor, cantando en el coro de la iglesia y en 1954 formaron un grupo de gospel con el que comenzaron a hacer giras hasta que un año después Vernon, que tenía solo trece años, falleció en un accidente. Sus hermanos deciden disolver el grupo, pero la insistencia de sus padres logra que en 1956 retomen la formación como trío para trasladarse a Nueva York, donde durante los dos primeros años buscan el éxito musical sin demasiada suerte. Entraron por primera vez en un estudio de grabación en 1957 para registrar su primer single, «An Angel Cried», con el sello Teenager y, después de un corto periplo por discográficas modestas como Cindy o Gone, un día tuvieron la fortuna de actuar como teloneros de Jackie Wilson. Aquel día Ronald tuvo la inspiración de improvisar una versión de Lonely Teardrops», una canción del propio Wilson, y llamar la atención de un cazatalentos de RCA, donde recalaron en 1959 para grabar «Shout», que se convirtió en un éxito fulgurante y catapultó al trío a la fama. A este superclásico del soul le siguió otro dos años después, «Twist And Shout», que se convertiría en un éxito, pero años más tarde y en manos de un grupo blanco llamado The Beatles. Su grabación coincidió curiosamente con el comienzo de una época errática en la que fundaron su propia compañía, T-Neck Records, donde en 1964 grabaron el single «Testify», con un jovencísimo Jimmy Hendrix a la guitarra.

En 1965 firman un contrato con Tamla, la filial de Motown Records y un año después llegan a los primeros puestos de la listas de éxito con *This Old Heart of Mine*, un disco producido por el equipo Holland-Dozier-Holland. Pero los hermanos Isley no acababan de sentirse cómodos en la poderosa Motown y se consideraban relegados a un segundo plano frente a estrellas como The Supremes o The Temptations, así que en 1968 decidieron abandonar la discográfica y recuperar su propia discográfica, donde graban *Is Your Thing*, en el que incorporan a sus hermanos Ernie y Marvin y a su primo Chris Jasper. El disco, de aire abiertamente funk, se convirtió en su lanzamiento más exitoso. A principios de los años setenta siguen triunfando con versiones de Eric Burdon o Bob Dylan. En 1972 insisten en la senda del black rock con singles como *The Lady* o *Summer Breeze* y el álbum *3 + 3*, con el que inauguran una nueva etapa en el sello CBS, en el que en los siguientes diez años grabarán nueve discos, entre lo que figuran *The Heat Is On*, *Winner Takes All* o *Between The Sheets*, que les supondrán unas ventas millonarias y trece singles convertidos en discos de oro. En 1981 Ernie, Marvin y Jasper abandonan el grupo para seguir por su cuenta. La muerte de O`Kelly en 1986 marca el final de la banda, aunque sus hermanos han seguido reuniéndose para actuar de forma esporádica. En 1993 fueron incluidos en el Rock & Roll Of Fame.

Chuck Jackson

Una gloria olvidada del norther soul

Charles Jackson
22 de julio de 1937
Latta, Carolina del Sur

Conocido como *Mister Emotion*, este cantante de voz profunda fue a principios de los años sesenta uno de los tempranos popularizadores de la fusión entre el pop y el soul que tan buenos resultados daría al final de la década. Tras sus primeros pasos en un grupo de gospel, The Raspberry Singers, en 1957 se une a The Del-Vikings, una banda de doo-wop, y dos años después da el salto a cantar en solitario después de que Luther Dixon, compositor y productor, decidiese apostar por él tras escucharle cantar en la apertura de un concierto de Jackie Wilson en el Teatro Apolo de Nueva York. En 1961 comenzó a grabar para el sello Specter apoyado por una banda de sesión en la que figura una joven pianista llamada Valerie Simpson que le acabaría superando en popularidad. Al año siguiente logró su primer impacto reseñable con «I Keep Forgettin», una canción escrita por Leiber y Stoller, el famoso dúo de compositores responsable de buena parte de los éxitos de la historia del rhythm & blues y el rock & roll. Ese mismo año lanzó al mercado el single *I Don't Want To Cry*, al que siguieron, *Any Day Now*, en 1963 y *Tell Him I'm Not At Home*, en 1964, todos editados con el sello Wand, la filial de Specter. En 1965 tuvo un pequeño momento de gloria con el tema «Saying Something», grabado a dúo con Maxine Brown.

En 1967 fichó por Motown, pero lo que parecía un salto hacia adelante se convirtió en un decepcionante estancamiento. Como le sucedió a muchos otros y a pesar de grabar algunos éxitos como «Are You Lonely for Me» y «Honey Come Back», Jackson se sintió infravalorado en la gran compañía de Detroit y probó suerte en otras discográficas como Emi o ABC, pero nunca logró recuperar su nivel anterior de popularidad. A finales de los ochenta se asoció con su antigua compañera en el sello Wand, Dionne Warwick, con quien grabó *If I Let Myself Go*, un disco que cosechó buenas críticas y discretas ventas. A partir de entonces su carrera comenzó a desvanecerse.

The Jackson Five
La familia real de la música negra

1968 - 1984
Gary, Indiana

De todas las sagas famosas de la historia de la música, sin duda la más famosa y la que ha hecho correr más ríos de tinta es la que crearon Katherine y Joseph Jackson, un matrimonio de Gary, una ciudad a cuarenta kilómetros de Chicago con la mayor tasa de habitantes afroamericanos de todas las ciudades de Estados Unidos que superan los cien mil habitantes. Los señores Jackson tuvieron diez hijos, siete varones, uno de los cuales falleció al poco de nacer y tres chicas.

En 1962 Joseph Jackson, un hombre de carácter bronco y difícil y de grandes aspiraciones, decidió montar un grupo de música con tres de sus hijos, Jackie, Tito y Jermanie, y dos amigos de estos, Milton Hite y Reynaud Jones, que duraron más bien poco, ya que en menos de un año el jefe del clan y representante del grupo decidió que aquello debía ser un negocio familiar y los sustituyó por sus hijos pequeños Marlon y Michael, cuya voz fue desde el primer día uno de los tesoros del grupo. En 1968 fueron fichados por la discográfica más importante de música negra por aquel entonces: Motown Records. Sus cuatro primeros singles, «I Want You Back», «ABC», «The Love You Save» y «I'll Be There», se colocaron en los más alto de todas las listas de éxitos. Las canciones las escribía el equipo estrella de la discográfica, conocido como The Corporation e integrado por el propio presidente de la compañía, Berry Gordy, Alphonzo Mizell, Freddie Perren y Deke Richards, que controlaron tanto la producción de los Jackson, como la de otras estrellas de la compañía como Diana Ross o The Supremes.

A partir de 1972, las cosas empezaron a complicarse. A pesar de éxitos como «Lookin' Through the Windows», su música empezó a sonar repetitiva y papá Jackson decidió que la culpa era de la discográfica que no les dejaba evolucionar con la moda y que había llegado la hora de marcharse. Gordy recurrió a todas las estratagemas a su alcance para conservar a aquellas gallinas de huevos de oro en su corral, incluida la de casar a su hija con Jermanie, pero no le sirvió de nada. Los Jackson se fueron de Motown, donde dejaron a su hermano Jermanie, que en 1975 fue sustituido por Randy. Cuando se marcharon a Epic, tuvieron que cambiar de nombre, ya que el que habían usado hasta entonces era propiedad de Motwon. Pasaron a llamarse The Jacksons y como no hacía falta que fuesen solo cinco, incorporaron al grupo al más pequeño de los hermanos, Randy. La nueva discográfica encargó la producción a Gamble & Huff, los artífices del Sonido Philadelphia, que intentan dar un nuevo aire al grupo en los álbumes *The Jackson*, en 1976 y *Goin' Places*, en 1977. En 1978 publican su álbum *Destiny*, con unas ventas millonarias que todavía serían superadas por el siguiente disco, *Triumph*, con diez millones discos vendidos en todo el mundo. 1984 es el año de inflexión para The Jackson. La gira de promoción del disco *Victory* acaba con el abandono de dos de sus componentes, Marlon y Michael, que iniciaría definitivamente su carrera en solitario. El resto de la banda trata de rehacerse del duro golpe participando en el macroconcierto solidario USA For Africa, pero tardarán todavía cinco años en sacar un nuevo disco, *2300 Jackson Street*, en el que cantan juntos por última vez todos los miembros de la familia y que significa de hecho el final de The Jacksons.

Janet Jackson
La rebelde de la familia

Janet Damito Jo Jackson
16 de mayo de 1966
Gary, Indiana

De toda la familia Jackson sólo la más pequeña logró hacer una carrera que no se viese eclipsada por la de su hermano Michael, al menos en lo que a ventas y popularidad se refiere. Aunque grabó su primer tema, «Love Song For Kids», junto a su hermano Randy en 1978, su carrera comenzó en la televisión a mediados de los años setenta y le debe su fama inicial a la popular serie de homónimo nombre *Fame*. En 1982 firmó su primer contrato discográfico con A&M Records y su primer disco, *Janet Jackson*, llegó a la sexta posición en la lista del *Billboard*, un nivel que no pudo mantener en el segundo, *Dream Street*. Fue el tercer álbum, *Control*, grabado en 1986, el que la convirtió en una estrella del pop y el rhythm &blues. En esta etapa ya había decidido independizarse de su famosa familia y llevar las riendas de su propia carrera, con un retorno a las esencias de la música afroamericana. En 1989 graba *Janet Jackson's Rhythm Nation 1814*, un disco con intención social que llegó al primer puesto de las listas y logró seis discos de platino.

En 1991 firmó su primer contrato supermillonario con Virgin Records, que lanzó dos años después *Janet*, un disco con un envoltorio de marketing y promoción brutal que explotó hasta la saciedad su papel de sex simbol y que dio comienzo a una carrera paralela como actriz que despegó en 1993 con la película *Poetic Justice*, que fue recibida con críticas desiguales, por decirlo suavemente. En 1995 salió al mercado «Scream», un sencillo grabado con su hermano para su disco *History*, que era una reacción a la primera acusación de abusos sexuales que pesaba sobre este y que fue un éxito de ventas millonarias. El sexto álbum de Janet, *The velvet People*, fue grabado en 1997, un año de crisis personal para la cantante, lo que se tradujo en una obra más madura y oscura, lo que fue celebrado por la crítica. Entre 2001 y 2008 publicó cuatro álbumes, *All For You, Damita Jo, 20 Y.O.* y *Discipline*. A partir del año 2001, su carrera cinematográfica se consolida y su popularidad se dispara. Sus más de ciento millones de discos vendidos la sitúan entre las cantantes más rentables y con más éxito de la historia de la música popular. La revista *Billboard* la ha colocado en el puesto número cinco de las mejores cantantes de rhythm & blues de los últimos veinticinco años y la séptima entre las más importantes estrellas de la música de todos los tiempos, lo cual es más que opinable. Su figura como artista ha sido fuente de inspiración para jóvenes cantantes como Kelly Rowland, Beyoncé, Rihana o Lady Gaga.

Michael Jackson

El rey del pop que vino del soul

Michael Joseph Jackson
20 de agosto de 1958 - 25 de junio de 2009
Gary Indiana – Los Ángeles, California

El niño que estaba llamado a ser uno de los mitos más grandes de la historia de la música popular tuvo una infancia difícil, en la que los malos tratos abundaron tanto como las horas de duros ensayos a las que Joseph Jackson sometía a sus hijos. Desde muy temprana edad, Michael rebeló una capacidad para el canto y el baile propia de un niño prodigio y eso le convirtió en la estrella del grupo familiar, The Jackson Five.

Después de casi dos décadas actuando con sus hermanos bajo la férrea disciplina de su padre, Michael decide emprender una carrera en solitario en 1984 completamente desvinculado de sus hermanos. Pero mucho antes, a los catorce años, había comenzado a grabar discos en solitario, mientras seguía cantando con el grupo. Esos primeros discos fueron *Got To Be The-*

re, Ben y *Music And Me,* que en 1972 y 1973 se colocaban en lo alto de la lista del *Billboard* mientras los álbumes con sus hermanos comenzaban poco a poco a perder fuelle. En 1975, cuando los Jackson abandonan Motown y se marchan a Epic, el más pequeño graba un álbum de significativo nombre, *Forever, Michael,* en el que perfila un estilo más próximo al soul suave que usaría en sus posteriores grabaciones con Epic. En 1978, durante la grabación de la película *The Wiz,* en la que interpreta el papel de espantapájaros, conoce al músico y compositor Quincy Jones que le propone producir su siguiente álbum, *On The Wall,* que en 1979 vende más de veinte millones de copias. Curiosamente ese es el año en el que sufre un accidente mientras prepara una coreografía y se tiene que operar la nariz, comenzando un largo y extraño fenómeno de mutación estética que llenaría ríos de tinta y especulaciones a lo largo de su vida.

En 1980, a pesar de seguir actuando con el clan familiar, su camino en solitario comienza a perfilarse claramente. Recibe un premio Grammy como mejor vocalista y un premio AMA como mejor cantante de soul. Dos años después graba *Thriller,* bate records de ventas con 65 millones de discos en todo el mundo y permanece durante treinta y siete semanas en lo más alto de la lista del *Billboard.* Además, el videoclip de promoción dirigido por John Landis marca un antes y un después en la historia de la producción audiovisual.

El personaje comienza a devorar a Michael y el niño que cantaba al frente de The Jackson es ya un viejo recuerdo. Su paso de baile *Moonwalk* es imitado en todos los rincones del planeta. Se convierte en una estrella mundial mientras el grupo familiar comienza a ser historia. En 1984, el año de la separación definitiva, Michael sufre serias quemaduras durante la grabación de un *spot* junto a sus hermanos y su mutación física da un paso adelante, mientras su imperio personal aumenta. Compra el catálogo de The Beatles, participa en conciertos solidarios como estrella central y sigue vendiendo discos por millones. En 1987 edita *Bad,* consigue dos Grammy y comienza una gira mundial que dura dos años. Un año después construye su rancho Neverland, comienza a derrochar dinero y excentricidades y sufre un asombroso cambio físico entre rumores de cirugías faciales extremas y cambios provocados de pigmentación que le convierten en cuasi blanco. Es el principio irrefrenable de una leyenda que acabaría trágicamente veintiún años después. Por el camino grabaría discos tan míticos como *Dangerous*, en 1991, *HIStory*, en 1995 e *Invincible*, en 2001, todos ya muy alejados de aquel soul dulce y suave que le hizo universalmente famoso cuando era un simpático adolescente.

Millie Jackson

La camelia del Sur

Mildred Jackson
15 de julio de 1944
Thomson, Georgia

Era hija de un matrimonio de humildes aparceros de la pequeña ciudad de Thomson, conocida como la Cuidad de las Camelias. Su madre murió cuando era muy pequeña y ella se crió con su abuela, hasta que a los 14 años se fue a vivir con su padre a Newark, New Jersey: sus primeros referentes musicales fueron los *soulman* históricos, como Otis Redding y Sam Cooke. Su carrera comenzó a los veinte años en un concurso celebrado en el Club Small Paradise de Harlem, donde cantó una par de canciones de Ben E. King con las que sedujo al público y al jurado. Tras un periplo cantando en los clubs del área de Nueva York, en 1970 firmó con el sello Spring Records. El primer tema que grabó fue un presunto gospel, «A Child Of God (It's Hard To Believe)», en 1971. Pero la letra y el ritmo de la canción no se ajustaban exactamente a los cánones religiosos y se coló en las listas de rhythm & blues. En 1972 grabó «Ask Me What You Want», incluida en el álbum *Millie Jackson*, con un éxito importante que fue superada por su siguiente canción, «My Man, A Sweet Man», que se colocó en el séptimo puesto de las listas de rhythm & blues.

Siguió ascendiendo posiciones con «It Hurts So Good», extraída del álbum homónimo, que llegó al número tres y fue incluida en la banda sonora de la película *Cleopatra Jones*, una destacada obra del género *blaxploitation*. En 1973 graba su tercer elepé, *I Got To Try It One Time* y un año después da un giro importante a su carrera con el cuarto, *Caught Up*, un disco con un ritmo que anunciaba el rap y un lenguaje atrevido y lascivo que arrasó entre la audiencia y le proporcionó dos nominaciones a los Grammy.

En ese punto de su carrera, la discográfica la envía a grabar a los legendarios estudios de Muscle Shoals, en Alabama, donde entre 1975 y 1984 graba catorce álbumes que recuperan el sonido sureño del soul, entre los que destacan *Lovingly Yours*, grabado en 1977, *Royal Rappin's*, en 1979 con Isaac Hayes y *Live & Uncensored*, registrado ese mismo año en directo en Los Ángeles. En 1984 cierra Springe Records y dos años después firma con Jive Records, donde grabará cuatro álbumes más entre los que sobresale *Young Man, Older Woman*, en 1991. A pesar de que su popularidad ha descendido notablemente, sigue siendo una de las cantantes favoritas de los aficionados al soul en su vertiente más tradicional.

Etta James
El descaro del rhythm & blues

Jamesetta Hawkins
25 de enero de 1938 – 20 de enero de 2012
Los Ángeles – Riverside, California

Hija de madre adolescente, nunca conoció a su padre aunque fabuló a lo largo de su vida con que podría haber sido Minnesota Fats, el famoso jugador de billar que aparece en la película *The Hustler*. Jamessetta se crió con su abuela y con James y 'Mama Lu' Rogers, un matrimonio que se encargó de que acudiese a la iglesia, donde empezó a cantar bajo la dirección musical de James Earle Hines, quien le llevó a cantar a una emisora de radio local. A los doce años Mama Lu murió y ella se trasladó a San Francisco para vivir con su madre y se convirtió en una salvaje y provocativa adolescente. A los catorce años montó su primer grupo con dos amigas, The Creolettes, que lograron una audición con el cantante y director de orquesta Johnny Otis,

quien les cambió el nombre por The Peaches y bautizó definitivamente a Jamesetta como Etta James. En 1955 grabaron por primera vez en Modern Records «Roll With Me Henry», una versión en femenino de un popular tema de Hank Ballard & The Midnighters, que acabó saliendo al mercado como «The Wallflower» y que se convirtió en un éxito instantáneo que repitieron a los pocos meses con «Good Rockin' Daddy». Pronto se hizo evidente que Etta no necesitaba para nada a sus compañeras y se lanzó por su cuenta a hacer giras con músicos como Little Richard, Bo Diddley, Chuck Berry o Marvin Gaye. En tan selecta compañía, durante la segunda mitad de los años cincuenta aprendió los trucos del oficio de cantante y se curtió en el más puro rhythm & blues.

En 1960 llega a Chicago, firma un contrato con Chess Records, con quien grabaría durante dos décadas, tanto en la marca principal como en sus filiales Argo y Cadet, que es precisamente donde en 1961 sale al mercado su primer álbum, *At Last* al que siguen *Etta James Sings For Lovers* y *Etta James*, en 1962 con Argo, *Rocks The House*, en 1963 con Chess, *Queen Of Soul*, en 1964 con Chess y *Call My Name*, en 1966 con Cadet. En 1967, tras una mala racha personal por adicción a la heroína, comienza a grabar en los estudios de Muscle Shoals, en Alabama, con el productor Rick Hall, quien la encamina hacia un estilo más contundente, en el que se muestra más segura de sí misma y recupera cifras de ventas con discos como *Tell Mama* o *Loser Weepers*. Pero en los setenta vuelva a recaer en su adicción y en 1973, el mismo año en el que lanza al mercado el disco *Etta James*, se somete a una cura de rehabilitación, un proceso que repetiría una y otra vez mientras su carrera iba a la deriva con momentos de recuperación con el lanzamiento de *Deep In The Night*, en 1978, con muy buenas críticas pero escasas ventas. En 1988 regresa con el disco *Seven Year Itch*, que logra un respaldo aceptable por parte del público y comienza un etapa de recuperación que se consolida en 1994 con el disco de homenaje *Mystery Lady: Songs of Billie Holiday*, por el que recibe un premio Grammy, el primero que recibiría a lo largo de los siguientes años, en los que regresó a los grandes escenarios convertida en un venerada figura de la música negra.

Dr. John

El amo de la noche

Malcolm John Rebennack
21 de noviembre de 1940
Nueva Orleans, Louisiana

Su padre era propietario de una tienda de discos y sus relaciones permitieron al joven Malcolm asistir a sesiones de grabación de artistas del rock & roll primerizo, como Guitar Slim, Little Richard o Profesor Longhair, que se convirtió en su referente. A los 16 años entró a trabajar como productor en Ace Records, lo que le proporcionó una experiencia que le llevó a abandonar los estudios e iniciar una carrera como músico que comenzó a materializarse en 1959 con su primera grabación en Rex Records, *Storm Warning*, un disco en el que tocaba la guitarra con una clara influencia de Bo Didley y que sonó bastante en las emisoras locales. Era un joven de vida turbulenta y a causa de una pelea durante una actuación sufrió una herida en una mano que le obligó a abandonar la guitarra y optar por el bajo. En 1963 se trasladó a Los Ángeles, donde se convirtió en músico de sesión y colaboró con artistas como Sonny & Cher o Canned Heat.

Fue por esos años cuando adoptó su personalidad como Dr. John «The Night Tripper» (El explorador nocturno), un apodo que revelaba claramente el tipo de vida que le gustaba. Desde el principio su música fue un cóctel de rhythm & blues y psicodelia, con una extravagante puesta en escena inspirada en el vudú. En 1968 lanzó en el sello Atco, una filial de Talantic, su álbum de debut, *Gris-Gris*, que años después sería incluido por la revista *Rolling Stone* entre los mejores quinientos discos de todos los tiempos. Siguiendo la misma estrafalaria receta musical publicó *Babylon* en 1969, *Remedies* en 1970, *The Sun, Moon & Herbs* en 197, y *Dr. John's Gumbo* en 1972, un álbum histórico que está considerado como una de las piezas fundamentales de la música surgida del rhythm & blues de Nueva Orleans. A partir de ese momento, su carrera se centró más en los aspectos puramente musicales que en los meramente escénicos. En 1973, con el respaldo de la banda The Meters y la producción de Allen Toussaint, publicó *In The Right Place*, un disco que figura en el origen del funk con un éxito de ventas que intentó repetir, aunque sin fortuna, en su siguiente álbum *Desitively Bonnaroo*. Comenzó entonces una larga etapa como compositor al lado del célebre Doc Pomus e intervino en algunas grabaciones históricas, como el concierto de despedida de The Band. Sus problemas con las drogas y su estilo de vida le condujeron a partir de los ochenta a una carrera un tanto errática, aunque siguió siendo un músico descomunal al servicio de músicos como Aaron Neville, Ringo Star o Billy Preston, entre otros muchos. A lo largo de su carrera ha cosechado seis premios Grammy y en 2011 entró en el Salón de la Fama del Rock.

Quincy Jones

En lo más alto del podio

Quincy Delight Jones, Jr.
14 de marzo de 1933
Chicago, Illinois

Aunque su figura es más conocida por su faceta como ejecutivo y productor musical, su carrera como músico y compositor le sitúa entre lo más destacado del Olimpo de la música afroamericana.

Hijo mayor de Sarah Frances y de Quincy Delight Jones, un jugador de béisbol aficionado al jazz que le animó a aprender a tocar la trompeta, desde muy pequeño mostró una habilidad musical que rayaba en la genialidad. Al llegar la Segunda Guerra Mundial la familia se traslada a Seattle, donde Quincy se sumergió en el ambiente de los clubs de soul y r&b e hizo sus primeros bolos profesionales con bandas como The Lionel Hampton's Big Band. Tras pasar por Boston, donde tocó con la banda del Berklee College of Music, en 1950 llega a Nueva York donde se convirtió en compositor, arreglista y productor de bandas de jazz. En la Gran Manzana comenzó a codearse con artistas como Charlie Parker, Miles Davis, Thelonious Monk o Billie Holiday. Pero con quien hizo mejores migas fue con Ray Charles, a quien ya conocía de sus primeros años en Seattle. Tras una gira por Oriente Medio con la banda de Dizzy Gillespie y una temporada en París, dirigiendo su propia banda, The Jones Boys, se cansa de las dificultades que supone sobrevivir como músico de jazz y decide pasar a la parte ejecutiva del negocio musical. En 1961 regresa a Nueva York y comienza a trabajar en Mercury Records donde a los cuatro años ocupa el cargo de vicepresidente, mientras mantiene su carrera musical.

En 1962 grabó el álbum *Big Band Bossa Nova*, que contiene su tema más famoso, «*Soul Bossa Nova*», y en 1981 publicó el disco *The Dude*, una obra maestra del pop y el rhythm & blues. Compuso bandas sonoras de películas como *The Slender Heard*, en 1965, *In The Heat Of The Night*, en 1968, ambas con Sidney Poitier como protagonista, *Boddy Heat*, en 1974 o *The Color Purple*, de Steven Spielberg, en 1985. Por sus manos han pasado las carreras de Michael Jackson, Ella Fitzgerald, Diana Ross, Peggy Lee o el mismísimo Frank Sinatra.

Tiene veinticinco premios Grammy y el record de nominaciones, con setenta y nueve. Como reconocimiento a su carrera artística posee la Legión de Honor francesa, el premio Polar Music de la Real Academia sueca, varios galardones humanitarios y siete nominaciones a los Oscar de Hollywood. Sigue siendo una de las figuras más relevantes de la música popular.

Sharon Jones

El éxito que se hizo esperar

Sharon Lafaye Jones
4 de mayo de 1956
Augusta, Georgia

Fiel seguidora del estilo clásico, el éxito esquivó a esta admiradora de James Brown, Sam Cooke y Aretha Franklin durante toda su vida, hasta que su insistencia tuvo recompensa y a finales de los años noventa logró triunfar recuperando las esencias del soul y el funk. Su familia emigró a Nueva York cuando era una niña y tras los inevitables inicios en el coro de la iglesia comenzó a cantar con grupos de funk imitando a su idolatrado James Brown.

A pesar de sus intentos por abrirse paso en el mundo de la música, durante años sobrevivió realizando los más diversos trabajos, entre ellos el de conductora de un furgón blindado. El 1996 participó como cantante de apoyo en una grabación del legendario Lee Fields y, por fin, el éxito llamó a su puerta. Los productores Gabriel Roth y Philip Lehman descubrieron que tenían ante ellos un talento desaprovechado y le grabaron un tema en solitario, «Switchblade», que aparecería publicado por Pure Records en 1996, junto con otra canción suya, «The Landlord», en el álbum *Soul Tequila* del grupo Soul Provider's, varios de cuyos miembros se convirtieron desde entonces en su banda de acompañamiento con el nombre de Dap-Kings. La carrera de Sharon siguió vinculada a Lehman y Roth, que montaron una nueva discográfica, Desco Records, donde grabaron sus primeros singles en solitario: *Damn Is Hot*, en 1996, *Bump N Touche*, en 1997 y *You Better Think Twice*, en 1998. Las diferencias entre ambos socios acabaron con la trayectoria de Desco Records.

Tras un parón momentáneo, en 2002 Sharon Jones graba su primer álbum, *Dap Dippin'*, acompañada por The Dap-Kings, en Daptone Records, el nuevo sello de Gabriel Roth. La gran acogida del disco entre el público y la prensa especializada propició la salida de otros tres elepés: *Naturally*, en 2005, *100 Days, 110 Nights*, en 2007, y *Learned The Hard Way*, en 2010. En los últimos años ha participado en varias películas y ha colaborado con músicos como Lou Reed o David Byrne.

Louis Jordan
El rey del jump blues

8 de julio de 1908 – 4 de febrero de 1975
Brinkley, Arkansas – Los Ángeles, California

Fue uno de los pioneros del rhythm & blues y la primera gran estrella mundial de la música negra. Protagonista absoluto de la era del swing, su música no entendía de fronteras raciales en una época en que éstas eran muy difíciles de traspasar. Conocido como «El Rey de las Máquinas de Discos», grabó cientos de singles de éxito, aunque solo un par de discos de larga duración en estudio. Su madre murió muy joven y él se crió en los escenarios del espectáculo itinerante Rabbit Foot Minstrels, en el que su padre, James Aaron Jordan, dirigía la orquesta. Por esos mismos escenarios pasó Ma Rainey, la madre del blues, una música que acompañó los primeros pasos de Louis. Fue su padre quien le enseñó a tocar el saxo y el clarinete y quien le colocó en la orquesta durante las temporadas de vacaciones. En 1936 se unió a una de las mejores *big bands* de su tiempo, la Savoy Ballroom Orchestra, con sede en Nueva York, y dos años después montó su propia orquesta, Louie Jordan's Elks Rendez-vous Band, que con el tiempo se convertiría en The Tympany Five, el grupo que, con distintas formaciones, le acompañaría durante la mayor parte de su carrera.

Grabó su primer disco en 1939 con el sello Decca, *Honey In The Bee Ball*, al que seguirían más de doscientos en los siguientes veinte años. En 1941 firmó un contrato con la agencia Artists Corporation, que le asignó a Berle Adams como representante, quien casi inmediatamente le consiguió un contrato para convertirse en la banda de acompañamiento del grupo vocal The Mills Brothers, uno de los más importantes de la época, lo que supondría su consolidación definitiva como uno de los músicos más importantes de Estados Unidos. Ese mismo año, el sello Decca lanzó una etiqueta llamada Sepia Series para atraer al público blanco, ya que por aquel entonces los músicos negros grababan exclusivamente en lo que se conocía como *race records*, destinados solo al mercado afroamericano. Su primer disco en esta categoría fue *Knock Me A Kiss*, que fue un éxito en el mercado de máquinas de discos. Pero su primer superventas fue *I'm Gonna Move To The Outskirts Of Town*, un disco grabado en 1942, el año en el que se trasladó a Los Ángeles. A lo largo de la década de los cuarenta firmó decenas de éxitos que abrieron el camino a los futuros géneros de rhythm & blues, el soul y el rock & roll, como «Buss Me», «Saturday Night Fish Fry», «Choo Choo Ch'Boogie», «Ain't That Just A like Woman», «Boogie Boogie Blue Plate», «Caldonia» o «Blue Light Boogie», entre otras muchas.

En 1957 grabó el primero de sus dos álbumes en estudio, *Somebody Up There Digs Me*, al que siguió un año después *Man, We're Wailin'*. Hacia finales de los cincuenta, su popularidad empezó a decaer, aunque seguiría muchos años paseando su talento de *showman* por escenarios de todo el mundo.

Curiosamente, los responsables de que su estrella comenzase a declinar fueron las mismas estrellas del rock & roll que él había contribuido a crear. Los discípulos acabaron superando al maestro, aunque casi todos reconocieron la enorme deuda que tenían con él. Desde BB King a Ray Charles, pasando por Bill Haley & The Comets, fueron muchos los que a lo largo de su vida homenajearon a esta enorme figura de la música popular. La revista *Rolling Stone* llegó a colocarlo en el puesto número cincuenta y nueve de la lista de mejores artistas de todos los tiempos.

Jr. Walker & The All Stars

El lado salvaje del rhythm & blues

Autry DeWalt Jr.
14 de junio de 1931 – 23 de noviembre de 1995
Blytheville, Arkansas - Crek, Michigan

El rudo y salvaje sonido de su saxo irrumpió como un vendaval en la escena del soul y el rhythm & blues y fue imitado por muchos jóvenes saxofonistas de los primeros tiempos del rock & roll. Autry DeWalt Jr. nació el 14 de junio de 1931 en Blytheville, Arkansas, pero se crió en South Bend,

Indiana, donde un tío suyo le regaló el primer saxofón con el que empezó a imitar a músicos como Buddy Tate y Earl Bustie, con una mezcla de jazz, jump blues y rhythm & blues. Tocó en la banda de la escuela y pronto montó su primer grupo adolescente, The Jumping Jacks. Fundó los primitivos The All Stars en 1960 con Willie Woods a la guitarra, Vic Thomas al órgano y James Greaves a la batería. Juntos se recorrieron los garitos más duros antes de fichar por Harvey Records dos años después. Allí grabaron tres singles de modesto recorrido hasta que la compañía fue absorbida en 1964 por Motown, que los derivó a un sello filial, Soul, donde editaron un single antes de grabar su primer álbum, *Shotgun*, en 1965, que se aupó al número uno en las listas de rhythm & blues. Además de la canción que le da título, el disco contenía temas como «Come See About Me» o «How Sweet It Is (To Be Loved By You)», que también tuvieron un éxito considerable. En 1966 sacaron al mercado otros dos álbumes, *Soul Session* y *Road Runner*, un año después *Live*, seguido de *Home Cookin'*, en 1969, el mismo año que grabaron *Gotta Hold On To This Feeling*, que contenía «What Does It Take (To Win Your Love)» un tema que no estaba previsto como sencillo pero que en 1970 tuvo tal éxito en la radio que acabó siendo un single que logró el número uno en las listas de éxitos. Ese fue el año en que The All Stars se disolvieron y Walker inició una carrera como solista en Withfield Records y puso su saxo al servicio de bandas como Foreigner, en la que en 1981 brilló con luz propia en el exitoso tema «Urgent». En 1983 volvió a Motown para grabar *Blow the House Down*, pero sus tiempos de gloria habían quedado atrás y tuvo que volver a los garitos de carretera y festivales de segunda fila. Murió a los sesenta y cuatro años, dejando como herencia una trepidante forma de manejar el saxo y una huella indeleble en la historia del rhythm & blues.

K.C. & The Sunshine Band

La coctelera sonora

1973
Miami, Florida

Esta banda heterogénea con influencias del folclore de las Islas Bahamas, el soul, el funk y los ritmos afrocubanos aportó frescura a los orígenes del disco soul. El creador del grupo fue un empleado de una pequeña discográfica de Miami, Harry 'KC' Wayne Casey. El grupo comenzó llamándose KC & The Sunshine Band Junkanoo, ya que al principio Wayne usaba como acompañantes a The Miami Junkanoo Band, los músicos de estudio de TK Records, el sello donde trabajaba. El primer miembro reclutado fue Richard Finch, que era técnico de sonido y el que más duró en una banda por la que pasaron treinta músicos. A él que se unieron Jerome Smith, guitarrista, y Robert Johnson, batería, todos empleados de TK Records, que sería también la discográfica donde en 1973 grabaron su primer single, *Blow Your Whistle* y en 1974 el siguiente «Sound Your Funky Horn», con una aceptable acogida que respaldó el lanzamiento de su primer álbum, *Do It Good*. Pero su verdadero éxito lo obtuvieron con una canción que KC y Finch compusieron para George McCrae, «Rock Your Baby», que se convirtió en uno de los primeros bombazos de la música disco.

En 1975 su segundo álbum, *KC And The Sunshine Band*, se convierte en superventas gracias al tema «That's The Way». Al año siguiente la banda obtiene un Grammy y lanza un nuevo disco, *Part 3*, con dos singles que se convierten en nuevos números uno, «(Shake, Shake, Shake) Shake Your Body» y «I'm Boogie Man», que se completan con el número dos de «Keep It Comin' Love». En 1978 editan *Who Do Ya Love* y al año siguiente *Do You Wanna Go Party* un álbum que aguanta la competencia de la nueva moda, la música *new age*, gracias al éxito del tema «Please Don't Go». En 1981 abandonan TK Records, fichan por Epic, KC y Finch se separan y comienza el descenso de ventas. *Space Cadet: Solo Flight*, en 1981 y *All In A Nights Work* en 1982, suponen su retirada de primera línea del negocio musical.

Eddie Kendricks

El falsete inimitable

Edward James Kendrick
17 de diciembre de 1939 – 5 de octubre de 1992
Union Springs, Alabama – Birmingham, Alabama

El talento y la voz de este cantante sureño fueron los cimientos en los que se sustentó el sello Motown. Nacido en una pequeña población rural, su familia se trasladó a Birmingham cuando tenía poco más de un año y Eddie comenzó a cantar en el coro de la iglesia, donde conoció a Paul Williams, que se convertiría en su amigo y cofundador del grupo de *doo-wop* The Cavaliers, junto a Kell Osborne y Jerome Averette. Decidieron probar fortuna fuera de casa y se trasladaron a Cleveland, Ohio, donde se pusieron en manos del manager Milton Jenkins, que se los llevó a Detroit y les cambió el nombre por The Primes. Allí montaron una banda femenina paralela, The Primettes, germen de las futuras Supremes. En 1961 The Primes se disolvieron y Kendricks y Paul Williams se unieron a Otis Williams y Melvin 'Blue' Franklin con los que formaron una banda que en principio se llamó The Elguins para casi inmediatamente pasar a denominarse The Temptations y firmar un contrato con la todopoderosa Motown Records. Aunque empezaron siendo la banda de acompañamiento de la cantante Mary Wells, Kendricks se convirtió pronto en la voz principal de la banda interpretando con su increíble falsete canciones como «The Way You Do The Things», «Just My Imagination» o «Get Ready». Además ejerció como arreglista, director de escena y responsable del elegante vestuario del grupo, pero sus diferencias con sus compañeros eran cada día más agudas.

Después de diez años en Temptations, en 1971, emprendió una carrera en solitario con las bendiciones de Berry Gordy, el dueño de Motown, aunque las fabulosas expectativas que despertó no se vieron cumplidas y sus discos, aunque brillantes, no tuvieron la acogida entusiasta que se esperaba. *Girl, You Need A Change Of Mind*, grabada en 1972, *Keep On Truckin*, en 1973 o *Boogie Down*, en 1974, son canciones que le mantuvieron en una posición modesta en las listas de ventas en la primera mitad de los años setenta, pero su carrera comenzó a declinar al final de la década. Tras recuperar en el nombre artístico su apellido original, Kendrick, en 1977 abandonó la compañía de Detroit y probó fortuna en Atlantic Records y Arista. En 1982 acabó colaborando de nuevo con Temptations para grabar con David Ruffin la canción «Standing At The Top». Tres años después, ambos volverían a cantar juntos en el álbum *Hall & Oates Live At The Apollo With David Ruffin And Eddie Kendricks*, un disco que -como indica su título- es una conjunción inigualable de estrellas del soul. En 1987 volvieron a los estudios de RCA para grabar *Ruffin & Kendrick*, su testamento musical. En 1993, la inimitable voz de falsete de Eddie se extinguía para siempre.

Alicia Keys

Self made woman

Alicia Augello Cook Keys
25 de enero de 1981
Manhattan, Nueva York

El soul, el jazz, el r&b, el hip-hop y la música clásica son el caldo de cultivo de esta prodigiosa artista nacida en uno de los barrios más duros de Nueva York, educada en la Universidad de Columbia y aupada al éxito por un talento capaz de eclipsar su belleza. Su madre era anglo italiana y su padre afroamericano y se crió en el famoso barrio de Hell´s Kitchen (La Cocina del Infierno), una de las zonas más duras de Harlem. Siendo una niña de cuatro años debutó en el mundo del *show business* con un pequeño papel en el *Show de Cosby*. A los siete años estudiaba piano y a los dieciséis se graduó en el Professional Performing Arts School de Manhattan, donde comenzó a componer sus primeras canciones. Al mismo tiempo que firmaba un contrato con Columbia Records se matriculó en la universidad, pero su fulgurante carrera musical la obligó a abandonar los estudios.

Su álbum de debut, *Songs A Minor*, en junio de 2001, logró un triple disco de platino en solo tres semanas: El mérito también era triple ya que era la propia Alicia la que había compuesto la letra y la música de la mayoría de las canciones, se había encargado de la producción, de los arreglos y de tocar todos los instrumentos durante la grabación. Además contó con colaboradores de lujo como Prince o Isaac Hayes. Su segundo disco, *Diary Of Alicia Keys*, editado en 2003, continúa siendo un derroche de talento y conocimientos musicales, algo que demuestra sobradamente en el siguiente, *MTV Unplugged*, grabado en 2007 con ella misma acompañándose al piano y *Just As I Am*, de 2007, en el que se adentra cada vez más en la música pop en detrimento de su raíces soul. Ha ganado catorce premios Grammy y tres Music Awards.

R. Kelly

El latido del gueto

Robert Sylvester Kelly
8 de enero de 1967
Chicago, Illinois

La estrella del hip-hop soul ha tenido una vida tan agitada como su carrera musical, transitando desde las raíces del gospel hasta los sonidos urbanos más descarnados. Creció junto a su madre y sus siete hermanos en la barriada marginal de los South Side Projects de Chicago y creció rodeado por la violencia y la miseria. Tras verse implicado en un tiroteo, decidió dedicarse a la música y al deporte para huir de la espiral de marginación a la que

parecía condenado. Estudió en Kenwood, la academia de la que salieron el rapero Da Brat y la cantante Chaka Khan. A los veintidós años formó su primer grupo, MGM, con el que ganó un concurso televisivo presentado por Natalie Cole.

Su debut discográfico, *Born Into The 90's*, con el grupo Public Announcement, sale al mercado en 1991 y vende un millón de copias. En 1993, tras grabar *12 Play*, del que se extrajeron tres singles de éxito mundial, produjo el primer disco de la joven promesa Aaliyah, *Age Ain't Nothing But A Number* y se casó con ella aunque solo tenía quince años. Tras el consiguiente escándalo y la anulación legal del matrimonio, la pareja decidió ir cada uno por su lado y Kelly volvió a los estudios para grabar su tercer disco, *R. Kelly*, editado en 1995, que supuso un regreso a las raíces del gospel y el soul y se convirtió rápidamente en disco de platino. Al año siguiente consigue un impresionante eco mediático con «I Belive I Can Fly», una canción compuesta para la película *Space Jam* que le proporcionó tres premios Grammy. Su producción es impresionante. En 1998 edita *R.*, dos años después *TP-2.com*, y entre los años 2003 y 2013 edita un álbum anual, entre los que destacan *TP.3 Reloaded*, *Double U*, *Write Me Back* y *Black Panties*. En su faceta como compositor y productor ha trabajado con Quincy Jones, Gladys Knight, Janet Jackson, Whitney Houston o el mismísimo Michael Jackson, a quien produjo en 1995 su disco *You Are Not Alone*.

Ben E. King

El eco inolvidable de una canción de amor

Benjamin Earl Nelson
28 de septiembre de 1938
Henderson, Carolina del Norte

La vida de Benjamin Nelson transcurría apaciblemente hasta que en los años cuarenta la mecanización de la agricultura produjo un éxodo masivo desde el sur rural hacía las ciudades del norte. Siendo un niño de nueve años, su familia se instaló en el barrio neoyorquino de Harlem, donde Benjamin conoció un nuevo y agitado mundo. En las calles abundan los grupos de jóvenes que hacen doo-wop, como los Four B's, con los que Ben actúa en la calle. Se foguea cantando en el restaurante de su padre y en cuanto llega a la mayoría de edad se une a una banda llamada The Five Crowns que, en una carambola del destino hábilmente manejada por su mánager, George Treadwell, se convierte en The Drifters cuando un grupo con ese nombre se disuelve sin cumplir una serie de compromisos con el Teatro Apollo. Ben y sus compañeros aprovechan para sustituirlos y comenzar su carrera profesional grabando en el estudio de Leiber y Stoller su primer sencillo: «There Goes My Baby», un éxito al que siguieron «This Magic Moment» y «Save The Last Dance For Me», hoy convertidos en clásicos del género.

En 1960 Benjamin Nelson abandona The Drifters para comenzar una etapa en solitario con un nuevo nombre artístico, Ben E. King, con el que graba para el sello Atlantic una serie de canciones inolvidables como «Spanish Harlem» o «Stand By Me», un clásico entre clásicos. Fueron años de gloria con temas superventas como «Don't Play That Song» o «I (Who Have Nothing)», que se interrumpieron a mediados de los años sesenta. Después de una década sobreviviendo en clubs de mala muerte, regresó para volver a grabar algunas joyas con el sello Atlantic como los discos *Supernatu-*

ral, en 1975, *Let Me In Your Life*, en 1978 o *Street Tough* en 1981. Su último álbum, *Whats's Important To Me* lo grabó en 1992 con el sello Ichiban. Desde hace décadas se dedica a actividades de carácter solidario que alterna con galas esporádicas y actuaciones en televisión.

Kool & The Gang

Renovarse o morir

1969
Jersey City, New Jersey

La principal virtud de los hermanos Bell es haberse adaptado perfectamente a las distintas corrientes de la música afroamericana a medida que cambiaban las modas, una versatilidad artística que les ha proporcionado un buen número de éxitos. Los hermanos Bell, Ronald y Robert 'Kool', eran hijos de un boxeador muy aficionado al jazz y amigo íntimo de Thelonious Monk. A los catorce años formaron una banda de jazz con cinco compañeros de clase, The Jazziacs, pero las dificultades para sobrevivir con este género acaban llevándoles a cambiar hacia un estilo con más audiencia y montan varias bandas con un sonido más próximo al soul para acabar desembocando en el jazz funk. Primero se llamaron Soul Town Revue, luego New Dimensions, más tarde Kool & The Flames y finalmente en 1969, cuando firmaron con el sello De-Lite, adoptaron el nombre definitivo de Kool & The Gang, el mismo título que le ponen al primer single que colocan en el número veinte de las listas. A partir de ahí encadenaron una serie de modestos éxitos con temas como «Let The Music Take Your Mind» y «Funky Man». La primera formación de la banda está integrada por Robert 'Kool' Bell al bajo, Ronald Bell al saxo tenor, Dennis Thomas al saxo alto, Robert Mickens a la trompeta, Clydes Charles Smith a la guitarra, Clifford Adams al trombón, Rick Westfield a los teclados y George Brown a la percusión. En 1969 grabaron con De-Lite Records su primer álbum homónimo y aunque no fue un éxito arrollador les permitió seguir editando durante los años siguientes discos como *Live At PJ's* y *Live & The Sex Machine*, en 1971 o *Good Times*, en 1973, el año en el que se produce su salto hacia delante con *Wild And Peaceful*, que contenía su canción más famosa «Jungle Boogie». Durante dos años más siguen profundizando en el funk, logrando su obra más acabada en 1975 con *The Spirit of the Boogie*, tras el que comienza su etapa más disco. En 1978 su tema «Open Sesame» es incluido en la banda sonora de la película *Saturday Night Fever*, una línea comercial que prosigue con los álbumes *Ladie's Night*, en 1979, y *Celebrate!*, en 1980, que llega al número uno de las listas de ventas. Tras una etapa discreta con *Something Special*, en 1981, *As One*, 1982, y *Emergency*, en 1985, su último disco destacado antes de comenzar el declive. En 1987, tras lanzar al mercado su álbum *Forever*, 'JT' Taylor y Ronald Bell, rebautizado como Khalis Bayyan, abandonaron el grupo. La banda volvió a la actualidad en 1994 cuando su tema «Jungle Boogie» fue incluido en la banda sonora de *Pulp Fiction*, la famosa película de Quentin Tarantino.

L

Patti LaBelle

Un espíritu emotivo y provocador

Patricia Louise Holt
24 de mayo de 1944
Philadelphia, Pennsylvania

Militante activa de los derechos civiles, transitó en su carrera musical desde el gospel más piadoso al funk más irreverente y desmelenado. Sus padres se divorciaron cuando era una niña y se convirtió en una adolescente taciturna, encerrada en casa y refugiada en la música. A finales de los cincuenta formó con Cindy Birdsong el grupo de doo-wop The Ordettes, del que saldría una banda, The Bluebelles, reconvertida más tarde en Patti LaBelle & The Bluebelles, con la incorporación de Sarah Dash y Nona Hendrix. En 1962 debutaron con el tema «Sold My Heart To The Junkman». En 1967 Cindy Birdsong se marchó para incorporarse a The Supremes y el trío resultante grabaría en 1971 para el sello Warner como LaBelle, que era también el título de su primer disco, al que seguirían, *Moon Shadows*, en 1972, también con Warner, y *Pressure Cookin'*, en 1973 con RCA.

Su mayor éxito les llegó en 1974 con «Lady Marmalade», una canción que rompió moldes por su narración del punto de vista de una prostituta, con su famoso estribillo «Voulez vous coucher avec moi, ce soir?», extraída de *Nightbirds*, un disco producido por Allen Toussaint para Epic y considerado una joya del soul funk. Un año después grabaron *Phoenix*, al que siguió *Chamaleon*, en 1976. Ese año, en mitad de un concierto Nona Hendrix abandonó el escenario sin explicaciones. Era el final de grupo. Nona inició una errática carrera como solista y Patti se aferró más que nunca a su música, reivindicándose en 1977 con el álbum *Patti LaBelle*, tras el que lanzó dos discos de transición, *Tasty*, en 1978 y *It's Alright With Me*, en 1979. En 1980 volvió a renacer con *Released*, considerado el mejor álbum de su carrera y el último con Epic. Un año después lanzaba con CBS *The Spirits In It*, mientras iniciaba una nueva etapa en musicales de Broadway y programas de televisión. En 1992 logró un nuevo éxito con el álbum *Burnin'*, que consiguió un Grammy. Su carrera ha sido galardonada con dos Grammys, una estrella en el Paseo de la Fama y un Awards de reconocimiento a su legendaria figura.

Major Lance

La sonrisa del uptown soul

4 de abril de 1941 – 3 de septiembre de 1994
Winterville, Mississippi – Decatour, Georgia

Cantante de voz dulce aunque sin excesiva personalidad, se convirtió durante los años sesenta en una de las figuras más populares del soul de Chicago. Se crió en Cabrini-Green, uno de los barrios más miserables y peligrosos del gueto negro de Chicago, donde entabló una fuerte amistad con Otis

Leavill, futuro cantante y compositor. Ambos eran buenos deportistas y se hicieron boxeadores, actividad que compaginaban con su pertenencia a los Five Gospel Harmonaires, una banda vocal en la que hicieron sus primeros pinitos. En la escuela conocieron a Curtis Mayfield y Jerry Butler, con los que colaborarían más tarde. A mediados de los cincuenta montan The Floats, un grupo que desaparece sin dejar nada grabado cuando Lance y Leavill emprenden cada uno su camino. Lance se convierte en bailarín y gracias a Jim Lounsbury, un presentador de televisión, en 1959 grabó con el sello Mercury, «I Got a Girl», un tema compuesto por Curtis Mayfield, que pasó sin pena ni gloria. Tres años después fichó por Okeh Records y grabó el single *Delilah*, otra canción de Mayfield, como la mayoría de sus posteriores éxitos. En 1963 sale al mercado el single, *The Monkey Time*, que le convierte en una figura emergente de la música pop. Durante los siguientes dos años sus canciones «Um,Um,Um,Um,Um», «The Matador», «Come See» y «Ain't It A Same» se convierten en un éxito tras otro, hasta que en 1965 Mayfield deja de escribir para él. En 1968 comenzó a ir de una discográfica a otra, grabando en Curtom, Volt o Columbia, sin recobrar su éxito anterior. A principios de los setenta pasó una temporada en Inglaterra para regresar a Atlanta en 1974. Su carrera se difuminó después de una temporada en la cárcel acusado de tráfico de drogas. En 1994 dio su último concierto en el Festival de Blues de Chicago.

Bettye LaVette

El éxito tardío

Betty Haskins
26 de enero de 1946
Muskegon, Michigan

Trabajadora infatigable, pasó la mayor parte de su vida en un segundo plano, hasta que a principios del siglo XXI fue recuperada por la industria musical como una de las últimas representantes del genuino y primitivo soul. Fue descubierta por la llamada «Madrina del Soul de Detroit», Johnnie Mae Matthews, cuando apenas tenía más experiencia que pequeños conciertos familiares. A los dieciséis años grabó su primer single, *My Man (He's a Lovin'*

Man), con Northern Records, gracias a los buenos oficios de Matthews, que vendió los derechos de distribución a Atlantic Records y logró colocar el disco en las listas de éxitos. Esta inicial notoriedad le permitió participar en giras con músicos como Ben E. King, Barbara Lynn o la futura estrella Otis Redding. Pero su temprana maternidad y la escasa fortuna hicieron que permaneciese alejada del éxito durante veinte años, a pesar de algún tema destacable como «Let Me Down Easy», editado en 1965 con Calla Records o «He Made A Woman Out Of Me», grabado en 1969 con el sello Silver Fox. En 1972 grabó su primer álbum, *Child Of the Seventies*, en los históricos estudios de Muscle Shoals. Pero el reconocimiento no llegó hasta 1982, cuando Motown le ofreció un contrato para llenar el hueco que había dejado Diana Ross. LaVette logró un considerable éxito con el single «Right in the Middle of Falling in Love, extraído del album *Tell Me A Lie*, pero su carrera no acababa de cuajar y decidió probar suerte en Broadway, donde permaneció hasta que Gilles Petard, un musicólogo francés, descubrió sus viejos discos y consiguió que se reeditasen en el año 2000 en un álbum titulado *Remebers*. En 2003 se reeditó el disco *A Woman Like Me* y su carrera dio un tardío pero afortunado salto adelante. En 2004 recibió un premio Handy, el más preciado en el ámbito del blues, y en 2005 *I've Got My Own Hell To Raise* -un álbum con canciones escritas exclusivamente por mujeres- se convirtió en un rotundo éxito.

Professor Longhair

El rhythm & blues de Nueva Orleans

Henry Roeland Byrd
19 de diciembre de 1918 – 30 de enero de 1980
Bogalusa, Louisiana – Nueva Orleans, Louisiana

Su técnica de piano blues estilo barrelhouse, combinada con el boogie y los sonidos del caribe, le convirtió en una pieza clave para definir el rhythm & blues originario de Louisiana. Llegó con su familia a Nueva Orleans a mediados de los años veinte, cuando la ciudad era una olla en la que se cocinaban las raíces de la música afroamericana. El apodo se lo puso Mikke Tessitore, el propietario del Caldonia Club, por su costumbre de llevar el pelo largo. En 1949 grabó su primer disco para Star Talent Records con una banda denominada The Shuffling Hungarians. Eran cuatro temas, entre los que se encontraba su famoso «Mardi Gras In New Orleans», que tuvieron problemas para ser distribuidos.

Ese mismo año graba los mismos temas con Mercury Records logrando su primer éxito de ventas. Por esa época Longhair sólo alcanzaría un éxito comercial de ámbito nacional, «Bald Head» en 1950, aunque en 1959 compondría su tema más conocido, «Go To The Mardi Gras». A finales de los sesenta su figura fue reivindicada y se le comenzó a reconocer como «El padre del rhythm & blues de Nueva Orleans», un reconocimiento que se plasmó en la película *Dr. John's New Orleans Swamp*, de 1974, el año en que editó su primer álbum, *Rock 'N' Roll Gumbo*, tras el que vendría una época de popularidad gracias a discos como *Live On The Queen Mary*, en 1978, *Crawfish Fiesta*, en 1980 o *The Last Mardi Gras* y *Mardi Gras In New Orleans*, editados en 1982, tras su muerte a los sesenta y dos años.

Jennifer Lopez

La bomba latina

Jennifer Lynn Lopez
24 de julio de 1969
Nueva York

Su incuestionable capacidad para convertir en oro todo lo que toca, sus éxitos como actriz y su constante protagonismo en las páginas de la prensa del corazón, han mantenido en un segundo nivel su importancia como estrella del soul latino, en permanente competencia con su eterna rival Mariah Carey. Hija de padres portorriqueños, se crió en el Bronx neoyorquino, en el seno de una familia de trabajadores.

Comenzó siendo una niña haciendo papeles secundarios para el cine y actuando como bailarina, lo que la llevó a su primer momento importante en un escenario al participar en la coreografía del espectáculo de New Kids On The Block en los American Music Awards de 1991. En 1993 ganó un millón de dólares por su papel protagonista en la película *Selena* y seis años después grabó su álbum de debut, *On The 6*, con la discográfica Sony. En 2001 el lanzamiento de su segundo disco, *J. Lo*, coincide con el estreno de su película *The Wedding Planner*, un doblete de triunfos que todavía nadie ha superado. En 2002 grabó *This Is Me... Then*, tras el que lanzaría *Rebirth*, en 2005, y *Como Ama Una Mujer* y *Brave*, en 2007. En 2010 rompe con Sony, ficha por Island Records y en 2011 edita su último disco de estudio, *Love*. En 2012 edita *Dance Again: The Hits*, su primer disco de grandes éxitos.

Con sus nueve primeros álbumes ha vendido cincuenta millones de discos y se ha convertido en la artista latina con más dinero y más popularidad en su comunidad. Tiene cuatro premios Grammy y una estrella en el Paseo de la Fama de Hollywood, entre otros cientos de galardones de MTV, la American Music y Soul Train. Según propia confesión sus influencias musicales van desde Tina Turner a Barbra Streisand, pasando por Madonna, Michael Jackson, James Brown o Gloria Stefan, lo que la entronca con la tradición del rhythm & blues, el soul, el pop, la música latina y el sonido disco.

M

The Manhattans

La pervivencia del soul dulzón

1962
New Jersey

Esta es la historia de una banda clásica del rhythm & blues que supo adaptarse al paso del tiempo sin grandes estridencias. En los años setenta se reinventaron como especialistas en baladas smooth soul para acabar sus días en un limbo musical. El grupo inicial lo integraban George 'Smitty' Smith, Winfred 'Blue' Lovett, Richard Taylor, Kenny Kelley y Edward 'Sonny' Bivins, que en 1964 ficharon por el sello Carnival y grabaron su primer tema en 1965. La canción se llamaba «I Wanna Be (Your Everything)» y llegó al número doce de las listas de rhythm & blues. En los dos años siguientes grabaron ocho singles, obras meritorias del soul vocal, sin mayor éxito. En 1969 se mudaron a la discográfica DeLuxe para editar dos álbumes, *With These Hands* y *A Million To One*. En 1970 'Smitty' Smith se retira por enfermedad, es sustituido por Phil Terrell y Gerald Alston se convierte en la voz principal, introduciendo un estilo pop todavía más suave. En 1972 el single *One Life To Live* les da la oportunidad de firmar con Columbia, donde debutan con otro sencillo, *No No Me Without You*, que los consolida como especialistas en baladas soul. Los éxitos se suceden en 1974 y 1975 con canciones como «No Take Your Love» y «Hurt». Pero su momento de gloria llega en 1976 con el single *Kiss And Say Goodbye* que se convirtió en el segundo disco de platino de la historia. No repitieron nada semejante, pero siguieron grabando discos de gran aceptación, como *It Feels So Good To Be Loved So Bad*, *We Never Danced To A Love Song* o *Am I Losing You*. Su carrera fue languideciendo en los ochenta, aunque lograron un último éxito en 1983 con «Crazy». Taylor dejó la banda en 1985, Taylor murió dos años después y Alston comenzó una carrera en solitario en 1988, el año en el que Roger Harris fue contratado como cantante de una banda que conservaba muy poco de sus orígenes y que ha seguido actuando en el circuito de la nostalgia con el mismo nombre y distintos músicos en las últimas décadas.

The Mar-Keys

Los orígenes blancos de Stax

1958 - 1971
Memphis, Tennessee

En 1958 cinco músicos blancos montaron una de las primeras bandas de estudio de Stax Records para pasar a la historia como parte fundamental de la creación del southern soul. Comenzaron como The Royal Spades, un grupo de siete amigos del Messick High School, de Memphis, que imitaban a grupos de la época como Hank Ballard & The Midnighters. La banda original estaba formada por Ronnie Angel como cantante, Steve Cropper a la guitarra, Donald 'Duck' Dunn al bajo, Terry Johnson a la batería, 'Smoochy' Smith en el órgano, Wayne Jackson a la trompeta, Don Nix al saxo barítono y Charles Axton al saxo tenor, cinco chicos blancos que hacían rhythm & blues, cosa no muy usual en aquella época. Fue Estelle Axton, copropietaria del Sello Stax y madre de Charles Axton, la que les abrió la puertas de la discográfica, cuando todavía se llamaba Satellite Records, y la que les hizo cambiar de nombre. Su single de debut, «Last Night», en 1961, fue su primer y único éxito a nivel nacional y también el primer éxito de Stax. Al año siguiente Steve Cropper y 'Duck' Dunn se marcharon a Booker T, & The MGs, iniciando una estrecha colaboración entre ambas formaciones que ejercían mutuamente de bandas de apoyo en sus respectivos discos. Mar-Keys editaron un álbum, *Do The Pop-Eye*, con algunos temas de modesto éxito como «Philly Dog» y «Popeye Stroll», pero que no se acercaron al de su primer disco. En 1966 grabaron un nuevo álbum, *The Great Memphis*

Sound, y al año siguiente editaron *Back to Back* en colaboración con Booker T & The MGs. Aunque todavía grabaron un par de álbumes, *Damifiknow!*, en 1969 y *Memphis Experience, en 1971*, con una formación que prácticamente no tenía nada que ver con la original, su verdadera influencia se restringió a los primeros años sesenta, en los que contribuyeron a crear las esencias del soul de Memphis.

Martha & The Vandellas

Las reinas del rhythm & blues

1967 – 1972
Detroit, Michigan

Durante sus nueve años de existencia, este trío practicó el rhythm & blues más genuino del sello Motown, donde fueron eclipsadas por The Supremes. Martha Reeves fue una artista precoz que en 1960 montó un grupo vocal, The Del-Phis, junto a dos amigas, Anette Sterling y Rosalind Ashford, con quienes grabó un single, *I'll Let You Know*, para Chekmate, una filial de Chess Records, que no gozó de mayor fortuna. En 1961 un ejecutivo de Motown le propuso sustituir a una corista durante una grabación. Un año después tuvo la oportunidad de acompañar a Marvin Gaye en la grabación de su tema «Stubborn Kind of Fellow» y llamó a sus dos amigas para formar parte del coro. Dos meses después Martha, Anette y Rosalind grababan *I'll Have To Let Him Go*, su primer sencillo como Martha & The Vandellas. En 1963 su canción «Heat Wave», se convertía en número uno. En ese momento Sterling abandonó el grupo y fue sustituida por Betty Kelly que más tarde sería sustituida a su vez por Lois Reeves, hermana de Martha. En 1964 lograron su mayor triunfo con *Dancing in the Street*, un disco producido por Holland-Dozier-Holland, que siguieron componiendo para la banda álbumes como *Heat Wave*, en 1963,

Dance Party, en 1965 o *Watchout*, en 1966, un disco que contenía su último tema superventas, «Jimmy Mack». A partir de ese momento la marcha del trío compositor de Motown supuso el comienzo de la decadencia de Martha & The Vandellas, que aún grabaron álbumes de poderoso rhythm & blues como *Ridin' High*, en 1968 o *Sugar n' Spice*, en 1969. Pero las peleas internas minaron a la banda. La rivalidad llegó a manifestarse en el escenario y la situación se volvió insostenible. En 1972 Martha disolvió el grupo para comenzar una fallida carrera en solitario En 1995 fueron incluidas en el Salón de la Fama del Rock, siendo el segundo grupo integrado solo por mujeres que lo conseguía.

The Marvelettes

Las voces de oro del pop soul

1960- 1970
Inkster, Michigan

A pesar de su corta vida están consideradas como el mejor grupo vocal de Motown, donde su éxito estuvo ligado a las composiciones de Smokey Robinson. La historia comienza en 1960, cuando un grupo de chicas del Inkster High School de Michigan se presentan al típico concurso de jóvenes talentos. Georgia Dobbins, Gladys Horton, Katherine Anderson, Georgeanna Tillman y Juanita Cowart no pasan de la cuarta posición pero un año después están grabando discos con la Motown. Y todo gracias a una de sus profesoras, Mrs. Sharpley, que convenció a un ojeador de la discográfica para que les diese una nueva oportunidad. Cuando Berry Gordy escuchó su interpretación de «Please Mr. Postman», una canción original de William Garret, un amigo de Georgia Dobbins, supo que tenía en sus manos uno de los mejores grupos que había pasado por su compañía. Precisamente Dobbins, artífice indirecta del éxito, abandonaría el grupo antes de comenzar a grabar debido a la oposición paterna a que se dedicase a la música. Fue reemplazada por Wanda Young y en el verano de 1961 el single *Please Mr Postman*, con Marvin Gaye a la batería, se convierte en el primer número uno de Tamla, la filial de Motown, donde el grupo grabaría al año siguiente su segundo disco de éxito, *Playboy*. En 1962 también lanzan su álbum

The Marvelettes Sing y temas como «Someday, Someway» y «Beechwood 4-5789», se sitúan en lo más alto de las listas. Por esa época Juanita Cowart abandona el grupo al no poder soportar la presión de las giras y grabaciones y en 1963 graban los álbumes On Stage y The Marvelous Marvelettes. En 1965 Tillman también abandona y se convierten en un trío, en dura competencia con pujantes grupos como The Supremes o Martha & The Vandellas. Tras unos singles de pobre resultado, regresan a los primeros puestos con «Don't Mess With Bill», una canción de Smokey Robinson que vende más de un millón de copias.

El grupo pivotó siempre en torno a sus dos cantantes principales, Wanda Young y Gladys Horton, así que la marcha de esta en 1967 marca el principio del fin del grupo, que en 1968 graba *Sophisticated Soul*, un álbum alejado de sus buenos tiempos, al que siguen *In Full Bloom*, en 1969 y *The Return Of The Marvelettes*, en 1970, que sale al mercado entre disensiones con la discográfica. A partir de ese momento, los constantes cambios en la formación del grupo fueron desfigurando su personalidad hasta que acabó por desaparecer.

Curtis Mayfield
La banda sonora del compromiso

3 de junio de 1942
Chicago

Tras algo más de una década juntos, en 1969 The Impressions graban *Choice Of Colors*, un disco que apuntaba una línea de compromiso social y racial que Curtis Mayfield adoptaría al abandonar la banda al año siguiente. Nacido en el gueto de Chicago en el seno de una familia numerosa que vivía hacinada en una infravivienda, Curtis Mayfield fue consciente desde pequeño de la situación de segregación racial y marginación económica a la que estaban sometidos la mayoría de sus hermanos de raza. También tuvo una temprana sensibilización por la causa feminista gracias a su abuela, una predicadora que lo inició en lo secretos del gospel. A los diez años empezó a escribir sus propias canciones y a los quince se unió a The Impressions.

En 1970 comienza una carrera en solitario que le llevaría a convertirse en una figura fundamental de la cultura afroamericana de su tiempo. Su música adquiere un aire más funk y sus letras se convierten en crudos alegatos de protesta y compromiso racial. Comenzó grabando en Curtom Records -el sello que había creado con sus compañeros de The Impressions- tres álbumes de buena factura musical  pero discretos resultados: *Curtis*, en 1970, *Roots* y *Live*, en 1971. El éxito se le resistió hasta que en 1972 le encargan la banda sonora de *Superfly*, una película policíaca que narra las aventuras y desventuras de un traficante de cocaína. A pesar de que la película era mediocre, pasaría a la historia cultural como un pilar del movimiento *blaxplotation* gracias al rotundo éxito de su banda sonora.

En 1973 graba el álbum *Back To The World*, con un fuerte carga de compromiso político, que fue acogido con críticas encontradas. En 1974 publica Sweet Exorcist y Got to Find a Way, dos discos de escasas ventas, que contrastan con la aceptación de las bandas sonoras de películas como *Claudine*, de ese mismo año, *Sparkle*, estrenada en 1976 o *Short Eyes*, dos años después. Entre 1975 y 1979 publicó *There's No Place Like America Today, Give, Get, Yake And Have, Never Say You Can't Survive* y *Heartbeat*. A pesar de que sus discos eran irregulares en cuanto a ventas, durante esos años contribuyó a sentar las bases del funk y el nuevo soul junto a Marvin Gaye y James Brown, con quien además fue un impulsor del sentimiento de orgullo negro y el black power de finales de los setenta. Pero sus letras de denuncia de la desigualdad social, la Guerra del Vietnam o el problema que las drogas suponían para los afroamericanos, le pasarían factura con el veto de sus temas en emisoras de radio y restricciones en la distribución de sus discos, que afectaron seriamente a sus ventas. En 1990 sufrió un grave accidente al caerle encima una torre de iluminación durante un concierto en Brooklyn, que le dejó paralizado de cuello para abajo, lo que no le impidió seguir componiendo y trabajando en la divulgación de una nueva cultura afroamericana. En 1996 grabó su último álbum, New World Order. Murió a finales de 1999 después de haber recibido todo tipo de homenajes por su trayectoria artística, humana y social.

Van McCoy

Creador de éxitos bailables

Van Allen Clinton McCoy
6 de enero de 1940 – 6 de julio de 1979
Washington DC – Englewood, New Jersey

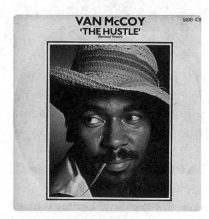

Tanto en su etapa de intérprete solista como en la de compositor, fue uno de los grandes impulsores de la música disco creada desde la evolución del soul. Comenzó como la mayoría de los cantantes de su época, en el coro de la iglesia, para pasar más tarde a componer y cantar sus propios temas en concursos de aficionados, habitualmente acompañado por su hermano mayor, Norman. En la adolescencia montó el inevitable grupo de doo-wop al que incorporó, además de a su hermano, a dos amigos del colegio. El grupo se llamaba The Starlighters y en 1956 grabaron un disco que les proporcionó algunas giras y conciertos. Pero el proyecto no funcionó y cada uno se marchó por su lado. McCoy se fue a la universidad a estudiar sociología pero a los dos años plantó los estudios y se marchó a Philadelphia donde montó un pequeño sello, Rockin' Records, con el que se autoeditó un single, *Hey Mr. DJ*. Florence Greenberg, el propietario de Scepter Records decidió contratarlo como compositor y mánager de la compañía. Su primer éxito fue «Stop The Music», una canción interpretada por The Shirelles. A principios de los sesenta entró en April-Blackwood, una subsidiaria de Columbia Records y montó su propio sello, Share, para dedicarse a escribir canciones de éxito para Gladys Knigt & The Pips, Ruby & The Romantics, Aretha Franklin o Jackie Wilson. A principios de los años setenta montó su propia orquesta, Soul City Symphony, con la que logró un buen número de éxitos, además de dar vida al grupo vocal Faith, Hope and Charity. En 1972 grabó como solista el disco *The Soul Improvisations*, con el sello H&L, con el que en 1975 editó *Disco Baby* y un año después *The Hustle*, su disco más conocido, con el que ganó un premio Grammy y le consolidó como uno de los creadores de la música disco. A finales de los años setenta creó álbumes como *Rhythms of the World*, en 1976, *My Favorite Fantasy*, en 1978, y *Sweet Rhythm*, en 1979, que no alcanzaron las ventas de sus creaciones anteriores.

Clyde McPhatter
El pionero olvidado

Clyde Lensley McPhatter
15 de noviembre de 1932 – 13 de junio de 1972
Durham, Carolina del Norte – Teaneck, New Jersey

Ídolo de adolescentes en los años sesenta, este cantante de aspecto frágil y melancólico fue una figura clave en la gestación del rock & roll. Cuando tenía trece años su familia se mudó a Nueva York, donde Clyde montó su primera banda vocal, The Mount Lebanon Singers y cantó en todos los concursos que se pusieron a su alcance. Pero la suerte no le acompañó y tuvo que trabajar como encargado en una tienda hasta que, en 1950, es reclamado por Willy Ward para cantar con sus Dominoes, que al año siguiente triunfan con *Sixty Minute Man*, considerado por algunos el primer disco de rock & roll. En los tres años siguientes la banda grabó canciones de una tremenda popularidad como «Have Mercy Baby» y «The Bells» y álbumes como *Billy Ward & The Dominoes* y *Willy Ward, Clyde McPhatter & The Dominoes*, que en sus títulos reflejan el progresivo peso de McPhatter en el grupo, lo que le llevó a montar su propia banda en 1953, The Driffters, que al año siguiente lograron un número uno con el tema «Money Honey», al que siguieron singles como *Such a Night*, *Honey Love* o *White Christmas*. En 1955 McPhatter emprendió una carrera en solitario en la que evolucionó desde el rhythm & blues al rock & roll. Fichó por Atlantic Records, donde en 1956 grabó «Seven Days», una canción que fue número dos en las listas de rhythm & blues, tras la que llegaron «Treasure Of Love», en 1956 y «A Lover's Question», en 1958. En 1959 se mudó al sello MGM, donde grabó el álbum *Let's Star All Over Again* y un año después cambia a Mercury Records, donde se convirtió en una de las estrellas del soul con sus discos *Golden Blues Hits*, en 1961, *Lover Please*, en 1962,

Rhythm Soul, en 1963 y sobre todo, *Live At The Apollo*, en 1964. A finales de los sesenta pasó una época oscura atrapado en sus problemas con el alcohol y se marchó a Inglaterra, donde no logró el triunfo deseado y regresó para morir prácticamente olvidado. Quince años después de morir fue nominado para el Salón de la Fama del Rock como reconocimiento a su labor de pionero.

N

Aaron Neville

La portentosa voz del pantano

24 de enero de 1941
Nueva Orleans, Nueva Orleans

Su labor al frente de los Neville Brothers eclipsó una importante labor musical en solitario. En ocasiones se le ha comparado con el mismo Sam Cooke. Tercer hijo de Arthur y Amelia Neville, comenzó en el habitual coro de gospel, participó en bandas callejeras de doo-wop y en 1957 su hermano mayor, Art, le colocó como cantante en su banda de rhythm & blues, The Hawketts. La estancia en el grupo se interrumpe durante seis meses, el tiempo que pasa Aaron entre rejas por robar un coche. A la salida de prisión conoce a Allen Toussaint, el todopoderoso productor de Nueva Orleans, quien le abre las puertas del sello Minit, donde en 1960 graba «Over You», un tema que se destaca en las listas de rhythm & blues. En 1961 se traslada a Los Ángeles, donde se engancha a la heroína y pasa una nueva temporada en la cárcel.

A mediados de los sesenta participa en las bandas de sus hermanos, The Neville Sounds y The Meters, mientras realiza sus propios proyectos, la mayor parte con el respaldo de Allen Toussaint, como en 1966, cuando edita en el sello Parlo el single *Tell It Like It Is*, un número uno en ventas del que Aaron nunca cobró un dólar por derechos de autor. Durante los años setenta, sus problemas con las drogas se agudizaron aunque su portentosa voz siguió siendo uno de los secretos del éxito de The Neville Brothers. En 1986 vuelve a lanzar un álbum en solitario, *Orchid in the Storm*, con Rhino Records. En 1988, tras romper con la heroína y pasar por una fase de misticismo religioso, volvió a primera línea con *Cry Like a Rainstorm, Howl Like the Wind*, a dúo con Linda Ronstadt, un éxito que facilitó el terreno para el álbum más importante de The Neville Brothers, *Yellow Moon*. Su producción individual se incrementa en los años noventa con discos reseñables con la discográfica A&M: *Warm Your Heart*, en 1991, *Aaron Neville's Soulful Christmas*, en 1993, *The Tattooed Heart*, en 1995 y *To Make Me Who I Am*, en 1997. Desde que el huracán Katrina arrasó su casa en 1995, vive en Nashville dedicado a realizar galas, participar en programas de televisión y grabar versiones de clásicos del soul.

The Neville Brothers

La tradición criolla del rhythm & blues

1977
Nueva Orleans

Juntos, revueltos y por separado, los hermanos Neville y sus múltiples formaciones son una pieza básica del rhythm & blues que se cocinó en Nueva Orleans entre finales de los años cincuenta y principios de los noventa. Los orígenes de la banda se remontan a 1954, cuando Arthur Neville grabó el disco *Mardi Grass Mambo*, con The Hawketts. En 1958 grabó como solista *Cha Dooky-Do* y tres años después *All These Things*. No fueron unos discos de éxito pero le permitieron hacerse un nombre en el panorama musical de Nueva Orleans, donde también eran conocidos sus hermanos, Aaron y Ciryl, con los que en 1961 montó The Neville Sounds, junto al batería 'Zig' Modeliste, el guitarrista Leo Nocentelli y el bajista George Porter, que

acompañaron a los hermanos Neville en un par de aventuras discográficas individuales: *Hook, Line & Sinker*, grabado por Art en 1966, y *Tell It Like It Is*, editado por Aaron en 1967. Dos de los hermanos, Aaron y Cyril, decidieron montar un nuevo grupo, The Soul Machine, y el resto fundaron The Meters que en 1969 graban el disco homónimo *The Meters*, en el que exhiben un sonido funky que impactó profundamente en los maestros del género. En 1972 fichan por Reprise Records, donde graban álbumes de gran peso como *Cabagge Alley*, en 1972, *Rejuvenation*, en 1974 o *Fire On The Bayou*, en 1975, su disco definitivo. A mediados de los setenta acompañaron en varias giras a The Rolling Stones y se embarcaron en proyectos paralelos como The Wild Tchoupitoulas o The Landrys,

En 1977 The Meters se disuelven y los Neville montan su definitivo proyecto de clan musical, The Neville Brothers. La banda echó a andar definitivamente en 1978 con la grabación de su primer álbum *The Neville Brothers*, con el sello Capitol. Tres años más tarde editaron con la discográfica A&M, *Fiyo On The Bayou*, considerada su obra maestra. Tardarían otros tres años en sacar un nuevo disco, *Neville-ization*, registrado en directo en el mítico club Tipitinas. En 1987 volvieron a la carga con *Uptown*, un álbum con guiños más comerciales y rockeros y en el que participan invitados de lujo como Keith Richards y Carlos Santana, al que siguió dos años después *Yellow Moon*, que mezcla el soul reivindicativo con el folclore de Louisiana y las raíces del blues y que les valió un Grammy. En 1990 siguieron grabando con el sello A&M álbumes de buena factura pero modestas ventas como *Brothers & Keeper, Family Groove*, 1992, *Mitakute Oyasin Oyasin. All My Relations*, en

1995, *The Carnival*, en 1997 o *Valence Street*, editado por Columbia en 1999. En 2004 hicieron su última reaparición en el sello Black Porch con *Walkin' In The Shadow Of Life*. Pero en 2005 el huracán Katrina que asoló Nueva Orleans se llevó por delante parte del barrio donde vivían Aaron y Cyril, que abandonaron la ciudad. Charmaine, Jason e Ivan Neville, una nueva generación, han recogido el testigo musical de la familia.

O

⭐

The Ohio Players
El funk discotequero

1959 – 2002
Dyton, Ohio

En 1959 Leroy 'Sugarfoot' Bonner, cantante y guitarrista, Robert Ward, guitarra y voz, Clarence 'Stach' Satchell, saxo, Marshall 'Rock' Jones, bajo, Ralph 'Pee Wee' Middlebrooks, trompeta y Corneluis Johnnson, batería, forman un grupo llamado originalmente The Ohio Untouchables, que eran básicamente la banda de acompañamiento de The Detroit's Falcons de Wilson Pickett. En 1962 deciden saltar por su cuenta a la palestra con canciones de corte romántico como «Forgive Me Darling» o «I'm Tired». A lo largo de la década, su sonido va cambiando al ritmo que marcan las modas, hasta que en 1967 se convierten definitivamente en The Ohio Players, realizando un funk comercial y festivo. En 1972 publican con el sello Westbound dos discos, *Pain* y *Pleasure*. De este último se extrae un single, *Funky Worm*, que se convierte en uno de los temas más pinchados en las discotecas. Al año siguiente lanzan *Ecstasy*, que no logra acercarse al éxito del anterior y deciden cambiar al sello Mercury, donde en 1974 graban dos álbumes, *Skin Tight* y *Fire*, que se convierte en un superventas. En 1975 y 1976 sus nuevos álbumes *Honey* y *Contradiction* suponen su consagración como estrellas del funk discotequero, pero sus ventas comienzan a bajar. Entre 1978 y 1988 siguieron grabando con los sellos Arista, Boardwalk, Century y Track, cosechando un fracaso tras otro. Su carrera fue extinguiéndose a la par que la moda disco.

The O´Jays

Los eternos virtuosos

1958
Canton, Ohio

En 1958 Eddie Levert y Walter Williams montan un grupo de gospel que bautizan como The Triumphs y al que se suman William Powell, Bob Massey y Bill Isles. Pronto se convierten en The Mascots y en 1961 hacen su primera grabación, «Miracles». En 1963 un disc jokey de Cleveland, Eddie O'Jay, les pone en contacto con King Records. Agradecidos, deciden llamarse The O'Jays, pero los dos años siguientes los pasan estancados sin que sus producciones merezcan el respaldo de la discográfica, de modo que en 1963 firman con el sello Imperial y editan un single, *Lonely Drifter*, un discreto éxito al que siguen una sucesión de baladas entre el gospel y el soul como «Stand Tall», «I'll Never Stop Loving You», «No Time for You» o «Lipstick Traces (On A Cigarette)», historias de amores desafortunados que triunfan entre el público adolescente. En 1967 logran su primer número uno con el tema «I'll Be Sweeter Tomorrow (Than I Was Today)». En 1968, durante una actuación en el Teatro Apollo, son descubiertos por los productores Gamble & Huff, que los fichan para Neptune, donde graban tres álbumes, *Full Of Soul*, *Back On Top* y *The O'Jays In Philadelphia*. Por entonces ya solo quedaba el trío formado por Levert, Williams y Powell, que tras el cierre de Neptune fichan por el sello PIR en 1972, donde su álbum, *Back Stabbers*, se convierte en disco de oro y el siguiente, *Ship Ahoy*, en disco de platino. Además grabaron un disco en directo, *The O'Jays Live in London*, que figura entre los mejores de la historia del soul, y otra serie de discos reseñables como *Survival*, en 1975, *Identify Yourself*, en 1979 o *Close Company*, en 1985. William Powell había sido sustituido a finales de los setenta por Sammy Stain, que a su vez sería reemplazado en los noventa por Gerard Levert, sin que el grupo perdiese nada de su virtuosismo. En 1987 iniciaron una nueva etapa en EMI, donde grabaron su primer elepé, *Serious*, en 1989 y cuatro años después volvieron a la cima de las listas con *Heartbreaker*. Desde entonces han seguido actuando en festivales de todo el mundo, manteniendo la frescura de su soul original. En 2005 fueron incluidos en el Salón de la Fama del Rock.

Omar

El padre del neo soul británico

Omar Christopher Lye-Fook
14 de octubre de 1968
Londres

Considerado uno de los principales creadores del neo soul británico, este músico educado con los clásicos del rock, el soul y el funk, ha merecido el respeto y el respaldo de figuras del soul clásico, como Stevie Wonder y del moderno r&b, como Erikah Badu o Angie Stone. Tuvo una formación musical clásica, estudió piano, batería, bajo y trompeta. Comenzó a finales de  los ochenta grabando singles de versiones de clásicos como el «Mr Postman» de The Marvelettes y «You And Me», popularizado en su día por Penny & The Quarters. En 1990 grabó su primer álbum, *There's Nothing Like This*, con Kongo Records, la discográfica de su padre. El disco fue un éxito de críticas y ventas a pesar de que no era un estilo de moda. En 1992 editó su segundo álbum, *Music*, con menos respaldo comercial pero excelentes críticas. Cuatro años después da el salto a RCA y edita *For Pleasure*, en el que colaboran dos productores históricos de Motown, Latmon Dozier y Leon Ware. En 1997 su álbum *This Is Not a Love Song*, cuenta con la dirección de David Frank, productor de Chaka Khan y Phil Collins. Pero su estilo personal, refractario al marketing, le acaba colocando fuera de RCA y se muda al sello independiente Naïve Records, donde en 2001 edita Best By Far. Tras tres años apartado de primera línea, monta su propia discográfica, Blunt Music, y en 2006 produce un nuevo disco, *Sing (If You Want It)*, en el que colaboran estrellas de la música afroamericana de varias generaciones. Su último disco, *The Man*, grabado en 2013, ha vuelto a incorporar sonidos del soul y el funk clásico.

Johnny Otis

El blanco con alma negra

John Alexander Veliotes
28 de diciembre de 1921 – 17 de enero de 2012
Vallejo, California – Los Ángeles, California.

Johnny nació en el seno de una familia de origen griego pero se sumergió en el ambiente afroamericano hasta el extremo de autoproclamarse negro por elección propia y elegir un apellido más habitual entre su nueva comunidad racial, Otis. Abandonó los estudios, se unió a una banda de blues y a los 18 años se dedicaba de lleno a la música, tocando en orquestas locales como los Harlan Leonard's Rockets o los Lloyd Hunter's Serenades y logrando cierta notoriedad en los clubs de Berkley. En 1945 montó una banda de dieciséis músicos y en 1948 dirigía el Johnny Otis Show, por el que pasaron artistas como Little Esther o Mel Walker. Montó su propio sello discográfico, Dig Records y a principios de los cincuenta descubrió al espectacular saxofonista Big Jay McNeely. En 1951 publicó el primer tema que fusionaba el rhythm & blues con el mambo, «Mambo Boogie». Ese mismo año realizó un descubrimiento fundamental para la música negra cuando era jurado en un concurso de jóvenes talentos y se fijó en una chica de trece años que se llamaba Etta James. Otis produjo su éxito de lanzamiento, «Roll With Me, Henry» y también fue el responsable de la producción del famoso tema de Big Mama Thorton, «Hound Dog». En 1952 compuso «Every Beat Of My Heart», que fue interpretada primero por The Royals y nueve años más tarde por Gladys Knight And The Pips. En 1958 grabó «Willie And The Hand Jive», que se convertiría en la canción más popular interpretada por él mismo. Durante los años sesenta siguió componiendo para músicos como Johnny Guitar Watson o Hank Ballard. En 1994 entró en el Salón de la Fama del Rock, en un merecido reconocimiento a su aportación a la génesis del rhythm & blues, el soul y la música negra en general.

Maceo Parker

El soplido del funk

14 de febrero de 1943
Kinston, Carolina del Norte

Es una pieza clave del funk pero empezó como el gran hombre en la sombra, siempre poniendo su potente saxo al servicio de estrellas como Georges Clinton o James Brown, en cuya banda se dio a conocer. Fue un tío suyo quien le introdujo en la música llevándole a los ensayos de su banda de rhythm & blues, The Blue Notes, en la que acabó tocando el saxo mientras sus hermanos, Melvin y Kellis, optaban por la batería y el trombón. Para aprovechar ese talento su tío montó The Blue Notes Junior. Fue su hermano Melvin el primero en ser descubierto por James Brown cuando tocaba la batería en un club. Melvin le recomendó y un año después ambos estaban tocando en la banda del rey del funk. Maceo creció musicalmente con una profunda devoción por saxofonistas como King Curtis, Hank Crawford o David 'Fathead' Newman, aunque pronto impuso su propio sello, convirtiéndose en una pieza fundamental de la banda de Brown, mientras iba perfilando sus propios proyectos en colaboración con All The King's Men, con quienes en los setenta grabaría dos discos: *Funky Music Machine* y *Doing Their Own Thing*. En 1990 se concentra exclusivamente en sus propios proyectos. Lanzó dos álbumes en solitario: *Roots Revisited*, que pasó diez semanas en la cima de la lista *Billboard* de Jazz y *Roots Mo'*, en 1991. Pero su carrera despegó con su tercer álbum, *Planet Groove*, grabado en directo en 1992, que se convirtió en un disco de culto para los fanáticos del funk. Al año siguiente lanza *Southern Exposure* y en 1994 *Sountrack*, un disco con versiones de clásicos del soul y el funk. En 1998 edita *Funk Olverload*, en el que colabora su hijo, Corey Parker, que introduce el rap en algunos temas. A finales de los noventa, Maceo realiza algunas colaboraciones con músicos como Prince o Dave Matthews. A partir del año 2000 ha grabado tres álbumes de extraordinaria vitalidad como *Dial Maceo* o *School's In* y en 2007 vuelve a brillar magistralmente con *Roots & Grooves*.

Dan Penn

El cerebro en la sombra

Wallace Daniel Pennington
16 de noviembre de 1941
Vernon, Alabama

Aunque a menudo es catalogado dentro de la música country, es una de las piezas fundamentales del desarrollo del soul blanco. Se crió en el profundo sur y en su juventud se instaló en Muscle Shoals, una ciudad con gran proliferación de estudios de grabación dedicados a la música popular negra. Comenzó a cantar en una banda de rhythm & blues, Mark V Combo, y más tarde entró a trabajar en Fame Studios, la compañía de Rich Hall, donde se curtió como compositor y cantante usando nombres como Lonnie Ray, o Danny Lee, hasta que se decidió definitivamente por Dan Penn. En 1960 grabó su primer disco, *Crazy Over You* y escribió su primera canción de éxito, «Is a Bluebird Blue?», para el cantante Conwayt Twitty, lo que le animó a enfocar su carrera hacia la composición. En 1966 se mudó a Memphis y empezó a trabajar como compositor para Press Publishing Company y los estudios Chips Moman, creando clásicos del soul como «The Dark End of the Street», el primer éxito de James Carr, o «Do Right Woman, Do Right Man», en colaboración con Jerry Wexler, para Aretha Franklin. En 1970 crea su propia discográfica, Beautiful Sounds y graba su disco más importante, *Nobody's Fool*, un álbum que contiene las esencias del southern sound. En su curricular como autor figuran temas como «A Woman Left Lonely», para Janis Joplin, «I Hate You», interpretada por Jerry Lee Lewis y Bobby Bland o «Like A Road Leading Home», grabada por Albert King. Vive en Memphis y sigue componiendo para artistas como Irma Thomas, Solomon Burke o Joe Cocker.

Teddy Pendergrass
El gran seductor

Theodore DeReese Pendergrass
26 de marzo de 1950 – 13 de enero de 2010
Philadelphia, Pennsylvania – Bryn Mawr, Pennsylvania

Conocido como «La Gran Esperanza Negra de los Setenta», fue una de las voces y las personalidades más seductoras del soul, en competencia directa con su amigo Marvin Gaye. Su sueño infantil era ser predicador, cosa que estuvo a punto de lograr cuando tenía diez años, pero acabó abandonando la escuela para dedicarse a tocar la batería en bandas como The Cadillacs, donde en 1970 tuvo su primera oportunidad como cantante y la aprovechó. Harold Melvin, el fundador de The Blue Notes, contrató a The Cadillacs como grupo de acompañamiento y un buen día Teddy tuvo que sustituir de urgencia al cantante de la banda, John Adams, que los había abandonado en mitad de una gira. Justo en ese momento The Blue Notes firma un contrato con Philadelphia International Records y durante el siguiente lustro Teddy y su sugerente voz contribuyeron decisivamente al éxito de la banda, que abandonó por su absoluta incompatibilidad con Melvin.

En 1977 lanza su primer disco homónimo en solitario. El primer single, *I Don't Love You Anymore*, sería disco de platino. A partir de ahí grabó dos álbumes que fueron disco de platino, *Life Is A Song Worth Singing*, *Teddy* y *T.P.*, un disco de oro, *It's Time For Love* y otros dos elepés, *This One's For You* y *Heaven Only Knows*, que, sin vender tanto, lograron una enorme popularidad, especialmente entre el público femenino, que llegó a protagonizar peleas durante sus conciertos, algunos de ellos organizados bajo la etiqueta «solo para mujeres». En 1982 sufrió un brutal accidente de tráfico al perder el control de su Rolls-Royce en las afueras de Philadelphia en el que sufrió una lesión medular que lo dejó parapléjico. Tras un largo proceso de rehabilitación, en 1984 regresó a los estudios para grabar *Love Language* y un año después volvió a pisar un escenario en el concierto solidario con Etiopía, Live Aid, en Philadelphia, ante casi cien mil personas y arropado por la plana mayor del pop mundial. En 1988 volvió a lo más alto de las listas con «Joy». Todavía grabó tres álbumes más, ya sin la popularidad de antaño, y en 2006 anunció su retiro oficial. Cuatro años más tarde fallecía tras una vida de éxitos artísticos y superación personal.

Esther Phillips

El precio de la fama prematura

Esther Mae Jones
23 de diciembre de 1935 – 17 de agosto de 1984
Galveston, Texas – Carson, California

Sus padres se separaron siendo muy pequeña y ella se crió entre Houston, donde vivía su padre y Los Ángeles, a donde se marchó su madre. Fue en California donde a los catorce años ganó un concurso de jóvenes talentos en el local de Johnny Otis, el Barrelhouse Club. Su actuación causó tal impresión que el propio Otis encaminó sus pasos hacia Modern Records y la incluyó en sus giras con la California Rhythm & Blues Caravan, actuando como 'Little' Esther. En 1950 grabó con Savoy Records, *Double Crossing Blues*, un primer single de éxito al que seguirían *Cupido Boogie* y *Mistrusting Blues*, un dúo con Mel Walker. A pesar de sus inicios meteóricos, colocando en la lista de *Billboard* canciones como «Deceivin' Blues» o «Wedding Boogie», su carrera entró en una fase de estancamiento al separarse de Johnny Otis y fichar por Federal Records, donde sus discos pasaron desapercibidos. Deambuló por clubs de menor categoría y se hizo adicta a las drogas hasta que el cantante Kenny Rogers la encontró en un club de Houston y le consiguió un contrato en la discográfica de su hermano Leland, Lenox Records. En 1963 regresó con todo su poderío, dejó atrás el apodo de 'Little' Esther y llegó al número uno de las listas con su tema «Release Me». Dos años después fichaba por Atlantic Records para grabar dos álbumes seguidos, *Esther Phillips Sings* y *The Country Side of Esther*. En 1970 repite doble con *Live at Freddie Jett's Pied Pipe* y *Burnin'*, tras los que abandona Atlantic y ficha por Kudu Records. En 1972 vuelve a triunfar con el álbum *From a Whisper to a Scream*, que contiene una canción en la que relata su experiencia con las drogas, *Home Is Where the Hatred Is*, que le proporciona una nominación a un Grammy que la ganadora, Aretha Franklin, afirmó que debería haber obtenido Phillips. Siguió grabando y actuando a lo largo de los años ochenta hasta que su agitada vida le pasó factura y falleció a los cuarenta y ocho años.

Wilson Pickett

Soul crudo y salvaje

18 de marzo de 1941 – 19 de enero de 2006
Prattville, Alabama – Reston, Virginia

Apodado Wicked Pickett (Pickett el malvado), su feroz estilo ha dejado una impronta indeleble en el soul y la historia de la música pop en general. Fue el cuarto de los once hijos de una madre de la que siempre tuvo un amargo recuerdo. Huyendo de sus palizas se escapó a Detroit a vivir con su padre y allí se unió a The Violinaires, un grupo de gospel. En 1959 se pasó definitivamente al lado secular de la música y grabó  con Florence Ballard & The Primettes el tema «Let me be your boy». Un año más tarde sustituyó al cantante Joe Stubbs en The Falcons, donde coescribió y grabó «I Found a Love», un éxito que le permitió emprender su carrera en solitario. En 1962 comienza a grabar con el sello Double L singles como *If You Need Me*, *It's Too Late*, *I'm Down to My Last Heartbreak* o *I'm Gonna Cry*.

En 1965 se marcha a Atlantic Records y graba el álbum *In the Midnight Hour*, el primero de una serie de discos, primero en Atlantic y luego en Stax, que marcaron las líneas maestras del soul: *The Exciting Wilson Pickett*, en 1966, *The Best of Wilson Pickett, The Wicked Pickett, The Sound of Wilson Pickett* o I'm In Love en 1967. Son sus años más fecundos, en los que saca al mercado sus temas más memorables: «634-5789 (Soulville, USA)», «Ninety Nine and a Half (Won't Do)», «Mustang Sally» y «Land of 1.000 Dances», una versión de una canción compuesta por Chris Kenner a la que la banda Cannibal & The Headhunters había añadido su pegadizo estribillo en 1965. En la voz de Pickett el tema llegó al número uno y se convirtió en una de las canciones más famosas de la música pop. La mayoría de estos temas fueron grabados en los estudios Fame, de Muscle Shoals, pero en 1967 comenzó a grabar en los American Studios de Memphis, en colaboración con Bobby Womack, autor de algunos de sus éxitos de finales de la década, como «Jealous Love», «I'm a Midnight Mover» o «I Found a True Love». Luego se perdió en un repertorio plagado de versiones, entre ellas el «Hey Jude» de The Beatles. Tuvo un repunte en 1970 con su álbum *Wilson Pickett In Philadelphia*, grabado en colaboración con Gamble & Huff. y en 1973 fichó por RCA donde grabó un primer elepé destacable, *Mr. Magic Man*, para luego ir perdiendo la mayor parte de la garra que había derrochado en su buenos tiempos. Tras pasar por EMI y Motown, donde se despidió con un soberbio disco, *American Soul Man*, se vio envuelto en varios conflictos con la ley y sobrevivió escribiendo temas para artistas tan dispares como Led Zepelin, Rolling Stones, Bruce Springsteen y Roxy Music. En 1995 entró en el Salón de la Fama del Rock y acabó muriendo a los 64 años en su casa de Reston, Virginia

The Platters

Melodías inoxidables

1953
Los Ángeles, California

El grupo vocal más famoso de la historia comenzó en 1953 como una más de las bandas de doo-wop de Los Ángeles. Se limitaban a cantar versiones de otros artistas y éxitos del momento sin aportar mayor estilo ni personalidad.

El grupo original estaba formado por Alex Hodge, Gaynel Hodge, Joe Jefferson, David Lynch, Herb Reed y Cornell Gunter, que a los pocos meses fue sustituido por Tony Williams. Tras grabar dos singles con Federal Records, que pasaron sin pena ni gloria, se ponen en manos del productor de Chicago, Buck Ram, quien transformó a la banda llevándola hacia un rhythm & blues más elegante e inclinado al pop. Fue Ram quien peleó con Mercury Records para que sus temas no fuesen etiquetados en la categoría de música racial, ampliando así su mercado y, lo que es más importante, abriendo una puerta a la eliminación de dicha etiqueta en los años sesenta, un logro esencial para la difusión del soul.

Desde su primer single, el mítico *Only You*, en el verano de 1955, se convirtieron en el grupo de doo-wop más meloso, romántico y famoso de todos los tiempos. Aunque su impronta musical no haya sido lo profunda que podría indicar su enorme fama, temas como «Smoke gets in your eyes», «My Prayer», «The Great Pretender», «Remember When» o «Harbor Lights» contribuyeron decisivamente a la difusión de la música negra y abrieron el camino a los futuros cantantes de soul, rhythm & blues y rock & roll. La banda original dejó de existir a principios de los sesenta , pero más de cien formaciones distintas han paseado hasta hoy el nombre de The Platters por los escenarios de todo el mundo.

Prince

La genial ambigüedad

Prince Rogers Nelson
7 de junio de 1958
Minneapolis, Minnesota

Los raptos de genialidad calculada, la ambigüedad sexual y los alardes de independencia creativa han sido la marca personal del pionero del Minneapolis Sound, una mezcla de funk, rock, r&b y new wave. Su padre era un músico de jazz que tocaba en una banda llamada Prince Rogers Trio, en la que la cantante era su esposa y de donde sacaron el nombre de su hijo. Aprendió a tocar de oído, imitando sintonías de series de televisión y a los trece años su padre le regaló una guitarra eléctrica que se convirtió en su inseparable compañera. En el instituto montó varias bandas de nombres tan pomposos como Champagne o Grand Central, siempre acompañado por su amigo André Cymone, que asumía las labores de cantante ya que Prince creía que su voz no estaba a la altura. A los diecisiete años presentó sus maquetas a varias discográficas. Una de ellas, Warner Bros., le ofreció un contrato con plena libertad creativa y en 1978 grabó su primer disco, *For You*, en el que lo hizo casi todo él solo. Su pasión por las arriesgadas mezclas musicales hizo que fuese etiquetado como la gran esperanza de la música negra tras su disco *Prince*, en 1979, una esperanza que parecían confirmar los siguientes elepés: *Dirty Mind*, disco de oro en 1980 y *Controversy*, platino en 1981. En 1982 graba el álbum *1999*, cuatro veces disco de platino y dos años después edita *Purple Rain*, la banda sonora de una película diseñada a mayor gloria de Prince, que le convierte en una superestrella. En 1985 abandona Warner, firma con Paisley Park y graba un álbum por año: *Around The World In A Day*, *Parade*, *Sing 'O' The Times*, *Lovesexy* y *Diamonds And Pearls*, todos con un audaz manejo de las raíces del rhythm & blues, el funk y el rock, fundidos con pop electrónico e incluso dosis de heavy metal. En 1992 publica *Love Symbol*, cambia su nombre por un anagrama y en 1994 regresa a Warner con dos discos, *Come* y *The Black Album*. A partir de ese momento transitó cada vez más por los senderos del rock, entendido en su más amplia gama, y el personaje acabó devorando al músico. Para calibrar su importancia en el universo de la creación musical quizá sirvan dos datos: ha vendido cien millones de discos y tiene siete premios Grammy.

R

✪

Lou Rawls

Un gentleman del gueto

Louis Allen Rawls
1 de diciembre de 1933 – 6 de enero de 2006
Chicago, Illinois – Los Ángeles, California

Fue criado por su abuela en el South Side, el gueto negro en el que por aquellos años florecía un nuevo blues urbano que sería la primera influencia de chavales como Sam Cooke, Curtis Mayfield o el propio Lou. Tras pasar por el coro de la iglesia y los inevitables grupos de gospel adolescente, en 1951 sustituyó a Sam Cooke en el grupo Highway QC y después se fue a Los Ángeles para unirse a The Pilgrim Travelers. En 1956 se fue al ejército y al licenciarse regresó con los Pilgrim, pero durante una gira tuvieron un accidente, Rawls estuvo una semana en coma y pasó un tiempo fuera de circulación. En 1962 grabó su primer disco, *Stormy Monday*, con el sello Blue Note y ese mismo año fichó por Capitol Records para lanzar su segundo álbum, *Black and Blue*. Aunque al principio sus temas recordaban su etapa gospel, pronto introdujo letras más próximas al espíritu del blues, con referencias a la situación de los negros en los barrios marginales, siempre con una imagen extremadamente elegante. En 1963 grabó *Tobacco Road*, que entró en la lista del *Billboard* y durante dos años siguió editando discos de rhythm

& blues, hasta que en 1966 logra un disco de oro con *Live!* y da un giro hacia el soul que se materializa en su siguiente álbum, *Soulin'*. En 1997 logra su primer Grammy con el single *Dead In The Street* y en 1971 se marcha a MGM, donde se estrena con el álbum *Natural Man* y obtiene otro Grammy. En 1976 firma con el sello PIR de Philadelphia, donde en cinco años edita nueve álbumes, entre ellos dos inmensas obras que marcan su cénit artístico, *Let Me Be Good to You*, en 1979, y *Shades Of Blue*, en 1981. Fueron los años de su consagración como estrella de la música afroamericana. Obtuvo una estrella en el Paseo de la Fama de Hollywood, cantó en los más importantes eventos nacionales, desde tomas de posesión de presidentes a encuentros deportivos e incluso participó en algún episodio de Barrio Sésamo.

Otis Redding

El mito por antonomasia

Otis Ray Redding Jr.
9 de septiembre de 1941 – 9 de diciembre de 1967
Dawson, Georgia – Madison, Wisconsin

Ídolo musical para las generaciones posteriores, columna vertebral del soul y modelo para millones de afroamericanos, Otis Redding, fue un ejemplo de superación y laboriosidad a lo largo de una creativa y azarosa vida que se truncó en el momento de máximo esplendor. No fue un músico genial ni un cantante arriesgado y rompedor, pero sus temas tocaron la fibra sensible de la comunidad negra y engancharon al público de todo el planeta. Cuando tenía tres años su familia se trasladó a Macon, la localidad natal de Little Richard y Otis se crió en uno de los barrios más duros de la ciudad. Cantó en el coro de la iglesia, aprendió a tocar el piano y la guitarra y colaboró en una radio local. A los quince años abandonó el colegio para hacerse cargo de su familia, realizando todo tipo de trabajos, lo que no le impidió seguir dedicándose a la música en sus escasos ratos libres. A los diecisiete ganó un concurso dominical para jóvenes cantantes durante varias semanas seguidas y comenzó a cantar con bandas locales como The Migthy Panthers o The Upsetters, donde sustituyó a Little Richard cuando abandonó el rock & roll y regresó a la música religiosa. En 1961 se casó con Zelma Atwood, que meses antes había dado a luz a su hijo Dexter. Por esa época comenzó a acompañar esporádicamente en sus actuaciones a The Pinetoppers. En 1962 la fortuna se cruzó en su vida y subió el primer peldaño hacia la fama casi por casualidad. Un día que hizo de chófer para llevar a Johnny Jenkins & The Pinetoppers a una grabación con Stax Records, el mánager de la banda, Phil Walden, decidió aprovechar unos minutos sobrantes del tiempo de estudio que habían pagado. Otis cantó primero «Hey Hey Baby», pero con lo que impresionó a la audiencia fue con «These Arms Of Mine», un tema de su propia cosecha con el que consiguió que la discográfica editase un single para inaugurar el sello filial de Stax, Volt Records. En 1963 el disco vendió más de ochocientas mil copias y convirtió a Otis en una estrella emergente.

En 1964 edita su primer álbum, *Paint My Heart*, que tuvo una modesta acogida y en 1965 sale al mercado *The Great Otis Redding Sings Soul Sound Ballads*, un disco plagado de canciones lentas y suaves que incluía temas como «Mr. Pitiful», «Chained And Bound» o «Come To Me», que acabarían convertidos en estándares del género. Pocos meses después se edita *Otis Blue, Otis Redding Sings Soul*, con canciones tan legendarias como «Respect» y «Ole Man Trouble» y que logra un éxito de ventas que cambia la vida de su autor, que comienza a ascender al nivel de mito. En 1966 graba otros dos discos, *The Soul Album* y *Complete & Unbelievable: The Otis Redding Dictionary Of Soul*, en el que figura la canción estrella de Redding «Try a Little Tenderness». Ese fue el año de su gira por Europa que comenzó de forma triunfal en Inglaterra, donde los Beatles enviaron una limusina a recoger al aeropuerto a Otis y al resto de estrellas de Stax. Su consolidación como ídolo de la música pop se produjo al año siguiente en el Festival de Monterrey, donde fue el único artista negro y donde acabó de meterse al público blanco en el bolsillo. 1967 fue también el año de lanzamiento de King & Queen, el disco a dúo con Carla Thomas, destinado a ser también su último álbum de estudio. El 10 de diciembre la avioneta en la que viajaban Otis y su banda de acompañamiento, The Bar-Keys, se estrelló en el lago Monona, cerca de Madison, Wisconsin. Una fecha trágica que conmocionó a la comunidad negra norteamericana y a los aficionados a la música de todo el mundo.

Little Richard

Espíritu de rock & roll

Richard Waynne Penniman
5 de diciembre de 1932
Macon, Georgia

Hijo de un embrutecido contrabandista de alcohol que lo echó de casa por sus veleidades homosexuales, se refugió bajo los cuidados de su madre con la que acudía a la iglesia a cantar gospel. Con solo trece años comienza a vivir en la calle, cantando en garitos, hasta que es acogido por Ann y Johnny Johnson, una pareja de blancos que regentan un club en el que desarrolla sus habilidades musicales. En 1951, tras ganar un concurso de talentos, graba con RCA unos cuantos singles intrascendentes. Tras cambiar su nombre por el de Little Richard y pasar por media docena de grupos, en 1953 monta su propia banda, The Upsetters y vuelve a grabar sin tener fortuna, algo que sucede al fin en 1955 durante una sesión con Specialty Records, en la que canta una canción, «Tutti Frutti», que, tras el cambio de su obscena letra, se convierte en su primer éxito y le catapulta a la fama. En 1957, en un repentino ataque de arrepentimiento religioso, abandona el rock & roll para estu-

diar teología y hacerse predicador, algo en lo que brilló tan histriónicamente como en su vida musical. Desde entonces ha recorrido un errático camino entre el púlpito y el escenario. Su figura siempre ha sido polémica, pero el rhythm & blues y el rock & roll nunca hubiesen sido los mismos sin «Tutti Frutti», «Long Tall Sally», «Good Golly Miss Molly» o «Rip It Up».

Lionel Richie
Sentimentalismo millonario

Lionel Brockman Richie Jr.
20 de junio de 1949
Tuskegee, Alabama

Creció rodeado por un ambiente cultural, en el campus del Instituto Tuskegee, donde su familia había vivido durante generaciones. Todo anunciaba un futuro académico para el joven Lionel que, tras graduarse en economía, se matriculó en la universidad de Auburn. Pero comenzó a enredarse con grupos de rhythm & blues y en 1968 entró a formar parte de The Commodores, que comenzaron trabajando en Motown como banda de respaldo de The Jackson Five y acabaron convirtiéndose en un popular grupo de soul por méritos propios. Empezaron haciendo música bailable, con discos de sonido funk como *Machine Gun*, en 1974, *Movin' On*, en 1975 o *Commodores*, en 1977. A finales de los setenta Richie escribió un puñado de baladas como «Sail On» o «Lady», una canción para Kenny Rogers con la que ambos consiguieron un rotundo éxito en 1980. Al año siguiente compuso el tema central de la película *Endless Love*, que cantó a dúo con Diana Ross y se convirtió en récord absoluto de ventas. En 1982 debutó en Motown con un disco de título homónimo repleto de baladas soul de corte sentimental, con un sencillo, *All Night Long*, que logró ingresos millonarios después de ser elegido tema estrella de la ceremonia de clausura de las Olimpíadas de Los Ángeles. En 1985 compuso junto a Michael Jackson el famoso tema «We Are The World», destinado a una campaña para ayudar a paliar el hambre en África y que sería grabado por varias estrellas de la música pop bajo la dirección de Quincy Jones. A mediados de los ochenta siguió deslizándose por el tobogán de los temas románticos y las ventas millonarias con el álbum

Dancing on the Ceiling. Tardaría una década en volver a grabar un disco de estudio y su regreso en 1990 con *Louder Than Words* no supuso ninguna novedad, como tampoco lo fueron sus dos siguientes discos, *Time*, en 1997 y *Renaissance*, en 2000, que lejos de suponer el renacimiento anunciado han sido la antesala de una jubilación de oro.

The Righteous Brothers

El soul de ojos azules

1962 - 1970
Orange County, California

Dos chicos blancos con pinta de niños bien y voces que parecían sacadas de lo más profundo del gueto negro fueron los responsables de la creación de un nuevo estilo musical denominado blue-eyed soul. Sus voces de barítono y tenor se complementaban a la perfección para hacer de ellos uno de los dúos más emotivos de todos los tiempos. Bobby Hatfield y Bill Medley se conocieron en 1962 en los estudios Moonglow y formaron The Righteous Brothers. Un año más tarde grabaron dos sencillos, *Little Latin Lupe Lu* y *My Babe*, destinados a engrosar la larga lista de buenos intentos fallidos, si Phil Spector no hubiese decidido apostar por ellos. En 1964 grabaron en Philles Records el single *You've Lost That Lovin Feelin'*, que cambió las líneas maestras de la música pop y fue imitado por los grandes compositores del soul. Luego vinieron sus éxitos inoxidables con baladas como «Unchained Melody», «Ebb Tide», «Justine» o «Just Once In My Life». Tras el álbum *Back To Back*, en 1966 abandonaron a Spector y se fueron al sello Verve para seguir exactamente en la misma línea pop soul con discos como *Go Ahead And Cry, Soul And Inspiration, Souled Out* o *One for the Road*. En 1967 Meddley abandonó y Hatfield intentó continuar con la compañía de Jimmy Walker, con quien grabó algunos discos para el sello Capitol, pero el dúo era irrepetible y tres años después desaparecieron de escena. Aunque Bobby y Bill se reunieron de forma esporádica para cantar en algunos homenajes y en programas de televisión, eran ya parte de la historia. Fueron incluidos en el Salón de la Fama del Rock en marzo de 2003, ocho meses antes de que Bobby Hatfield fuese hallado muerto por una sobredosis de cocaína en un hotel de Kalamazoo, donde estaba previsto que actuase junto a Bill Medley.

Eli 'Paperboy' Reed
Siguiendo las viejas huellas

Eli Husock
14 de julio de 1983
Boston

'Paperboy' Reed se aficionó a la música negra escuchando los discos de su padre y aprendió de forma autodidacta a tocar el piano, la armónica y la guitarra. Empezó tocando en la calle y al acabar la educación secundaria se marchó a la mítica cuna del blues, Clarksdale, en el corazón del Delta del Mississippi, donde logró el respeto de los más viejos del lugar y el apoyo de un miembro tan importante de la comunidad como el batería Sam Carr. Fue en Clarksdale donde le pusieron su apodo 'Paperboy' por su costumbre de llevar una gorra que perteneció a su abuelo y que recuerda a los antiguos repartidores de periódico. Siguiendo la ancestral ruta del blues, se dirigió a Chicago donde logró impresionar a la antigua cantante de soul retirada en la música religiosa Mitty Collier, quien lo contrató para que tocase en su iglesia, cosa que hizo hasta su regreso a Boston. De nuevo en casa montó una banda, The True Loves, con la que en 2005 grabó un disco autoeditado, *Sings 'Walkin' and talkin' (For My Baby)' and Other Smash Hits*, que incluía versiones de grandes clásicos y temas propios. El disco le abrió las puertas de Q Division Records donde edita *Roll with You*, en 2008, con un éxito internacional que le permite dar el salto a Capitol Records y grabar en 2010 el álbum *Come and Get It!*. Siguiendo su peregrinaje discográfico, en 2013 grabó con Record Stores Day el single «WooHoo», que le confirma como la última promesa del rhythm & blues.

Smokey Robinson

La sensibilidad de Motown

William Robinson Jr.
19 de febrero de 1940
Detroit

Un tío suyo le apodó «Smokey» (ahumado), debido a su color, que de niño le podía hacer pasar por blanco. A los quince años montó su primera banda, The Five Chimes, junto a su amigo Ronnie White. Dos años después, en 1957, refundó la banda con el nombre de The Matadors e incorporó a Bobby Rogers, Emerson Rogers, Warren 'Pete' Moore y su amigo White . El grupo se completa con el guitarrista Marvin Tarplin y con Claudette Rogers, que sustituye a su hermano Emerson cuando se va al ejército. Se convierten en The Miracles y un buen día Berry Gordy coincidió con ellos en la oficina del mánager Jackie Wilson y se ofreció a producirles un single, *Got A Job*, grabado en una discográfica de Nueva York, End Records. Pero en los dos años siguientes no sucedió nada. Claudette y Robinson se casaron y cada miembro del grupo se dedicó a lo suyo, hasta que en 1959 Gordy fundó Tamla Records, que pronto rebautizó como Motown. Una de las primeras cosas que hizo fue llamar a Robinson y sus Miracles. Gordy y Robinson establecieron un larga y profunda relación en la que el primero hizo de tutor y productor y el segundo de genio creativo y cantera de éxitos para la discográfica. En 1963 Gordy nombró a Robinson vicepresidente de la empresa.

El primer single de la banda fue *Shop Around*, grabado en 1960, que se colocó en el primer puesto del *Billboard* y fue el primer disco de Motown que vendió un millón de ejemplares. A partir de ese momento The Miracles grabarían decenas de singles de éxito, como *You've Really Got A Hold On Me*, en 1962, *Mickey's Monkey*, en 1963, *Oo Baby Baby y Going To A Go Go*, en 1965 o *I Second That Emotion*, en 1967, pero solo uno llegó otra vez al número uno: *Tears Of A Clown*, en 1970.

En 1965 Claudette dejó la banda después de un accidente en el que perdió al hijo que esperaba de Robinson. Smokey se centró cada vez más en su carrera y en su trabajo ejecutivo en la discográfica. Aunque compuso la mayor parte de los éxitos de la banda, también dedicó sus energías a otros artistas de Motown, como The Marvelletes, The Temptations, Mary Wells o Marvin

Gaye. En 1972 abandonó The Miracles y un año después lanzaba su primer álbum en solitario, *Smokey*, al que siguió *Pure Smokey*. Pero las ventas no funcionaron hasta 1975, cuando «Baby That's Backatcha», un tema extraído del álbum *A Quiet Storm*, se convirtió en número uno. Los siguientes tres años tampoco fueron fructíferos y tuvo que esperar a 1979 para conseguir un éxito reseñable con tres singles, *Get Ready, Pops, We Love You* y *Cruisin*, que se colocaron en los puestos altos del *Billboard*. La fortuna le sonrió esporádicamente en los ochenta con baladas como «Being With You» y «One Heartbeat», pero su tiempo de gloria ya había pasado. En 1990 se despidió de Motown con un álbum de significativo título, *Love Smokey*.

The Ronettes

Las reinas del pop

1959- 1968
Nueva York

Las hermanas Veronica 'Ronnie' y Estelle Bennett y su prima Nedra Talley, comenzaron cantando en fiestas familiares y reuniones de amigos. En 1957 montaron su primer grupo, The Darling Sisters, en el que además cantaban sus primas Diane y Elaine y su primo Ira. Tras una catastrófica primera actuación en el Teatro Apollo, Verónica Estelle y Nedra decidieron tomárselo en serio y pasaron a llamarse Ronnie And The Relatives. En 1961 conocieron a un productor de Coldpix Records, Stu Phillips, con quien grabaron sus dos primeros singles, *I Want a Boy*, en 1961 y *I'm Gonna Quite While I'm Ahead*, en 1962, pero ninguno entró en las listas de éxitos. Un día se presentaron en un concurso del Peppermint Club y en un momento de confusión durante la actuación de Joey Dee And The Starliters, Ronnie cantó una canción de Ray Charles y consiguieron un contrato para cantar en el club. Se cambiaron el nombre por The Ronettes, grabaron dos nuevos singles, cosecharon dos nuevos fracasos y llamaron a Phil Spector, que las contrató entusiasmado, lo que no le impidió adjudicar a otro grupo -The Crystals- los cuatro primeros temas grabados por The Ronettes.

En 1963 grabaron su famosa canción «Be My Baby», que se colocó en el número dos de la lista de *Billboard*. Fue la llave del éxito. En 1964 realizaron una triunfal gira por Inglaterra, donde conocieron a los componentes de The Beatles y The Rolling Stones. A su regreso grabaron dos temas, «Keep on Dancing» y «Girls Can Tell», pero Spector se negó a editarlos aunque lanzó el single «(The Best Part of) Breakin' Up», con una acogida muy floja, similar a la del siguiente, *Do I Love You?*. A pesar de ello su popularidad siguió subiendo gracias a sus constantes apariciones en televisión. A finales de 1964 grabaron el single «Walking in the Rain» y su primer álbum *Presenting the Fabulous Ronettes Featuring Veronica*, que significó la ascensión de Veronica en detrimento de sus compañeras. Mientras la relación personal entre Veronica y Spector se consolidaba, este empezó a dejar al grupo en un segundo plano por miedo a que le abandonasen y las mejores canciones fueron para sus competidoras: The Supremes y The Shangri- Las. Pese a todo, canciones como «Is This What I Get For Loving You?» o «I Can Hear Music» les permitieron la popularidad suficiente para ser invitadas a la gira de The Beatles, aunque Veronica fue sustituida por su prima Elaine por expreso deseo de Spector. Fue el final del grupo. En 1968 Veronica Bennett se casó con Phil Spector y se divorciaron en 1973, cuando comenzó su carera como solista. The Ronettes entraron en el Salón de la Fama del Rock en 2007, después de varios años de oposición por parte de Spector.

Diana Ross

La favorita del sultán

Diana Ernestine Earle Ross
26 de marzo de 1944
Detroit, Michigan

La estrella de Motown que plantó cara a la popularidad de los mismísimos Beatles logró sobrevivir a su propio éxito y consolidar una carrera como cantante, actriz y productora que la ha convertido en uno de los referentes

de la música negra. Su carrera comenzó en The Supremes, el grupo estrella
femenino de Motown, cuyo director,
Berry Gordon, pensó desde el principio en promocionar en solitario a
Diana, pero lo dejó correr dada su importancia al frente del grupo. En 1968
empezó a actuar en solitario en televisión y al año siguiente, por decisión de
Gordy, comenzó a grabar sus propios
temas al tiempo que el amo de Mo-
town la promocionaba como la descubridora de The Jackson Five. A finales
de 1979 su primera canción como solista «Someday We'll Be Together»,
llegó al número uno del *Billboard*. Su última actuación con The Supremes
tuvo lugar a principios de 1970 y pocos meses después salía al mercado su
primer álbum de título homónimo que incluía el tema «Ain't No Mountain High Enough», que fue número uno. Ese mismo año salió su segundo
elepé, *Everything Is Everything*, que no llegó al nivel del anterior, algo que
sí sucedería con el tercero, *Surrender*, que además se complementó con la
multitudinaria audiencia de su primer especial televisivo en 1971. En 1973
grabó su tercer álbum, *Touch Me In The Morning*, con un sencillo del mismo
título que logró un nuevo número uno y ese año también salió al mercado
su disco de dúos con Marvin Gaye, *Diana & Marvin*. Los triunfos y las giras
se mantuvieron en 1974 con el disco *Last Time I Saw Him*, mientras se aden-
traba en el mundo del cine con la película *Mahogany*. También comenzaron
los enfrentamientos con el sultán del soul, Berry Gordy.

En 1976 repite el título de su primer disco en un álbum que contiene un
tema, «Love Hangover», que se convierte en un éxito discotequero. Tras
un par de años con unos discos mediocres, *Babe Isn't Me* y *Diana*, en 1979
consigue su primer disco de oro con *The Boss*, aunque la relación con Gordy
pasa por sus peores momentos. Diana descubre que, a pesar de haber hecho ganar millones de dólares a Motown, sus ingresos son muy reducidos y
negocia con RCA un contrato que en 1981 la convierte en la artista mejor
pagada del momento. El primer álbum con su nueva discográfica, *Why Do
Fools Fall In Love*, vende más de un millón de discos, un éxito que repite en
1982 con *Silk Electric* y que inaugura una tendencia más inclinada hacia el
pop que se confirma en sus siguientes discos, *Ross*, en 1983, *Swept Away*,
en 1984 y *Eaten Alive*, en 1985. Dos años después graba *Red Hot Rhythm &*

Blues y regresa a Motown, pero ya nada es como antes. Sus siguientes discos acumulan fracasos, aunque su recopilatorio de 1994, *One Woman*, sea un éxito de ventas en Europa. A partir de ese momento su carrera pasa a ocupar el lugar que corresponde a las viejas glorias y a acumular reconocimientos. Su legado ha sido reconocido por músicos afroamericanos de todas las generaciones. En 2012 recibió un Grammy como homenaje a toda su carrera.

S

Sam & Dave

El dúo explosivo

1966 – 1981
Miami, Florida

Juntos contribuyeron a sentar las bases del soul, un género musical al que bautizaron con una de sus canciones. Samuel David Moore nació en 1935 en Miami, Florida, y David Prater menos de dos años después en Ocilla, Georgia. Ambos comenzaron cantando en grupos de gospel y acabaron conociéndose una noche de 1958 cuando Dave subió al escenario para interpretar un tema con un joven Sam que actuaba en el King Of Hearts Club de Miami. Su primer tema juntos fue «I Need Love», una canción que grabaron en 1962 con el sello Marlin, cuyo dueño, Henry Stone, les consiguió un contrato con la discográfica neoyorquina Roulette, donde lo intentaron durante dos años con singles como «She's All Right, If Shell Still Have Me» o «I'll Never Never». Fue Stone quien les presentó al productor de Atlantic Records, Jerry Wexler, que en 1965 se los lleva a Memphis para que se pongan a las órdenes del equipo creativo de los recién creados Stax Records, donde debutaron con los singles «A Place Nobody Can Find» y «I Take What I Want», sin resultados llamativos hasta que el tercero, «You Don't Know Like I Know», se coló entre los primeros puestos de la lista de

rhythm & blues. En 1966 editaron su primer álbum, *Hold On, I'm Comin'* y
comienzan sus años de gloria con tres elepés, *Double Dynamite*, en 1966, *Soul
Men*, en 1967 y *I Thank You*, en 1968. Además grabaron una serie de singles
de éxito fulminante como «When Something Is Wrong With Me Baby»,
«Shoot Me» y «Soul Man», con el que consiguieron un Grammy en 1967
y que fue decisivo para bautizar al nuevo género musical. La canción se ins-
pira en los disturbios raciales de 1967, en los que el termino «soul» escrito
en la puerta significaba que allí vivía un afroamericano. Por entonces Sam &
Dave se habían convertido en unas estrellas internacionales con un directo
tan potente que les valió el apelativo de «El dúo dinamita». En toda esta
primera etapa fue decisiva su relación con Isaac Hayes y David Porter, que
escribieron algunos de los temas bandera de esta época dorada del soul. Sus
siguientes singles, grabados a lo largo de 1969 y 1970, fueron «You Don't
Know What You Mean to Me», «Soul Sister Brown Sugar», «Baby Baby
Don't Stop Now» o «One Part Love, Two Parts Pain», obtuvieron discretos resultados. A principios de los setenta Stax entra en crisis, lo que unido
al declive de Sam, con una creciente adicción a las drogas, minó la relación
artística y personal del dúo. En 1975 grabaron su último álbum juntos, *Back
At Cha*, con United Artist, que logró poco más que buenas críticas. Su última actuación juntos tuvo lugar en la Nochevieja de 1981. Tras una serie de
separaciones y reencuentros, una década después Sam logra desengancharse
y comienza una batalla legal con su antiguo socio, que había reconducido su

carrera con un nuevo compañero, Sam Daniels, con quien estiró las rentas de la antigua fama hasta finales de los ochenta.

Jill Scott

Poetisa del neo soul

4 de abril de 1972
Philadelphia, Pennsylvania

Cantante, compositora, poeta y actriz, es una de las voces más relevantes del neo soul. Comenzó su carrera artística en los *spoken word*, un espectáculo que fusiona la poesía con la música y la danza, donde fue descubierta por Amir 'Questlove' Thompson, fundador de la banda de neo soul y hip-hop The Roots, quien la invitó a colaborar como autora de canciones como «You Got Me», por la que el grupo recibió un Grammy en el año 2000. Ese mismo año Jill Scott graba su primer álbum con el sello Hidden Beach, *Who Is Jill Scott? Words And Songs, Vol. 1*, que incluía un tema, «A Long Walk», que le supuso una nominación a los Grammy que supuso un respaldo al estilo poético de la cantante, que al año siguiente graba un disco en directo *Experience: Jill Scott 826+*, con un importante éxito. En 2004 lanza su tercer disco, *Beautifully Human: Words And Sounds, Vol. 2*, del que se extrae un single, «Cross My Mind», con el que obtiene su primer Grammy, un premio que vuelve a conseguir en 2007 por un sencillo grabado en colaboración con dos leyendas de la música negra, George Benson y Al Jarreau, «God Bless The Child», que además era una canción de Billie Holliday. También en 2007 graba su cuarto álbum, *The Real Thing: Words And Song, Vol. 3*, y un año más tarde graba su segundo disco en directo, *Live In Paris*. En 2010 Scott entra en un litigio judicial con su discográfica y acaba marchándose a la Warner para registrar el que por el momento es su último disco, *The Light Of The Sun*.

The Shirelles

Una leyenda femenina

1958 – 1982
Passaic, New Jersey

Lo que comenzó como un entretenimiento de cuatro adolescentes, Shirley Owens, Addie Harris, Beverly Lee y Doris Coley, acabó en una de las más brillantes carreras musicales y las cuatro amigas de Passaic marcarían la senda que luego recorrerían los grupos femeninos del rock. Hasta su primer nombre, The Poquellos, suena poco serio, como no eran serias sus intenciones cuando comenzaron a cantar en concursos escolares. Fue una compañera de clase, Mary Jane Greenberg, quien las convenció para hacer una audición con su madre, Florence Greenberg, una mujer adelantada a su tiempo que había montado un par de discográficas independientes. Florence las contrató para su sello Tiara a condición de que cambiaran de nombre. Las chicas optan por The Shirelles y en 1957 graban un sencillo con dos temas que pasarían a la historia: «I Met Him On A Sunday» y «I Want You To Be My Boyfriend». En 1959 Florence Greenberg monta un nuevo sello, Scepter Records y contrata al compositor Luther Dixon, que había trabajado con artistas de la talla de Nat 'King' Cole y Perry Como. Bajo su dirección grabaron un primer sencillo, «Dedicate To The One I love», que no cuajó. Dixon siguió puliendo su estilo con un mestizaje entre el gospel, el blues y el pop, que produjo temas como «Tonight's The Night», que aguantó varios meses en las listas de éxitos. Su momento de gloria llegó cuando en 1960 Dixon decidió contar con la joven compositora Carole King, autora de un tema, «Will You Love Me Tomorrow», que las catapultó a la fama. Era la primera vez que un grupo de afroamericanas lograba un número uno y muchas jóvenes comenzaron a imitarlas.

Desde ese momento los triunfos se suceden en cadena. En 1961 lanzan *Mama Said* y *Baby It's You*, que se colocan también en lo más alto de las listas. En 1962 el single «Soldier Boy» vende más de un millón de copias y comienzan las giras con grandes estrellas como Ray Charles o King Curtis. En 1963 graban *Every Body Loves A Lover*, un disco que marca el punto cumbre de su carrera. Ese año Luther Dixon abandona Specter Records, que se ha convertido en un gigante con artistas como The Isley Brothers o

Maxine Brown y su negocio ya no depende de las chicas de Passaic. Cuatro años después, como un involuntario guiño de despedida, graban el disco *Last Minute Miracle*. En 1968 Doris se retira, se convierten en trío y a pesar de algún disco destacable como *Happy And In Love*, en 1972, nada vuelve a ser igual. La muerte de Micki Harris en 1982 supuso el fin efectivo de la banda, aunque algunos de sus miembros han seguido usando el nombre en actuaciones eventuales.

Joe Simon
La promesa incumplida

2 de septiembre de 1943
Simmesport, Louisiana

Durante el funeral de Otis Redding el encargado de la canción de despedida fue un joven llamado Joe Simon, al que la flor y nata de la música negra señaló en aquel momento como el más firme candidato a suceder a Otis en el pódium del soul. Pero el destino quiso que la profecía no se cumpliera y que la eficaz voz de aquel joven se perdiese entre las brumas del soul más exquisito y menos comercial. Simon comenzó cantando en un grupo de gospel, The Goldentones y en 1964 grabó por su cuenta un par de discos de modesto éxito con el sello Vee-Jay, que cerró al año siguiente dejando a Simon en la calle. En 1966 el *disc jockey* John Richbourg le introdujo en Monument Records para grabar un single, «Teenager's Prayer», que se colocó en el puesto número once del *Billboard*. En los tres años siguientes siguió grabando canciones de éxito como «Your Love, (You Keep Me) Hangin' On», «No Sad Songs» o «The Chokin' Kind», un tema con el que en 1969 se aupó a lo más alto de las listas de rhythm & blues. En 1970 ficha por el sello neoyorquino Spring y lanza al mercado el álbum *The Sounds Of Simon* en 1971. Al año siguiente consigue un número uno con el single «Power Of Love» y la discográfica lo envía a Philadelphia para que grabe con los productores Gamble y Huff , *Drowning In The Sea In Love*, que se convirtió en disco de oro y en el que quedó definido su estilo definitivo, un country soul con marcado acento personal. En 1973 participa en la banda sonora de la película *Cleopatra Jones*, uno de los films pioneros del blaxpotation y logra adaptarse a la llegada de la música disco con *Get Down, Get Down (Get On The Floor)*, un disco grabado en 1975, tras el que se retiró para dedicarse a la música religiosa.

Nina Simone

La sacerdotisa del soul

Eunice Kathleen Wayman
21 de febrero de 1933 - 21 de abril de 2003
Tryon, Carolina del Norte – Bouches du Rhòne, Francia

Es una de las estrellas más brillantes en el firmamento de la música negra en su más amplio abanico de estilos y una de las artistas más radicales en su activismo político y social. Se ganó con creces el título de High Priestess of Soul (La sacerdotisa del soul), con el que fue conocida. Su referente artístico fue la histórica cantante Marian Anderson, un icono de la causa afroamericana y adoptó su nombre como homenaje a la actriz francesa Simone Signoret, a la que admiraba desde que la había descubierto en la película *Casque d'Or*. Hija de un predicador, intentó dedicarse al piano clásico pero tras ser rechazada en una audición para obtener una beca al Curtis Institute de Philadelphia, se dedicó a tocar en clubs mientras alimentaba un sentimiento de rechazo a la segregación racial, a la que culpaba de su eliminación en la prueba. Se trasladó a Nueva York y comenzó a transitar por los senderos del jazz. En 1958 debuta con el disco *Little Girl Blue*, en Bethlehem Records, donde se quedaron con sus derechos de autor, lo que llevó a Simone a la primera de su larga carrera de decepciones y enfrentamientos con la industria discográfica. En 1959 firma con Colpix Records y comienza a grabar discos más inclinados hacia el rhythm & blues como *Nina Simone At Newport* y *Forbidden Fruit*, en 1960, *Broadway Blues Ballads*, en 1964, *I Put A Spell On you*, en 1965. En 1966 edita, *Wild Is*

The Wind y *High Priestess Of Soul*, su último álbum con el sello Philips antes de fichar con RCA en 1967. A partir de ese momento, y como anunciaba su disco anterior, su repertorio gira hacia el soul y el pop, con discos como *Silk & Soul*, *Nuff Said!*, *To Love Somebody* o *Here Comes The Sun*, grabados en su época más comercial que, curiosamente, también es la de su más activa militancia política, que produce discos como *Black Gold*, grabado en 1969.

Su compromiso con la causa de los derechos civiles se tiñó a menudo de una radicalidad propia de su arrebatado carácter. En 1969, tras el asesinato de Martin Luther King, abandonó los Estados Unidos como señal de repulsa por segregación racial y después de una serie de problemas por haberse negado a pagar sus impuestos como protesta por la Guerra de Vietnam. Volvió ocho años después, pero seguía en busca y captura, así que regresó a su autoexilio en Barbados, punto de partida de un eterno periplo que la llevó a Inglaterra, Liberia, Holanda y Francia, donde finalmente falleció el 21 de abril de 2003. En 1998 fue la principal artista invitada en el cumpleaños de Nelson Mandela.

Percy Sledge

El rey de la balada sentimental

25 de noviembre de 1940
Leighton, Alabama

Durante sus primeros años compatibilizó la música con diversos trabajos como granjero o enfermero en el Colbert Country Hospital de su localidad natal. A principios de los años sesenta realizó varias giras modestas con grupos como Esquires Combo o The Singing Clouds. Quiso el azar que uno de los pacientes del hospital donde trabajaba fuese el productor discográfico Quin Ivy, que le llevó a Muscle Shoals, donde grabó para Atlantic Records la mítica canción «When A Man Loves a Woman» que se convertiría en el primer número uno salido de los históricos estudios de Alabama. El tema estaba basado en una experiencia personal tras el abandono de una novia y fue el detonante de una carrera plagada de baladas arrebatadoramente sentimentales: «A Ward And Tender Love», grabada también en 1966, «Love Me Tender», «Baby Help Me» y «Cover Me», en 1967 y «Take Time To Know Her» y «Sudden Stop», en 1968. Durante los años setenta se dedicó a rentabilizar su éxito y pasear su estremecedora voz por los escenarios de todo el planeta, mientras su figura iba desdibujándose a medida que otras modas musicales se iban imponiendo. En 1987 volvió a recuperar un lugar destacado en la escena musical y lo hizo justo donde había comenzado, en Muscle Shoals, donde grabó el album *Wanted Again*, un disco de country soul que le dio una efímera notoriedad que rescataría en 1994 gracias a su colaboración con dos históricos como Steve Crooper y Bobby Womack, y que le proporcionó un postrero éxito con *Blue Night*, un álbum en el que se zambullía una vez más en los abismos sentimentales y románticos.

Sly & The Family Stone

Rompiendo moldes

1966
San Francisco

La importancia de esta banda en el nacimiento del funk es equiparable a la de un joven James Brown. El grupo nació en San Francisco en 1966, fruto de la integración de las dos bandas de los hermanos Stone: Sly & The Stones, liderada por Sylvester 'Sly', y Freddie & The Stone Souls, abanderada por su hermano Frederick. Los hermanos Stone nacieron en Texas pero su familia se trasladó a California y crecieron en el

barrio marginal de Vallejo, donde montaron un grupo juvenil con sus hermanas Loretta y Rose, The Stewart Four, que llegaron a grabar un disco, *On the Battlefield for my Lord*. Sly se sumergió en la bulliciosa escena musical californiana de principios de los setenta, y se hizo productor de grupos de rock, hasta que montó Sly & The Family Stone. Debutaron en el sello Epic en 1967 con el álbum *A Whole New Thing*, que cosechó buenas críticas y modestas ventas. Un año después su single «Dance To The Music», sube al octavo puesto del *Billboard* y el álbum homónimo les consolida como una banda prometedora del inminente funk. Tras un disco grabado a principios de 1968 con escasa repercusión, *Life*, editan un nuevo álbum, *Stand!*, que se convierte en un superventas y les lleva en agosto de 1969 a formar parte del cartel del primer festival de Woodstock. Pero el éxito estuvo empañado por la polémica generada por su acercamiento al público del rock y por el caracter multirracial de la formación. Mientras algunos reclamaban el retorno a las raíces afroamericanas, grupos como los Black Panthers exigían la salida de la banda de los dos músicos blancos. Por si fuera poco, comenzaron los problemas de Sly con las drogas y las divergencias entre los músicos. En 1971 su elepé *There's A Riot Goin' On*, les coloca de nuevo entre los más populares, pero los siguientes, *Fresh*, en 1973 y *Small Talk*, en 1974, no reciben suficiente respaldo comercial y en 1975 la banda se disuelve. Además de participar en la transición del soul tradicional hacia estilos como el funk o la música disco, fueron pioneros en la creación musical colectiva, abriendo camino a futuras formaciones como Funkadelic. En 1992 fueron incluidos en el Salón de la Fama del Rock.

The Spinners

Los obreros del soul

1954
Ferndale, Michigan

La banda nació en una pequeña ciudad donde vivían trabajadores de la industria del automovil de Detroit, en la que cinco amigos montaron un grupo vocal, The Domingoes. Los amigos en cuestión eran Billy Henderson, Pervis Jackson, Henry Fambrough, C.P. Spencer y James Edwards, que abandonó a los pocos meses para ser sustituido por Bobby Smith. Debutaron en 1961 en Tri-Phi Records, el sello de Harvey Fuqua, con un single de éxito, «That's What Girls Are Made For», pero sus siguientes sencillos ni siquiera entraron en las listas de rhythm & blues. En 1963 Tri-Phi Records y sus músicos son absorbidos por Motown y un año después The Spinners realizan una actuación memorable en el Teatro Apollo, lo que auguraba una éxitosa carrera. Pero las cosas no iban a ser tan fáciles. En 1965 logran colocarse en el puesto trigesimo quinto del *Billboard* con el single, «I'll Always Love You», pero el resto de sus discos grabados entre 1963 y 1969 se volvieron a quedar fuera y sobrevivieron como grupo de acompañamiento para otros artistas de la discográfica de Berry Gordy, donde trabajaron incluso como conductores. En 1970 logran por fin la recompensa tras años de trabajo con «It's A Shame», un tema compuesto por Stevie Wonder, incluido en el álbum *Second Time Around*, editado por la filial de Motown, VIP. El disco llama la atención de Aretha Franklin, quien  sugiere a su discográfica, Atlantic Records, que los contrate. Allí logran por fin demostrar sus posibilidades y en 1973 graban un álbum, *The Spinners*, que se convierte en disco de oro. Su siguiente elepé, *Mighty Love*, editado en 1974, repite el oro en ventas y ese año llegan al número uno del *Billboard* con «Then Came You», un single grabado en colaboración con Dionne Warwick. Sus siguientes tres álbumes, *New And Improved*, en 1974, *Pick Of The Litter*, en 1975 y *Happiness Is Being With The Spinners*, en 1976, se convierten también en discos de oro y disparan la popularidad del grupo. Pero a partir de ese momento comienzan a resentirse de los continuos cambios en la formación y a descender en las listas de éxitos. En 1989 grabaron su último disco en estudio, *Down to Business* y desde entonces han seguido realizando galas cada vez menos concurridas, abanderados por el último miembro de la formación original, Henry Fambrough.

Dusty Springfield

La pionera británica

Mary Isabel Catherine Bernadette O'Brien
16 de abril de 1939 – 2 de marzo de 1999
Hampstead, Londres – Ealing, Londres

Comenzó en 1959 en un grupo vocal femenino llamado The Lana Sisters, tras el que creó con su hermano Dion y Tim Field, The Springfields, un grupo de folk del que los dos hermanos sacaron sus nombres artísticos,

Dion y Dusty Springfield. A principios de los sesenta obtuvieron un éxito considerable tanto en Inglaterra como en Estados Unidos, donde temas como «Island of Dreams» y «Bambino» lograron entrar en las listas de éxitos. En 1963 Dusty inicia su carrera en solitario en la discográfica Phillip Records con un single, «Only Want To Be With You», netamente inspirado en sus ídolos, los grupos femeninos de Motown como The Supremes o Martha & The Vandellas. La canción se convirtió en un éxito y ella en la chica más imitada por las jóvenes británicas del momento. En 1964 publica su primer álbum, *A Girl Called Dusty*, del que se extraen los singles, «I Just Don't Know How to do with Myself» y «All Cried Out», que se convierten en éxitos inmediatos. Mantuvo su notoriedad durante los años sesenta, con discos como *You Don't Have to Say You Love Me*, en 1966, que se mantuvo durante trece semanas seguidas en el número uno en el Reino Unido, *The Look of Love*, en 1967 o *I Close My Eyes And Count To Ten*, en 1968. Pero su mayor éxito lo logró en 1969 con «Son Of A Preacher Man», un tema de su álbum *Dusty In Memphis*, que la hizo internacionalmente conocida y por el que siempre será recordada. A finales de los sesenta intentó adaptarse, sin éxito, a las nuevas modas del rock psicodélico. A pesar de que sus últimos discos fueron bien recibidos por la crítica, el público le dio la espalda y acabó retirándose a vivir a los Estados Unidos.

Mavis Staples y The Staples Singers

El cordón umbilical del rhythm & blues

1952
Chicago, Illinois

Si hay una familia que encarne la evolución de la música afroamericana, desde el blues originario a los sonidos pop, son los Staples. Roebuck 'Pops' Staples nació en el Delta del Mississippi en 1915 y fue compañero de correrías de Charley Patton, uno de los grandes pioneros del blues. 'Pops' eligió el gospel y como muchos jóvenes de su generación, emigró a Chicago, donde en 1952 montó su propia banda familiar con su hijo Pervis y sus hijas Cleothe, Mavis e Yvonne. En 1954 grabaron su pimer single, «Won't You

Sit Down», con United Artist, al que siguieron varias decenas más con sellos
como Vee-Jay, Riverside y Checker. Se sumaron a la oleada de recuperación
del folk blues de principios de los sesenta, hasta que en 1966 graban para
el sello Epic, «Why (Am I Treated So Bad)», una canción que se convierte en un hinmo de la lucha por los derechos civiles y les proporciona una
enorme popularidad. En 1968, con la comunidad afroamericana de luto por
el asesinato de Martin Luther King, un gran amigo de 'Pops', The Staples
Singers entran en Stax Records y dan un giro a su carrera para adentrarse
en los caminos del soul. Sus dos primeros discos, *Staple Singers* y *Pray On*,
mantienen un equilibrio entre el gospel, el rhythm & blues y el soul, pero es
en el tercero, *Soul Folk In Action*, donde la voz de Mavis al frente del grupo
imprime su carácter definitivo a la banda, que mantiene su compromiso
racial con temas muy populares como «Slow Train».

   En 1969 Mavis graba su primer álbum homónimo en solitario, mientras
el grupo familiar comienza a grabar en los estudios de Muscle Shoals, donde
su soul se vuelve más potente y se dejan influir por el funk. En 1972 editan
Be Altitude: Respect Yourself, un álbum que se coloca en el número dos de
las listas, éxito que repiten al año siguiente con *Be What You Are*. Todavía
grabarán dos álbumes con Stax, *Use What You Got* y *City In The Sky*, antes de
que la discográfica quiebre y firmen con el sello Curtom, donde se estrenan
en 1975 con el disco *Let's Do It Again*, que se convierte en un nuevo número
uno antes de que su popularidad descienda hasta convertirse en una gloria
del pasado. Mavis Staples logra mantener la carrera en solitario que había
comenzado en 1970 con el álbum A *Piece Of The Action*, producido por Cur-

tis Mayfield. En 1989 regresa por la puerta grande con un disco producido por Prince, *Time Waits For No One* y consolida su trayectoria con *The Voice*, elegido uno de los diez mejores discos de 1993. En 2004 inició una tercera etapa con el álbum *Have a Little Faith*, en el que recuperó esencias gospel. En 2011 obtuvo su primer Grammy.

Candi Staton
Una historia de amor

Canzetta Staton
13 de marzo de 1940
Hanceville, Alabama

Conocida como la «Primera Dama del Southern Soul», Candi Staton comenzó a cantar gospel siendo una niña y en 1953 se incorporó al Jewell Gospel Trio. Entró en la música sacra por casualidad una noche de 1968 en la que su hermano la invitó a subir al escenario del Club 27-28 de Birmingham, Alabama, e interpretó la canción de Aretha Franklin «Do Right Woman, Do Right Man», cautivando al propietario de la sala, que la contrató para trabajar en el club, donde el cantante ciego Clarence Carter se enamoró de ella . Tras un breve matrimonio, Carter la apadrinó para que entrase en los estudios Fame, de Muscle Sholas, cuyo propietario, Rick Hall, la convirtió en su estrella femenina favorita. Debutó en 1969 con el disco *I'm just A Prisioner*, que se convirtió en un éxito gracias a la tórrida interpretación de las canciones de amor que hacía Candi y que se plasmaron en singles de una popularidad arrolladora como «I'd Rather Be An Old Man's Sweetheart (Than a Young Man's Fool)», en 1969, «Stand By Your Man», en 1970, «He Called Me Baby», en 1971, e «In The Ghetto», en 1972. Tras dos álbumes más, *Stand By Your Man* y *Candi Staton*, Staton se libera de la tutela de Carter y Hall y decide volar por su cuenta en la discográfica Warner. En 1974 graba el álbum *Candi*, al que seguirá dos años después *Young Hearts Run Free*, el mayor éxito de su carrera, en el que se adapta a los gustos de la época con un sonido disco soul con el que en 1977 grabará el single «Nights On Broadway», un tema de Bee Gees que la catapulta a una efímera fama que abandona a principios de los ochenta para regresar al gospel del que había salido y donde sigue militando desde entonces, con algunas incursiones esporádicas en la música pop.

Angie Stone

Las raíces del neo soul

18 de diciembre de 1961
Columbia, Carolina del Sur

Su padre era cantante de gospel y se encargó de su educación musical, que comenzó al estilo clásico, cantando en el coro de la iglesia. A los dieciocho años montó un grupo vocal femenino -en este caso de rap- The Sequence, que en 1979 realizó una grabación con el sello Sugarhill, donde lograron algunos éxitos modestos con temas como «I Don't Need Your Love» o «Funk You Up», una versión del grupo The Parliament. A mediados de los ochenta cantó con el grupo de electro funk Mantronix, participó en un disco de Lennie Kravitz y formó un nuevo trío, Vertical Hold, que se dio a conocer con el single «Seems You're Much Too Busy», en el verano de 1993, y dos álbumes, *A Matter of Time* y *Head First*, en 1995, que le sirvieron de trampolín para emprender su carrera en solitario. En 1999, firmó con Arista y grabó su álbum de debut, *Black Diamond*, tras el que editó *Mahogany Soul* en 2001, que se convirtió en disco de oro. En 2004 creó su disco más exitoso, *Stone Love*, con el que dio un giro a su carrera y, después de más de una década en la *urban music*, se consolidó como una de las grandes promesas del neo soul. En 2007 ficha por los renacidos Stax Records para grabar su cuarto álbum, *The Art of Love & War* y dos años después lanza al mercado *Unexpected*, en los que recupera la esencial soul sin renunciar a los nuevos sonidos urbanos. En 2012 vuelve a cambiar de discográfica y edita *Rich Girl*. En paralelo ha desarrollado una importante carrera como actriz de cine y ha protagonizado varios musicales en Broadway.

Donna Summer

La reina de la pista

LaDonna Adrian Gaines
31 de diciembre de 1949 – 12 de mayo de 2012
Boston, Massachusetts – Naples, Florida

A los diez años debutó en la iglesia con una actuación que emocionó a todos los presentes, tal y como contaba ella misma. Siendo una adolescente se marchó a Nueva York y comenzó a cantar en una banda de rock, intentó sin éxito cantar en el musical *Hair*, se marchó a Alemania y acabó recalando en la Ópera Popular de Viena. Tras pasar por Family Tree, un grupo multirracial de variopinto repertorio, en 1968 grabó su primer single, *Aquarius*, una versión en alemán de *Hair*. En 1974, con los productores Giorgio Moroder y Pete Bellote, graba para Groovy Records su primer álbum, *Lady of The Night*, que se convierte en un éxito en las discotecas de toda Europa. En 1975 graba una canción, «Love To Love You Baby», que incluye jadeos imitando el orgasmo, un detalle que le da enorme popularidad y una buena cantidad de problemas al ser rechazada por muchas emisoras de radio europeas, hasta que el dueño de Casablanca Records, un sello de Los Ángeles, decide ampliar su duración hasta los diecisiete minutos y lanzarla como producto llenapistas. Acababa de nacer el maxisingle. En 1977 Donna vuelve a convertirse en la reina de las pistas de baile con *I Remember Yesterday*, un álbum con temas de carácter amoroso e insinuación sexual. A pesar de que en su vida privada era más bien conservadora, Donna se convierte en el icono de la desenfrenada vida nocturna de finales de los años setenta, destronando a la hasta entonces reina de las discotecas, Gloria Gaynor. En 1978 su canción «McArthur Park», se convierte en disco de platino. El momento cumbre llega con «Last Dance», el tema central de la película *Thanks God It's Friday*, con el que consigue su primer Grammy. En 1979 logra el segundo con el tema «Hot Stuff», incluido en el álbum Bad Girls. En 1980 cambia de estilo, rompe con Casablanca Records, ficha con Geffen Records y graba *The Wanderer*, una mezcla de rock y new age que logra un éxito millonario, tras el que vendrá la ruptura con Giorgo Moroder, su colaboración con Quincy Jones y el inicio de la etapa final de su popularidad, en una época de desencuentros con las discográficas y álbumes de estilo indefinido e irregular éxito comercial.

The Supremes
Las reinas de Motown

1959 – 1977
Detroit, Michigan

Fueron las chicas favoritas de Motown y compitieron cara a cara con The Beatles, The Rolling Stones y otros mitos de la era pop, de la que ellas se convirtieron en la imagen elegante y triunfadora. Originalmente eran un cuarteto y se llamaban The Primettes, la versión femenina de The Primes, la banda que acabaría convertida en The Temptations. Con esta formación inicial, Florence Ballard, Mary Willson, Diana Ross y Barbara Martin solo grabaron un single con el sello Lupine en 1960. Cuando en 1961 firmaron con Motown, cambiaron de nombre a The Supremes y Barbara Martin abandonó la formación, convirtiéndose en un trío en el que desde el principio hubo dos personalidades encontradas, las de Ross y Ballard, compitiendo por ser la voz principal. Debutaron con el single «I Want A Guy», con Diana a la voz principal y siguieron con «Buttered Popcorn», con Florence al frente, pero ninguno funcionó. A finales de 1963 llegó su primer éxito, con el tema «When the Lovelight Starts Shining Through His Eyes». Desde el primer momento, Berry Gordon, el fundador de Motown, se encaprichó con el grupo e hizo de su carrera musical una cuestión casi personal.

En 1964 consiguió que «Where Did Our Love Go» fuera un éxito. El tema estaba escrito por sus compositores de lujo, Holland-Dozier-Holland, y se convirtió en el patrón a seguir en los siguientes números uno que encadenaron durante 1964 y 1965: «Baby Love», «Stop! In the Name of Love», «Come See About Me» y «I Hear A Symphony».

La fijación de Gordon con el grupo y especialmente con Diana Ross, siempre creó fricciones con otros artistas de la discográfica que se veían relegados a una segunda posición. Legendaria fue la competencia con el otro grupo femenino, Martha & The Vandellas. En 1966 y 1967 todavía siguieron colocando en el número uno un single tras otro con «You Can't Hurry Love», «You Keep Me Hangin' On», «Love Is Here And Now You're Gone» y «The Happening». *A* partir de 1967 sus discos ya no arrasaban desde el primer día, pero seguían interesando al público, en buena medida gracias a sus intervenciones en televisión. En 1967 Florence Ballard fue sustituida por Cindy Birdsong. Florence cayó en una depresión de la que nunca se recuperó, el grupo pasó a llamarse Diana Ross & The Supremes y su estilo comenzó a girar hacia una psicodelia que anunciaba la tendencia del sonido disco con el que el grupo logró un nuevo impulso con su álbum *Reflections*, de 1968. En 1969 Diana Ross comenzó su carrera en solitario siendo reemplazada por Jean Terrel. Aunque, con algunos cambios en su formación, se mantuvieron en activo todavía ocho años más y en 1970 lograron algunos éxitos como «Up The Ladder To» o «The Roof of Stoned Love», el grupo caminaba inexorablemente hacia su ocaso, que se produjo definitivamente en 1977.

Howard Tate

La milagrosa resurrección

Macon, Georgia
14 de agosto de 1939

Figura en las historias del soul como un artista de un solo disco, de esos que llegan a lo más alto para luego desparecer para siempre. Y así fue en su caso hasta que en 2001, Phil Casden, un musicólogo de New Jersey, le recuperó para los escenarios y volvió a grabar un álbum, *Rediscovered*, en 2003. A los

diez años montó su primer grupo vocal con dos primos y más tarde conoció a Garnet Mimms, que tenía un grupo de rhythm & blues, The Belairs, al que se unió. El grupo fue fichado por el sello Mercury que les cambió el nombre y los convirtió en The Gainors.

En los cincuenta grabaron algunos singles intrascendentes y Tate pasó los siguientes años tocando en bares de carretera, hasta que en 1966 grabó un álbum extraordinario, *Get It While You Can*, con el productor Jerry Ragovoy, para el sello Verve, donde en los tres años siguientes registró algunos singles catalogados como el mejor soul blues de todos los tiempos, como *Stop*, en 1968 y *These Are The Things That Make Me Know You're Gone*, en 1969. Se retiró en 1972, después de grabar el álbum *Burglar*, para convertirse en predicador en los años noventa, tras una larga temporada viviendo en la indigencia a causa de su adicción a las drogas. Tras su reaparición en 2001, grabó cuatro álbumes, el citado *Rediscovered, Live!*, *A Portrait of Howard*, en 2006 y *Blue Day*, en 2008. Falleció en un hospital de New Jersey a los 71 años de edad.

Tavares

La música disco con esencia soul

1959
New Bedford, Massachussetts

Sus padres eran de Cabo Verde y ellos heredaron una tradición musical mestiza y variada que les permitió transitar con éxito desde el soul más dulzón a la música disco. La primera banda fue iniciativa de Antoine 'Chubby' cuando era todavía un niño, que agrupó a sus hermanos en Chubby & The Turnepikes en 1964. Tres años después se convertirían simplemente en Tavares. Tras una temporada actuando en el circuito de Nueva Inglaterra, en 1973 son fichados por Larkin Arnold, vicepresidente de Capitol Records. Su primer álbum,

Check It Out, fue producido por Dennis Lambert y Brian Potter, que antes se habían encargado de los exitosos Four Tops. El disco es un superventas y se coloca entre los diez primeros en las listas. En 1975 llegan a lo más alto de su carrera con el álbum *In The City* del que se extrajo el tema «It Only Takes a Minute» que se instaló en el número uno de las listas de música pop y que años después sería interpretado por músicos como Take That o Jennifer Lopez. Pero el tema que les hizo mundialmente famosos fue «More Than A Woman», grabado en 1977 e incluido en la banda sonora de la película *Fiebre del Sábado Noche*. A pesar de su militancia disco, nunca perdieron sus esencias soul.

Johnnie Taylor
El filósofo del soul

Johnnie Harrison taylor
3 de mayo de 1934
Crawfordsville, Arkansas

Es uno de los más elegantes representantes de southern soul y sobrevivió en lo más alto durante más de cuarenta años gracias a su capacidad para adaptarse al paso de los gustos musicales sin perder su raíz sureña, que enlazaba directamente con el blues original de West Memphis, donde comenzó cantando en grupos de gospel. En 1957 fue contratado por The Soul Stirrers como sustituto de Sam Cooke a causa de la similitud de sus voces. A principios de los sesenta se unió a SAR Records, la discográfica que había montado Cooke y en 1962 grabó uno de los primeros temas de éxito de la compañía, «Rome Wast'n Built In A Day». Pero el asesinato de Cooke dos años después dejó a Taylor huérfano de mentor y de discográfica, así que se trasladó a Memphis y en 1965 entró a formar parte de Stax Records, donde sus compañeros le apodaron «El Filósofo del Soul» por su actitud elegante. Allí grabó obras fundamentales del soul blues como *Who's Making Love*, en 1968, *Steal Away*, en 1970 o *I Believe In You*, en 1973. En 1976 se mudó a Columbia, donde se aproximó al sonido disco con álbumes como *Disco 9000*, en 1977, *She's Killing Me*, en 1979 o *A New Day*, en 1980. En su última etapa en Malaco Records, regresó a las raíces del souther soul en discos como *Lover Boy*, en 1986 o *Good Love!*, que en 1996 se convirtió en número uno del *Billboard*.

★

The Temptations
La magia de Motown

1861
Detroit, Michigan

Son uno de los emblemas de Motown. Fueron el primer grupo de la compañía que obtuvo un Grammy, un galardón que conseguirían en tres ocasiones, sin contar los concedidos a sus compositores. Tres de sus temas figuran en la lista de canciones precursoras del rock & roll y seis de sus miembros forman parte del Salón de la Fama del Rock. Fueron el primer grupo vocal que alternaba a sus solistas según el estilo de la canción, sin que esa ruptura de la fórmula tradicional alterase el estilo general de la banda. Sus impecables coreografías, su perfecta armonía y su versatilidad de estilos, les convirtieron en una de los grupos más influyentes de la historia de la música popular. En 1961 Paul Williams y Eddie Kendricks, miembros de un grupo llamado The Primes, se unieron a Otis Williams, Melvin Franklin y Eldridge Bryant, integrantes de Otis Williams & The Distants, y formaron una nueva banda llamada The Elgins para grabar con Miracle, la filial de Motown, un par de discos de transición hasta que Bryant abandonó el grupo, que se convirtió definitivamente en The Temptations con la incorporación de David Ruffin y su vinculación definitiva a Motown Records. En 1964 lograron su primer éxito con «The Way You Do The Things You Do», una canción compuesta por Smokey Robinson que les despejó el camino para grabar su primer álbum, *Meet The Temptations*. Al año siguiente llegó el primer número uno, «My Girl», al que seguiría «Ain't Too Proud to Beg», una de sus canciones más famosas y el inicio de su colaboración con Norman Whitfield, el productor que marcó el estilo que les haría universalmente famosos.

En los cuatro años siguientes pasaron de ser un grupo más entre una pléyade de bandas tratando de triunfar, a convertirse en rutilantes estrellas internacionales, con continuas giras y actuaciones en televisión. Los éxitos se sucedieron con discos como *The Temptations Sing Smokey* y *Temptin' Temptations*, en 1965, *Gettin' Ready*, en 1966, *Temptations Live!* y *The Temptations with a Lot o' Soul*, en 1967 o *The Temptations Wish It Would Rain*, en 1968. Esta época es conocida como su período clásico, marcado por sus cinco componentes originales. Pero el éxito también pasó factura y a finales de los años sesenta las disensiones internas provocaron cambios en el grupo.

En 1968 Ruffin abandona coincidiendo con la marcha de Motown del trío compositor, Holland-Dozier-Holland, autores de buena parte de sus éxitos. Comienza lo que se conocería como su etapa psicodélica, con canciones cono «Psychedelis Shack», en 1970, «Just My Imagination», en 1971 y «Papa Was a Rolling Stone», con la que en 1972 obtuvieron un Grammy. Tras una etapa a finales de los sesenta marcada por los discos en colaboración con la estrella emergente de la discográfica, Diana Ross, en 1971, Eddie Kendricks deja el grupo y lo mismo hace Paul Williams dos años después. En los setenta la banda estuvo integrada por Melvin Franklin, Otis Williams, Dennis Edwards, Richard Street y Damon Harris, que serán los responsables de una nueva época dorada marcada por el sonido rock soul de álbumes como *Solid Rock*, *Masterpiece* y *All Directions*, en 1972, *A Song For You*, en 1975 y *House Party* y *Wings Of Love*, en 1976. A finales de la década los cambios en la formación se suceden, mientras graban dos discos con el sello Atlantic, *Hear To tempt You* y *Bare Black*. En 1980 regresan a Motown para tratar de recuperar el éxito de su época dorada, con discos como *The Temptations*, en 1981 o *Reunion*, el disco en el que en 1982 reincorporaron a Ruffin y Kendricks, en un estéril ejercicio de nostalgia que duró los tres años de su gira mundial. Pero las diferencias personales eran irreconciliables, el paso del tiempo hizo estragos y el grupo siguió devorando cantantes que entraban y salían. En 1991 Ruffin murió de sobredosis, Kendricks falleció un año después y Melvin Franklin le siguió en 1995. Aunque la banda ha intentando mantenerse viva con distintos componentes e incluso con formaciones paralelas, The Temptations son ya un recuerdo de un glorioso pasado.

Joe Tex

El hombre espectáculo

Joseph Arrington Jr.
8 de agosto de 1933 – 13 de agosto de 1982
Rogers, Texas – Navasota, Texas

Comenzó a cantar y tocar el saxo en la banda de la escuela. Participó en numerosos concursos hasta que en uno de ellos ganó el primer premio, que consistía en trescientos dólares y un viaje a Nueva York. En la Gran Manzana ganó en varias ocasiones el concurso de aficionados que se celebraba en el Teatro Apollo, lo que le valió una oferta para grabar con King Records, que tuvo que rechazar ante la insistencia de su madre para que regresase a casa y acabase los estudios. Un año después regresó, grabó unos cuantos singles fallidos con el sello King y se unió a Ace Records, donde aparte de perfeccionar sus pasos de baile y su técnica de rapear sobre la música, solo cosechó fracasos con grabaciones de temas que otros le quitaban de las manos y convertían en canciones populares.

En 1961 conoció al que sería su mánager, productor y guía musical durante el resto de su días, Buddy Killen, el propietario de Dial Records, que a pesar de todos sus esfuerzos no logró colocar las excelentes canciones de su pupilo entre los temas de éxito hasta que cuatro años después firmó un acuerdo con Atlantic Records y las cosas cambiaron radicalmente. En noviembre de 1964 Tex entra en los estudios FAME, en Muscle Shoals, Alabama. Está en el sitio justo y en el momento justo, cuando comienza a eclosionar el soul. El primer éxito llega en 1965 con «Hold On To What You've Got», la canción que daría título a su primer disco y que se colocó en el número cinco del *Billboard*, vendiendo un millón de copias. A partir de ahí los éxitos se suceden con temas como «A Sweet Woman Like You», «The Love You Save» o «Skinny Legs And All». Su fama comenzó a extenderse gracias a sus divertidas actuaciones en directo, en las que cantaba, bailaba e interactuaba con el público, al que encandilaba con un contagioso sentido del humor. En 1972 logró su mayor momento de gloria con un single de potente sonoridad funk, «I Gotcha», que se convirtió en disco de platino. Pero de la noche a la mañana se hizo musulmán y se retiró temporalmente de la música. Regresó en 1975 y dos años después grabó uno de sus temas más divertidos, «No More With No Big Fat Woman», que le proporcionó su último éxito y el dinero suficiente para poder retirarse a un pequeño rancho en su Texas natal.

Irma Thomas

La reina de Nueva Orleans

Irma Lee
18 de febrero de 1941
Onchatoula, Louisiana.

Considerada la Reina del Soul de Nueva Orleans, en realidad su carrera no refleja su papel en el desarrollo del rhythm & blues sureño y su brillante figura como cantante. Comenzó imitando a estrellas del gospel como Mahalia Jackson, pero la influencia de su padre, aficionado al blues de Percy Manyfield y Lowell Fulson, la llevó a la música pagana de cantantes de rhythm & blues como Ruth Brown y artistas de vodevil como Pearl Bailey. A los diecisiete años ya cantaba en clubs de Nueva Orleans. Se quedó embarazada siendo menor de edad y fue abandonada por su marido. Adoptó su apellido artístico de su segundo marido, Andrew Thomas, que trabajaba en varios locales de la ciudad y que le consiguió  una actuación con la orquesta de Tommy Ridgely, quien en 1960 le facilita su debut en Ron Records, un sello modesto, con un primer éxito, «Don't Mess With My Man». Son los años del nacimiento del soul y uno de los personajes más importantes de la ciudad es Allen Toussaint, que se fija en Irma y produce sus primeros discos para el sello Minit, donde graba temas como «Cry On», en 1961, «I Done Got Over It», en 1962 o «Ruler Of My Heart», en 1963, una canción que Otis Redding convertiría en un éxito reconvertida en «Pain In My Heart». Algo similar le pasó un año después con «Time Is On My Side», que sería famosa en la interpretación de The Rolling Stones. Este tema era la cara B de «You Can Have My Husband But», el primer single que grabó en Los Ángeles para el sello Imperial, donde publicaría su primer álbum, *Wish Someone Would Care*, en 1964, que supone también su primera entrada en las listas de éxitos. Los siguientes dos años lo sigue intentando y en 1966 graba un nuevo álbum, *Take a Look*, sin demasiada suerte.

En 1967 ficha por el sello Chess, que la envía a grabar a los míticos estudios Fame, de Muscle Shoals. Pero la fortuna no la acompañó y tras un discreto éxito con una versión de Otis Redding, «Good To Me», regresa a Nueva Orleans para ser reconocida como una estrella local gracias a sus grabaciones en el sello Maison du Soul, donde en 1978 edita *Soul Queen of New Orleans*, un álbum con sus mejores temas, que le proporciona la fama necesaria para grabar discos excelentes como *Safe With Me*, con RCS en 1979, *Hip Shakin' Mama*, con Charly Records en 1980, *The New Rules*, en 1986, *Live: Simply the Best* y *Walk Around Heaven: New Orleans Gospel Soul*, en 1993, los tres últimos con el sello Rounder, donde ha seguido en la brecha grabado y actuando con menos reconocimiento del que se merece. En 1995 recibió un Handy, el premio más prestigioso del mundo del blues.

Rufus Thomas

El alma del baile

26 de marzo de 1917 – 15 de diciembre de 2001
Cayce, Mississippi – Memphis, Tennessee

Figura trascendental en la música afroamericana, la influencia de Thomas abarca durante más de sesenta años la mayoría de las facetas del negocio musical. Este cantante, actor, bailarín, *disc jokey* y divulgador de rhythm & blues, nació en un pueblo próximo a Memphis, hijo de unos aparceros agrícolas que se trasladaron a la ciudad, donde a los seis años ya participaba en funciones teatrales escolares. De ahí pasó a los escenarios ambulantes de los Rabbit Foot Minstrels, la compañía itinerante en la que a principios del siglo XX actuaron muchos de los pioneros del blues como Ma Rainey, Bessie Smith, Ida Cox o Louis Jordan. A los veintiséis años grabó su primer tema, «I'll Be A Good Boy», con la discográfica texana Star Talent, que no pasó de unas decenas de copias vendidas. Su versatilidad artística le llevó a ejercer como *disck jockey*, sustituyendo a BB King en la emisora WDIA de Memphis, una ciudad en la que se hizo sobradamente conocido como *showman*. En 1953 grabó con la discográfica local Sun Records, una canción, «Bear Cat», que era una parodia del «Hound Dog» de Big Mama Thorton, que acabaría popularizando Elvis Presley. El tema consiguió un considerable éxito y le abrió el camino para nuevas grabaciones con sellos como Meteor y Chess. En 1960 grabó junto a su hija Carla «Cause I Love You», para Satellite Records, que más tarde se convertiría en el sello Stax. Allí se consolidaría como una de las estrellas del soul con temas como «Walking The Dog», grabado en 1963, «Can Your Money Do The Dog?», en 1964, «Do The Funky Chicken», en 1970 y «Do The Funky Penguin», en 1971, todas ellas piezas muy bailables y con el común denominador de título animal, que le encasillaron como un artista volcado en el entretenimiento y alejado de las composiciones serias.

Sin embargo Thomas es uno de los artífices de la génesis y evolución del soul, donde dejó una huella indeleble con temas como «Memphis Train», en 1968. El declive del sello Stax, a mediados de los setenta, le arrastró de nuevo a grabaciones con discográficas modestas y a las giras por escenarios de segunda fila. A finales de los ochenta regresó con energías renovadas y sorprendió a propios y extraños con discos en los que abarcaba todos los géneros, desde el hip-hop de *Rappin' Rufus*, grabado en 1986, al blues de *That Woman Is Poison*, en 1988 o, su gran especialidad, la música bailable de *Timeless Funk*, en 1992.

Ike & Tina Turner

La bella y la bestia

1959 – 1976
Saint Louis, Missouri

Los regueros de tinta que esta pareja ha hecho correr por motivos extra profesionales ha llegado en ocasiones a eclipsar la inmensa magnitud de su talento artístico y su obra musical. Todo empezó una noche en un club de Saint Louis, el D'Lisa, cuando la joven Ann Bullok y sus amigas fueron a ver la actuación de Ike Turner, un músico muy popular llegado a la ciudad dos años antes procedente de Memphis. Ike tenía a sus espaldas un largo recorrido. Había nacido en 1931 en Clarksdale, Mississippi, una pequeña ciudad que por aquellos años era la incubadora del blues. Siendo un adolescente empezó a tocar en una banda local, The Tophatters, que se escindió en dos formaciones, una de ellas, The Kings of Rhythm, liderada por Ike, le acompañaría durante casi toda su vida. A principios de los cincuenta se convirtió en un espabilado cazatalentos que proporcionó a los hermanos Bihari de Modern Records sus mejores descubrimientos: Howlin' Wolf, B.B. King, Buddy Guy u Otis Rush. En 1955 se instaló en Saint Louis, donde grabó para varios sellos con distintos nombres, como Lover Boy o Icky Renrut. Tres años después se trasladó a Chicago, para seguir una carrera de éxitos que impresionó a jóvenes músicos blancos como Eric Clapton y John Mayall, que se prendaron con el sonido de su guitarra. Desde aquella noche de 1956 en el Club D'Lisa, Ann Bullock se dedicó a seguir a la ban-

da de Ike hasta que, casi un año después, se atrevió a pedirle que le dejase cantar con él. «I Know You Love Me, Baby» de BB King, fue el tema elegido por Ann para impresionar a Ike y lo consiguió hasta el punto de que ya no se bajó del escenario. La ocasión definitiva para Ann Bullock llegó en 1959, cuando el cantante de Kings of Rhythm, Art Lassiter, no se presentó a tiempo a una sesión de grabación, algo que para Ike era peor que un crimen y le hacía perder el dinero pagado por la sala, así que decidió que la canción que había escrito, «A Fool In Love», fuese cantada por 'Little Ann'. El tema fue un éxito en las emisoras locales y acabó llegando a oídos de Juggy Murray, el director de Sue Records que compró los derechos para que lo cantase la joven Ann Bullock, reconvertida desde entonces en Tina Turner. En 1960 «A Fool In Love» vendió más de un millón de copias y aupó a la renombrada banda Ike & Tina Turner Revue. En 1961 tuvieron un nuevo éxito con «It's Gonna Work Out Fine», un single que vendió dos millones de copias y les supuso su primer Grammy. Ese mismo año lanzaron su primer álbum, *The Soul Of Ike & Tina Turner*, al que siguió *Dance with Ike & Tina Turner's Kings of Rhythm*, en 1962. Fue por entonces cuando Ike y Tina iniciaron su turbulenta relación sentimental. La pareja atravesó una mala racha, con pocas ventas de discos que compensaban con constantes actuaciones en directo. En 1964 rompieron con Sue Records y tras un breve paso por el sello Kent, en 1965 firmaron con Warner. Tina comenzó a cobrar protagonismo con actuaciones televisivas en solitario y un año después Phil Spector produjo el disco *River Deep, Mountain High*, que fue un fracaso económico pero proporcionó a la pareja el éxito suficiente para convertirse en teloneros de The Rolling Stones o participar en alguna grabación de The Beatles. También comenzaron los líos de Ike con las drogas y aumentaron sus problemas con Tina, o más bien, los de Tina con él. A finales de 1970 lograron un sonado éxito con una versión del «Proud Mary» de Creedence Clearwater Revival, con el que lograron un nuevo Grammy. En 1973 grabaron *Nutbush City Limits* y al año siguiente *The Gospel According to Ike And Tina*, sus últimos discos destacables. En 1975 se divorciaban en medio de un escándalo por los malos tratos continuados de Ike, que se retiró a su discográfica Bolic Sound, mientras Tina, tras problemas inciales para remontar el vuelo, comenzaría una espectacular carrera como estrella del rock. En 1982 grabó *Let's Dance*, un disco producido por David Bowie que la lanza a una fama mundial que se consolidaría dos años después con el álbum *Private Dancer*. Convertida en estrella del cine y la televisión, Tina siguió triunfando por escenarios de todo el mundo, mientras Ike se eclipsaba en una espiral de drogas y problemas con la ley. Pasó una larga temporada en la cárcel y salió en 1991 para recuperar cierto estatus como compositor. Murió a finales de 2007 mientras Tina acumulaba reconocimientos por tres décadas de carrera en solitario.

Usher

Desde las raíces

Usher Raymond IV
14 de octubre de 1978
Dallas, Texas

A caballo entre los siglos XX y XXI, Usher encarna el hilo conductor que une la tradición del gospel y los sonidos urbanos del rap. Fue su abuela la primera que detectó su talento cuando cantaba en el coro de la iglesia y la que animó a la familia apoyar su carrera profesional. Con este objetivo se trasladaron a Atlanta, Georgia, donde un cazatalentos de LaFace Records decide apostar por él después de escucharlo en un concurso. Bajo la producción del rapero Puff Daddy, a los 16 años edita su primer álbum, *Usher*, con un single, «Think Of You», que se convierte en disco de oro y le abre las puertas para participar en el grupo Black Men United, junto a otros jóvenes talentos como D´Angelo y Luther Archer y para formar un dúo con la famosa cantante adolescente Monica y grabar el tema «Let's Straighten It Out», una versión de un clásico del soul. Su segundo disco, *My Way*, en el que escribe la mitad de los temas, sale al mercado en 1997 con unos productores de lujo, Babyface y Puff Daddy, y le coloca en la cima del r&b de finales del siglo XX. Su tercer álbum, *8701*, aparece en 2001 y tres años después lanza su obra cumbre, *Confessions*, que consigue un Grammy y muestra una madurez creativa que prolonga con *Here I Stand*, en 2008, *Raymon Vs Raymond*, en 2010 y *Looking For Myself*, en 2012.

Luther Vandross

La genética del rhythm & blues

Luther Ronzoni Vandross
20 de abril de 1951 – 1 de julio de 2005
Nueva York – Edison, New Jersey

Un baladista nato, de voz elegante y sensual, fue un niño prodigio que tocaba el piano y que se crió en un hogar con una madre cantante de gospel y un padre que había sido profesional con The Crests, un grupo de doo-wop que había rozado la fama en 1959. Bebió del estilo de clásicos como Marvin Gaye o Teddy Pendergrass y eso se reflejó en su obra. Fue acompañante de lujo en la grabación del tema «Young Americans», de David Bowie en 1974 y también colaboró a lo largo de su vida con Roberta Flack, Diana Ross, Donna Summer, Bette Midler, Barbra Streisand, Ben E. King, Quincy Jones, Gary Glitter, Chic, Mariah Carey, Withney Houston o Chaka Khan, entre otras estrellas del pop y el r&b. En

1976 sacó al mercado un par de álbumes con su propia y homónima banda que pasaron bastante desapercibidos. Por fin en 1981 logró su primer gran disco, *Never Too Much*, que compuso y produjo él mismo, en el que destacaba un versión del clásico «A House Is Not A Home» de Dionne Warwick y que le supuso el definitivo salto adelante al lado de figuras como la propia Warwick, Aretha Franklin o Teddy Pendergrass. Sus siguientes quince álbumes encadenaron un éxito tras otro, en una fulgurante carrera en la que destacan especialmente *The Night I Fell In Love*, en 1985, *Any Love*, en 1988, *Never Let Me Go*, en 1993, *You Secret Love*, en 1996 y *Luther Vandross*, en 2001. En 2003 sufrió un derrame cerebral que lo dejó en coma durante un mes y del que se repuso asombrosamente para grabar su último álbum, *Dance With My Father*, con el que ganó cuatro premios Grammy, antes de fallecer un año después.

Dionne Warwick

Sofisticación melodramática

Marie Dionne Warwick
12 de diciembre de 1940
East Orange, New Jersey

En los años sesenta se convirtió en una diva del soul, gracias a su magnética personalidad, su voz elegante y limpia y, en buena medida, sus colaboraciones en bandas sonoras para la industria de Hollywood. Su padre trabajaba para Chess Records, en el departamento de promoción de los discos de gospel, y su madre era pianista de The Drinkard Singers, un coro religioso que gozaba de bastante popularidad, en el que acabaron cantando Dionne y su hermana Delia, más conocida luego como Dee Dee, que además actuaban con The Gospelaires, donde también militaban su tía Cissy Houston

y su amiga Doris Troy. Su salto al rhythm & blues está fechado una noche de 1959 cuando un productor de Savoy Records les propone actuar en el Teatro Apollo de Harlem con el saxofonista San 'The Man' Taylor. A partir de ese momento las hermanas Warwick se integran como coristas en el ambiente musical neoyorquino, actuando con artistas como Ben E. King, Solomon Burke, Dinah Washington o The Drifters. Fue precisamente en una actuación con estos últimos donde la descubrieron los productores Burt Bacharach y Hal David. Atraídos por el talento y la elegante voz de Dionne, se hacen cargo de su carrera y en 1962 graba su primer single con Scepter Records, «Don't Make Me Over». La canción sorprende a la audiencia con sus tintes sofisticados y es un avance del glamuroso éxito que conseguiría en 1964 con «Walk On By» y «Reach Out For Me». Se convierte en una artista de culto que atesora éxitos y galardones gracias a discos como *Here Where There Is Love*, disco de oro en 1966, *Dionne Warwick In Valley Of The Dolls*, nuevo oro en 1968, *Soulful*, en 1969, álbumes cada vez más alejados del soul y más cercanos al pop.

La asociación de Warwick, Bacharach y David se rompe de forma abrupta en 1971, cuando los dos socios acaban enfrentados y la cantante firma con Warner, donde su carrera se estanca. Excepto un éxito obtenido en 1974 con el tema «The Came You», en colaboración con The Spinners, la década de los setenta supone una travesía del desierto de la que saldría en 1979 con el álbum *Dionne*, con el que obtiene un disco de platino. A principios de los ochenta comienza un nueva etapa gracias a exitosas colaboraciones con estrellas del pop como Elton John, Stevie Wonder, Barry Gibb o Barry Manilow. Aunque nunca se ha retirado completamente, desde mediados de los noventa se dedica fundamentalmente a los negocios y actividades solidarias. Entre los múltiples galardones recibidos figuran cinco premios Grammy.

Johnny 'Guitar' Watson

El showman indomable

John Watson Jr.
3 de febrero de 1935 - 17 de mayo de 1996
Houston, Texas - Yokohama, Japón

Era un artista difícil de clasificar, un *showman* absoluto, un cantante brillante, un músico genial que no logró el reconocimiento que se merecía. Su leyenda de indomable, estrafalario y un poco fantasmón ha perdurado a través de los años. Su primera guitarra se la regaló su abuelo, un músico de iglesia que le hizo prometer que nunca la usaría para tocar la música del diablo, el blues. Pero Johnny no mantuvo su promesa. Sus músicos de referencia eran T-Bone Walker y Clarence 'Gatemouth' Brown, pero también admiraba las baladas de Nat King Cole. Cuando tenía quince años sus padres se divorciaron y él se marchó con su madre a Los Ángeles. Siendo un adolescente se presentó a todos los concursos que se le cruzaron en el camino y formó parte de bandas de *jump blues* como Chuck Higgins Mellotones, donde tocaba al piano. A los dieciocho años dirige su propia banda y comienza a revelarse como un original *showman*, mezclándose con el público para tocar la guitarra o usando los dientes para puntearla. Pronto se convierte en una figura popular que se codea con Etta James o Johnny Otis y llama la atención del *disc jockey* Hunter Hancock, quien le lleva a Federal Records donde le contratan para tocar el piano con el nombre de Young John Watson. Su nombre artístico lo adoptó en 1954, después de ver la película *Johnny Guitar*. En 1957 graba «Gangster of Love», una canción que tardaría dos décadas en tener éxito y ser versionada por una pléyade de guitarristas. En los sesenta comienza a hacer incursiones en el soul con álbumes como *The Blues Soul of Johnny Guitar Watson*, grabado en 1964 y en los setenta sigue evolucionando hacia sonidos funk, en discos como *Funk Beyond the Call of Duty*, de 1977. En 1980, tras la muerte a tiros de su amigo Larry Williams, abandona la música para regresar catorce años después e incorporarse a las nuevas tendencias musicales como el hip-hop, donde acabaría influyendo en las estrellas del género como Ice Cube o Jay-Z. Tuvo un final digno de su espectacular trayectoria. Murió de un infarto encima de un escenario en Japón, mientras estaba tocando un solo de guitarra.

The Whispers

Cara y cruz

1964, Watts, California

Más de un tercio de siglo de éxitos avalan la trayectoria de estos artistas californianos que se hicieron especialistas en discos que daban satisfacción a los distintos estados de ánimo. Por un cara ofrecían baile y diversión a base de funk animoso y por la otra sentimientos profundos alimentados por tiernas baladas soul. Su historia comenzó cuando dos hermanos gemelos, Wallace 'Scotty' y Walter Scott, procedentes de Dallas y que llevaban subidos a los escenarios desde su infancia con el nombre de Scott Twins, conocieron en

un concurso escolar al Eden Trío, formado por Nicholas Caldwell, Marcus Hutson y Gordy Harmon. Este último tenía contactos musicales, entre los que figuraba Lou Bedell, de Dore Records que tomó ambos grupos en sus manos y los refundó como The Whispers (Los susurros) a causa de lo delicado de sus melodías. Debutan en 1964 con el single «I Was Born When You Kissed Me». En 1968 graban su primer álbum, *Planets Of Live*, con la discográfica Soul Clok, donde un año después consiguen su primer éxito con el tema «The Time Has Come» y en 1970 entran en lo más alto de las listas con «Seems Like I Gotta Do Wrong». En 1973 Harmon sufre un accidente de circulación del que sale con graves secuelas que le impiden cantar y es sustituido por Leaveil Degree. Tras una temporada en el sello Janus, con una discreta producción, en 1976 comienzan a grabar con Soul Train, donde bajo la producción de Dick Griffey logran un par de singles, «In Love Forever» y «You're A Special Part Of My Life», con buena acogida comercial. En 1978 Griffey se los lleva a su nuevo proyecto, Solar Records, donde consolidan su carrera con álbumes como *The Whispers*, disco de platino en 1979, *Imagination*, disco de oro en 1980, *Love Is Where You Find It*, oro en 1981 y *Just Gets Better With Time*, platino en 1987.

Jackie Wilson

Un exceso de entusiasmo

Jack Leroy Wilson
9 de junio de 1934 - 21 de enero de 1984
Detroit, Michigan - Mount Holly, New Jersey

Es uno de los puentes fundamentales entre el rhythm & blues y el soul. Conocido como «Mister Excitement», su currículum discográfico no refleja su importancia artística, que en algunos momentos se podría situar en paralelo a la de Ray Charles o James Brown. En su adolescencia formó parte de una pandilla, lo que unido a los problemas de su padre con el alcohol, le convirtió en un curtido chico de la calle. A los quince años ya había pasado dos veces por el correccional. A los dieciséis boxeaba en el circuito *amateur* del área de Detroit y a los diecisiete se convirtió en padre por primera vez y se casó con Freda Hood. Fue uno de los descubrimientos de

Johnny Otis y pasó por varios grupos como The Royals, más tarde conocidos como The Midnighters, hasta que en 1953 entró en Billy Ward & The Dominoes, sustituyendo a Clyde McPratther. Aunque era una de las mejores bandas de rhythm & blues de su tiempo, la época de Wilson no fue de las más afortunadas, a pesar de su espectacular puesta en escena, en la que se inspirarían artistas como James Brown o Elvis Presley. En 1957 logró su primer éxito en solitario con «Reet Petite», un tema escrito por un joven Berry Gordy, futuro creador de Motown, al igual que sus siguientes singles, «To Be Loved» y «Lonely Teardrops», todos grabados con el sello Brunswick. A principios de los sesenta logró un éxito considerable, especialmente entre el público femenino, con temas como «Doggin 'Around», «A Woman, A Lover, A Friend» y «The Tear Of The Year». En 1963 grabó su primer álbum, *Baby Workout*, un triunfo que no dulcificó su justificada fama de pendenciero. En 1960 fue arrestado en Nueva Orleans por agredir a un policía durante una actuación. Un año después resultó herido en un tiroteo en Nueva York, o al menos esa fue la versión oficial de la agresión de una amante despechada. Jackie perdió un riñón y quedó ligeramente cojo. Pero los problemas nunca vienen solos y al salir del hospital descubrió que, a pesar de sus ventas millonarias de discos, estaba en la ruina. Su discográfica y sus administradores le estafaron y el fisco le quitó su vivienda. A finales de los sesenta grabó sus últimos discos de éxito, *Whispers*, en 1966 y *Higher And Higher*, en 1967.

En 1965, tras catorce años de tumultuoso matrimonio, Freda Hood se divorció de él. Pero aún pasaría otra dura prueba, el asesinato de su hijo, que le llevó a la depresión y le convirtió en un adicto al alcohol y las drogas durante los primeros años setenta. En 1972 publicó el álbum *Nowstalgia*, un tributo a Al Jolson, que fue un fracaso total. Su último éxito discográfico fue *Sing A Little Song*, de 1973, aunque muy alejado de la garra de sus primeros tiempos. En 1975, mientras actuaba en New Jersey, cayó fulminado en mitad de una canción, aunque el público pensó que aquello formaba parte del espectáculo. Quedó en estado vegetativo y falleció nueve años después. Fue el broche final a una extremada existencia.

Amy Winehouse

La última maldita

Amy Jade Winehouse
14 de septiembre de 1983 - 23 de julio de 2011
Londres

Amy Winehouse nació en el seno de una familia judía de clase media con una larga tradición de músicos de jazz. Sus padres se separaron cuando ella tenía nueve años y fue su abuela paterna, que también era cantante, quien la animó a desarrollar sus capacidades musicales en la Susi Earnshaw Theatre School, donde estudió canto y baile y donde montó su primer grupo de rap, Sweet 'n' Sour, con su amiga Juliette Ashby. De su siguiente escuela, la Sylvia Young Theater School, fue expulsada a los catorce años a causa de su conducta irreverente y su carácter indomable. A los dieciséis años su novio, el cantante Tyler James, envío una maqueta al mánager Nick Godwyn que la invitó a una audición y decidió enviarla a Miami con el productor Salaam Remi, uno de los personajes más influyentes del rhythm & blues, con el que en 2003 debutó en Island Records con el álbum *Frank*, acogido muy favorablemente por la crítica y nominado al premio Mercury Prize. Ya entonces comenzaron los problemas por sus apariciones en el escenario completamente ebria, comenzando una carrera en la que su impresionante talento musical quedó eclipsado demasiado a menudo por sus constantes apariciones en la prensa a causa de su escandalosa y provocadora conducta y su adicción a las drogas y el alcohol. Seis años después editó su segundo disco, *Back to Black*, que fue un éxito rotundo y consiguió cinco premios Grammy en 2008, una cifra que no había obtenido nunca una cantante británica. Su carrera como la más brillante promesa del nuevo soul se truncó en el verano de 2011 a causa de una intoxicación etílica. Su álbum póstumo, *Lioness Hidden Treasures*, se convirtió casi de inmediato en disco de platino, como los dos anteriores. Con su muerte vino a engrosar la macabra lista de músicos fallecidos en trágicas circunstancias a los 27 años, una especie de maldición que inauguró el mítico *bluesman* Robert Johnson y en la que figuran ilustres cadáveres como Jimi Hendrix, Brian Jones, Jim Morrison, Kurt Cobain o Janis Joplin.

Bobby Womack

El último testigo

4 de marzo de 1944
Cleveland, Ohio

Womack es una de las últimas grandes voces del soul de los años dorados y el último testigo de aquella época que él vivió entre el éxito y el ostracismo. Comenzó montando un quinteto junto a sus cuatro hermanos, The Womack Brothers, que tocaban en fiestas evangélicas, acompañados siempre por sus protectores padres. En 1953 Bobby se hizo amigo del cantante Sam Cooke, que reclutó a Bobby y a sus hermanos para su sello SAR con la intención de convertirlos en un grupo de rhythm & blues, cosa que no le hizo ninguna gracia su estricto padre, que los echó de casa. Cooke se los llevó a Los Ángeles, donde los Womack cambiaron el nombre a The Valentinos y en 1962 se colocaron en los primeros puestos de de las listas de rhythm & blues con el tema «Lookin' For a Love». Dos años después, un tema compuesto por Bobby, «It's All Over Now» se convirtió en un éxito en Gran Bretaña interpretado por The Rolling Stones, convirtiendo a Womack en una incipiente estrella.

Pero en 1965 su nombre se hizo célebre por un asunto tangencial a la música. Tres meses después de que Sam Cooke falleciese, Bobby se casó con su viuda, lo que provocó un escándalo de dimensiones descomunales. Él mantenía que todo había comenzado cuando se propuso consolar a Barbara Cooke para evitar que cayese en la depresión y tuviese tentaciones suicidas, pero la comunidad musical afroamericana le tildó de arribista y aprovechado. La pareja acabaría divorciándose en 1970, pero el episodio pasó una larga factura a la carrera de Womack. Sus discos para el sello Chess fueron tratados como la obra de un apestado y no les fue mucho mejor a sus hermanos. Bobby se reconvirtió en guitarrista a sueldo y logró sobrevivir gracias al cobijo que le dio Ray Charles en su banda y a su trabajo en los estudios de Muscle Shoals con artistas como Joe Tex, King Curtis, Aretha Franklin y Wilson Pickett que lo adoptó como uno de sus compositores preferidos.

Por fin, en 1968 grabó su primer álbum en solitario, *Fly Me to the Moon*, en el que hizo una exitosa versión de «California Dreamin», el tema de The Mamas & The Papas. Tras una serie de nuevos triunfos como «It´s Gonna Rain» y «More That I Can Stand» y algunas colaboraciones con Janis Joplin y Sly & the Family Stone, en 1971 fichó por United Artist para grabar *Communication*, el primero de una serie de discos de éxito como *Understanding* y *Across 110th Street*, banda sonora de la película homónima, en 1972, *The Facts of Life*, en 1973 o *Lookin´ for a Love Again*, la reedición de su éxito con The Valentinos, en 1974. Ese año fue asesinado su hermano Harry y comenzaron sus problemas serios con la cocaína. Tras fracasar con un disco de música country y otro par más próximos a la música disco, en 1981 logró uno de sus mejores trabajos con el álbum, *The Poet*, grabado en el sello independiente Beverly Glen, propiedad de Otis Smith, con quien Bobby mantuvo una larga disputa hasta que pudo marcharse a Motown y grabar la continuación, *The Poet II*, en 1984. A partir de ese momento entró en crisis debido a su adicción a las drogas, que acabó superando a mitad de la década siguiente. Aunque se mantiene en un segundo plano, ha seguido grabando discos, el último en 2012: *The Bravest Man In The Universe*.

Womack & Womack

Espíritu familiar

1983
Nueva York

Linda y Cecil se conocieron cuando eran unos niños de ocho y trece años, respectivamente, pero pasarían treinta años antes de que grabasen juntos

por primera vez, aunque ya antes habían trabajado como compositores para otros artistas, entre ellos el gran Teddy Pendergrass. Su experiencia personal fue traducida a unas letras de un atribulado romanticismo que les proporcionaron una larga serie de éxitos.

Cecil Womack nació en 1947 en Cleveland, Ohio. Era hermano de Bobby Womack, con el que montó The Valentinos junto a sus otros tres hermanos, Harry, Curtis y Friendly. Comenzaron a grabar de la mano de Sam Cooke a partir de 1961, logrando su primer éxito al año siguiente, «Lookin' For A Love», tras el que vendrían tres años de triunfos hasta que Bobby tuvo la ocurrencia de casarse con la viuda de Sam Cooke pocos meses después de la muerte de este, lo que les convirtió en unos malditos para buena parte de la comunidad musical. Durante los años sesenta y setenta trabajó como compositor y músico de estudio y en 1977 se casó con Linda, la hija de Sam Cooke, en un enrevesado lío familiar que se completa poco después con la boda de Mary Wells, la ex de Cecil, con su hermano Curtis. La divisa familiar podría haber sido «todo queda en casa» y a ella se aferraron Cecil y Linda al convertir su matrimonio en una fabrica de componer canciones.

Su primer álbum, *Love Wars*, lo grabaron en 1983 con Elektra Records, bajo la producción de Stewart Levine, colocándose en lo más alto de las listas de éxito con el single «TKO». Pero Linda y Cecil se sentían presionados por la compañía para que sus canciones tuviesen una fuerte carga comercial. Ellos buscaban un estilo propio e intentaron plasmarlo en sus discos, aunque casi siempre con escaso margen de maniobra. Su siguiente álbum fue grabado dos años después e incluía temas que Sam Cooke había dejado sin concluir y a los que la pareja dio forma definitiva bajo el título genérico de *Radio M.U.S.C. Man*, un éxito al que siguieron discos desiguales como *Starbright*, en 1986, *Conscience*, uno de sus mejores trabajos, en 1988, *Family Spirit*, en 1991 y *Transformation To The House Of Zekkariyas*, en 1993, un disco en el que incorporan a sus hijos, todos renombrados con nombres africanos que no resulta ni con mucho la mayor mutación de este disco que marcó la senda de su futura y errática producción, hasta que Cecil Womack murió en 2013.

Stevie Wonder

El genio precoz

Stevland Hardaway Judkins
13 de mayo de 1950
Saginaw, Michigan

Fue un niño prematuro que se quedó ciego a los pocos días de nacer. Su ceguera le llevó a aficionarse a la radio en una época en la que empezaba a predominar la televisión y eso le permitió familiarizarse desde muy temprana edad con la música y especialmente con el rhythm & blues. Muy pronto comenzó a destacar en el coro de la iglesia y se convirtió en un precoz instrumentista que manejaba la batería, el bajo, la armónica y el piano, con el que soñaba con emular algún día a su idolatrado Ray Charles, a quien dedicó su primer disco, *Tribute To Uncle Ray*, en 1962. A los diez años forma un dúo con su amigo John Glover, que tiene un primo llamado Ronnie White, uno de los componentes de The Miracles, que se queda tan impresionado con las habilidades artísticas de aquel chaval ciego que le respalda para entrar en 1961 en Motown, donde pasa a engrosar la nómina de jóvenes estrellas de Berry Gordy con el nombre de Stevie The Little Wonder (Stevie la pequeña maravilla) primero y Little Stevie Wonder después. Pero a pesar de su precoz genialidad, que le llevó a conseguir un número uno en las listas en 1963 con el tema «Fingertips» su talento no se desarrolló realmente hasta principios de los años setenta, cuando pudo imponer sus criterios a los productores que encarrilaban su creatividad por caminos musicales trillados y obsoletos. En 1972 logró su primer éxito sonado con «Superstition», un tema que se convirtió en número uno, logro que repitió al año siguiente con «You Are The Sunshine Of My Life».

En 1973 su álbum *Talking Book*, inaugura una sucesión de éxitos encadenados que llegan a medidos de los ochenta, cuando durante casi una década pierde fuelle en cuanto a ventas, pero mantiene intacta su popularidad gracias a bandas sonoras como *Woman In Red*, de 1984. En 1995 su disco *Natural Wonder* le proporciona un nuevo éxito mediático. Mientras acumula álbumes recopilatorios. Su último disco de estudio, *A Time To Love*, de 2005, le volvió a colocar en los primeros puestos de las listas. De su importancia en el mundo de la música da fe la mareante cifra de sus veintidós premios Grammy, pero quizá su mayor logro personal haya sido lograr que se aprobase su propuesta de que el día del nacimiento de Martin Luther King sea fiesta nacional en los Estados Unidos.

★

3. Soul en español

El soul llegó a España en los años sesenta siguiendo principalmente dos vías: el turismo y las bases norteamericanas. Eran los años del llamado desarrollismo y el país comenzaba un tímido proceso de modernización social y cultural, en el que una juventud hambrienta de libertad y nuevas sensaciones se zambulló entusiasmada. Los turistas europeos inundaban las playas con minúsculos bañadores y novedades refrescantes, entre las que figuraban la música pop y el soul. Los soldados yanquis de las bases de Rota, Morón, Torrejón y Zaragoza comenzaron a llenar los bares y clubs de las localidades próximas de dólares y discos de blues, soul y rhythm & blues. Sitios como la localidad gerundense de Platja d'Aro acogieron a finales de los sesenta actuaciones de *soulman* norteamericanos como Eddie Lee Mattison, que realizaba giras europeas con su espectáculo *Soul Review*.

Incluso el Ministerio de Información y Turismo, dirigido en aquel entonces por Manuel Fraga Iribarne, tuvo que rendirse a los aires de modernidad que llegaban de allende del Atlántico y patrocinó una gira de músicos de soul entre los que figuraban The Show Stoppers, The Hot Tamales, Freeman Williams o Tini Lynn, que recorrieron las zonas turísiticas de la costa mediterránea y que la prensa anunciaba como «los más sensacionales conjuntos y estrellas de color procedentes de EEUU y Canadá». Una de las primeras canciones de soul que los españoles escucharon fue «Extiende tus brazos», que era el título con el que la discográfica RCA rebautizó en 1966 el tema «Reach out I'll be there», de The Four Tops. La discográfica Belter lanzaba al mercado de tanto en tanto algún disco de Stax o Atlantic que eran devorados por los músicos españoles que comenzaban a montar grupos, entonces conocidos como «conjuntos» que habitualmente eran una esponja musical que absorvía todas las influencias foráneas sin grandes distinciones de etiquetas.

Hubo algunas celebres visitas, como la que en 1970 hizo Aretha Franklin como estrella invitada al Festival de Benidorm, y varias bandas latinomericanas recalaron en España logrando una exigua popularidad para el género y para sí mismas. Pero el soul y el rhythm & blues llegaron al mundo hispano envueltos en el naciente y pujante rock & roll, que los eclipsó durante décadas para el público general. Quedan sin embargo unos cuantos discos y grupos que dan fe de la presencia de la música negra en la España que intentaba a toda costa dejar de ser gris. Este es un resumen de los más destacados, desde los años sesenta hasta nuestros días, en los que la música negra está viviendo una explosión sin precedentes.

Los Impala

Los pioneros del rock en Venezuela comenzaron su andadura musical en Maracaibo, en 1957. La banda original estaba formada por Henry Prado al piano, Rafael Montero a la guitarra, Gilberto Urdaneta al bajo y Servando Alzatti a la batería. Su popularidad inicial tuvo mucho que ver con sus actuaciones semanales en el programa de televisión El Club del Rock & Roll, durante los meses de verano de 1958, época en la que se producen los primeros cambios en la formación, algo que sería una constante en su historia. Practicaban un pop con influencias beat y tintes psicodélicos. En 1966 viajan a España y aprovechan para realizar una gira europea que incluye países

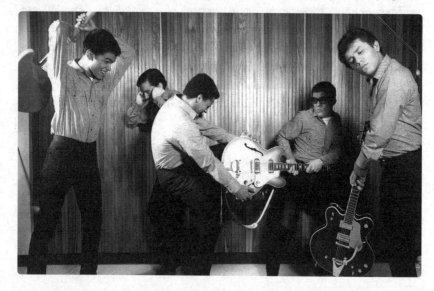

como Inglaterra, Francia, Holanda, Italia o Dinamarca. Una de sus virtudes eran sus excelentes versiones de temas de James Brown o Joe Tex. A finales de los sesenta regresaron a México para comenzar una nueva aventura en el rock sinfónico y la psicodelia.

Las Cuatro Monedas

Apurando un poco los términos, podríamos considerarlos como los Jackson Five criollos. Nacieron en 1963 como Los Hermanos O'Brien, un banda que estaba integrada por Marlene, Brenda, Gary y Kenny, guitarra solista. Todos cantaban y eran hijos de Pat O'Brien, un famoso pianista venezolano que abandonó a la familia pero que transmitió a sus vástagos sus aptitudes musicales y el color negro de su piel, cosas que serían determinantes en su carrera como pioneros del soul latinoamericano. Comenzaron grabando temas de corte pop-yeyé e incluso versiones de Charles Aznavour. En 1968 pasaron a llamarse Four Coins, inmediatamente traducido como Las Cuatro Monedas, nombre con el que lanzaron su primer disco importante *Las Cuatro Monedas a Go Go*, grabado bajo la dirección del compositor Hugo Blanco, uno de los pilares de la música moderna venezolana, creador de clásicos como el universal «Moliendo café» y autor de la mayoría de los temas del grupo. Un año después viajan a Barcelona para participar en el II Festival Internacional de la Canción de Barcelona, que ganan con el tema «Yo Creo en Dios». En 1972 consuman su paralelismo con los Jackson Five al incorporar como cantante al benjamín de la familia, Gregory O'Brien, el Michael Jackson del clan, con un disco grabado ex profeso para la ocasión, *Las Cuatro Monedas presentan a Gregory* que incluía versiones en castellano de los cinco famosos hermanos de Indiana.

En 1975 triunfan en el X Festival de la Canción Venezolana y al año siguiente obtienen el segundo lugar en el VI Festival de la OTI. Se separaron definitivamente en 1981 en Estados Unidos, donde la Motown les ofreció un contrato, pero los cuatro hermanos no lograron ponerse de acuerdo y emprendieron carreras en solitario. Uno de ellos, Kenny, acabaría logrando cinco premios Grammy por su trabajo como compositor para artistas como Barbra Streisand, Celine Dion, Beyonce, Alejandro Sanz o Christina Aguilera.

Los Canarios

Nacieron a principios de los sesenta en Las Palmas de Gran Canaria como un grupo de rock llamado Los Diablos del Rock y en 1964 pasaron a llamarse Los Ídolos. Su líder era Teddy Bautista, que acabaría siendo más conocido por su polémica etapa al frente de la Sociedad General de Autores de España (SGAE). En 1965 realizaron un viaje a Estados Unidos, por entonces en plena efervescencia de la era soul, y graba-

ron un disco, *Flying High With The Canaries*, para el sello RCA con el nombre de The Canaries. A su regreso a España se rebautizaron definitivamente como Los Canarios para convertirse en uno de los grupos del rock nacional con más influencias del soul, tal y como demostraron en su primer single «The incredible Miss Perryman», incluido en la banda sonora de la película *Pepermint Frappé*, en 1967 o en sus éxitos del año siguiente, «Get On Your Knees», «Child» o su particular homenaje a Otis Redding, «Requiem For A Soul». A principios de los años setenta derivaron hacia el rock progresivo.

Pop Tops

Este grupo madrileño nacido en 1967 pasó a la historia gracias a un éxito que traspasó fronteras, «Mamy Blue», una canción que en 1971 triunfó incluso en los Estados Unidos, en parte gracias a la voz de Phil Trim, el cantante de la banda, de origen caribeño, que aportaba al grupo el color y el sonido del soul. Aunque su primer éxito fue una canción bastante menos popular pero que llegó a entrar en la lista norteamericana del *Billboard*, «Oh Lord Why Lord», un single grabado en 1968 que llevaba en su cara B «The Voice Of Dying Man», una tema dedicada a Martin Luther King. Ese mismo año grabaron otro single de influencias soul «That Woman». Su último intento de aproximarse al género lo hicieron en 1971 con «Suzanne Suzanne», su despedida de las listas nacionales de éxito. Su peculiar estilo musical, una especie de pop con tintes de música barroca y baladas blandas, solo despuntó cuando Phil Trim hizo vibrar la sonoridad del soul.

✪

Los Bravos

En 1965 la fusión de dos bandas, Los Sonor y Mike & The Runaways, dio lugar al grupo español más internacional de los sesenta, Los Bravos. Con un cantante alemán al frente, Michael Volker, más conocido como Mike Kennedy, lograron un éxito mundial con «Black Is Black», grabada en Londres en 1966, según parece por músicos de estudio ajenos a la banda. Fueron el grupo más importante del rock español durante casi una década e hicieron bastantes incursiones en el soul con temas como «You'll Never Got The Chance Again» o «Show Me», una versión del tema de Joe Tex. Incluso su álbum más popular, *Los chicos con las chicas*, grabado en 1967, recuerda por momentos a la estructura del pop soul, como es el caso del tema «Deeper Roots». Deben buena parte de su fama a su productor, el astuto Alain Milhaud.

★

Barrabás

Creado en 1971 por Fernando Arbex, que en realidad se dedicaría a la composición y producción tras la disolución de Los Brincos, realizaron una mezcla de funk, soul, disco y rock latino que tuvo su mayor momento de gloria en 1972 con la canción «Woman», incluida en su primer álbum, *Barrabas, Música caliente*, que también contenía «Wild Safari», dos temas con los que lograrían un moderado éxito internacional, con entrada en las listas norteamericanas incluida.

Tras grabar *Power* en 1973, editan *¡Soltad a Barrabás!*, que en 1974 llegó al número uno en España y en los propios Estados Unidos. Siguieron grabando para el mercado americano con el sello Atlantic, que en 1975 lanzó *Watch Out*, ya con un sonido funk discotequero. Regresaron a principios de los años ochenta con el disco *Piel de Barrabás*, que obtuvo un discreto resultado.

★

Brighton 64

En 1983 los hermanos Albert y Ricky Gil y el batería Albert Verdú graban su primer disco, *Barcelona Blues*, con evidentes raíces soul, al que dos años después sucede su álbum *Haz el amor*, que les coloca en el epicentro del movimiento mod nacional. Dos años después editan *El problema es la edad* y en 1986 sacan el disco *La casa de la bomba*, que incluye la canción «El mejor Cocktail», un homenaje a las principales figuras del soul. Sus marcadas referencias al sonido del sello Stax, su profundo conocimiento del rhythm & blues y sus guiños a la contracultura norteamericana encarnada en Tom Wolfe les convirtieron en una banda de referencia durante los años ochenta.

Los Flechazos

Esta banda leonesa integrada desde 1987 en el movimiento mod más militante ha dejado para la historia de la música española algunos temas de esencia northern soul en su vertiente más británica, como los incluidos en sus dos primeros álbumes, *Viviendo en la era pop*, que incluía «No sabes bailar», una versión del «Nodoby But Me» de The Isley Brothers, grabado en 1988, y *En el club*, en 1989. Editaron su último disco en 1999, pero Alejandro Díez, *alma mater* del grupo, sigue siendo uno de los abanderados de la música mod en España.

Cool Jerks

Estos fanáticos y genuinos difusores del soul echaron a andar en 1989 en Torrejón de Ardoz bajo el liderazgo de Miguel Angel Julián. En 1991 lanzaron su primer disco, *Soul Teller*, que les proporcionó cierta notoriedad en los tiempos de la premovida, y al año siguiente editaron *Sweet & Wild*, puro homenaje al soul más genuino con el que obtuvieron muy buenas críticas. Tras un disco con cuatro canciones en 1993, *Picture Of Her Soul*, un año después grabaron su tercer álbum, *Fantabulous Crime*, que les consolida como la mejor banda de soul del país. En 1995 editaron *Everybody Needs Love* al que sigue *Soul to Waste*, tras el que desaparece el grupo y da paso a una nueva formación, Soulo-pattack.

★

J. Teixi Band

El infatigable Javier Teixidor reunió en el año 2000 a componentes de dos bandas de rhythm & blues y soul de los años ochenta, Mermelada y Los Elegantes, para montar un grupo de un potente directo cuyo primer disco, *Atrapado*, ya les coloca como unas de las más relevantes figuras de ambos géneros en España. Entre 2009 y 2011 han editado una serie de álbumes como *Buenas Noticias*, *Justo Ahora*, *Crónicas*, *Wodoo Bar* o *Hazme una seña*, que mantienen las esencias de la música negra norteamericana.

★

The Black Beltones

Banda barcelonesa nacida en 2005, integrada por once músicos que practican rhythm & blues, soul, funk y boogaloo de los años sesenta y setenta.

En sus actuaciones alternan temas de los grandes clásicos de la música negra con temas propios y otros compuestos por Tommy Hunt, miembro original de la mítica banda The Flamingos, con el que han colaborado en diversas ocasiones.

★

The Pepper Pots

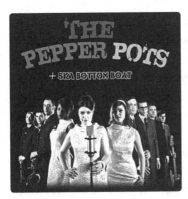

Grupo de Girona que ha logrado una importante proyección internacional desde que en 2005 publicaran su primer disco, *Swingin' Sixties*. En sus diez años de vida han colaborado con estrellas del soul clásico como Maxine Brown y The Impressions y con nuevas figuras del rhythm & blues como Eli 'Paperboy'. Fuertemente enraizados en el sonido Motown de los años sesenta, se han convertido en uno de los grupos señeros del nuevo soul español gracias a su repertorio de producción propia y a una potente sección de vientos que acompaña a sus voces femeninas, con una puesta en escena y una estética deudoras de los grupos de la factoria Spector.

★

Sweet Vandals

Esta banda fundada en Madrid en 2005, forma parte de los más destacado del nuevo panorama del soul y el funk. Editaron su primer álbum, *I Got You Man*, en 2007, pero fue su primer single, editado en vinilo, «I got you man!» el que les convirtió en una banda de culto a nivel nacional y les llevo al Soul Ascension Festival de Berlín. Desde entonces han editado cuatro álbumes y realizan constantes giras por Europa, insistiendo siempre en un estilo fiel a las raíces de la música negra y un sonido puro gracias a sus grabaciones en sistema analógico. Son unas de las más sólidas promesas de neo funk español.

★

The Excitements

Genuina banda de soul y rhythm & blues con un sonido y una puesta en escena al estilo de la vieja escuela, fundada en Barcelona en el año 2010 por Adrià Gual y Daniel Segura. Su cantante Koko-Jean Davis es una bomba rítmica sobre el escenario. En cuatro años de vida se han dado a conocer en los principales festivales españoles y europeos y han grabado dos álbumes, *The Excitements*, en 2011, y *Sometimes Too Much Ain't Enough*, en 2013, los dos con un rhythm & soul contundente.

★

Midnight Train

Creado en Madrid en 2010 por dos músicos experimentados, Mariano Grasso y Nacho Ruiz, se han perfilado como una de las bandas más interesantes del soul, rhythm & blues, funk, disco y rockblues de los últimos años, con un repertorio a base de versiones de los grandes clásicos del género interpretados por la cantante Adriana Domínguez.

The Rhythm Treasures

Una de las últimas incorporaciones al universo de la música negra en España, practican un rhythm & blues salvaje. Surgieron en Barcelona en 2013 bajo el liderazgo de Myriam Swanson, conocida cantante y compositora y una de las cantantes con voz más negra de nuestro panorama en el estilo de las grandes divas clásicas del blues.

4. Las claves del género

La génesis y evolución del soul y el rhythm & blues son imposibles de entender sin los compositores, productores, sellos discográficos, estudios y medios de difusión que crearon e hicieron evolucionar los distintos estilos. Fueron ellos los que moldearon a la mayoría de los músicos y los que crearon los subgéneros que convirtieron la música afroamericana en la base fundamental de la música popular del siglo XX. Estas son algunas de las claves para navegar por su historia.

Atlantic Records

Esta discográfica nació en Los Ángeles en 1947, fruto de la conjunción de dos habilidades, el olfato musical de Herb Abramson, un cazatalentos que había trabajado para el sello National, y Ahmet Ertegün, socio capitalista y experto financiero que pronto se convirtió también en un experto cazatalentos que llevó a la compañía a artistas de la importancia de Ray Charles, Ruth Brown o Joe Turner.

Tras la marcha de Abramson al ejército y la venta de su parte del negocio, su puesto fue ocupado por Jerry Wesler, el hombre que crearía la etiqueta de rhythm & blues en *Billboard*, responsable de fichar para la compañía a los compositores Leiber & Stoller, creadores de buena parte de los temas indispensables del género.

El grupo directivo se cerró en 1956 con la incorporación de Neshui Ertegün, que se dedicó a la división de jazz. La compañía se convirtió además en la distribuidora del sello Stax e impulsó el desarrollo de los estudios de Muscle Shoals, en Alabama, donde nació uno de los estilos más genuinos del soul con cantantes tan potentes e intensos como Aretha Franklin, Wilson Pickett, Joe Tex, Percy Sledge o Clarence Carter.

«Billboard»

Es la revista mundial de referencia en lo que respecta a la popularidad musical. Fundada en 1894 por William H. Donaldson y James Hennegan con el nombre de *Billboard Advertising*, originalmente informaba sobre espectáculos circenses, parques de atracciones, ferias, festivales de distinto signo, fiestas de carnaval, espectáculos musicales y todo tipo de celebraciones populares. Poco a poco fue incorporando más temas y a medida que la industria musical fue creciendo, los discos y los festivales musicales fueron ocupando cada vez más espacio, hasta que en los años cincuenta el resto de los temas fueron desplazados a una revista aparte.

En 1936 publicó su primer ranking de canciones, en 1940 su primer listado de popularidad musical y en 1958 hizo una combinación entre los discos más vendidos y los más pinchados en las emisoras de radio, lo que dio como resultado su famoso «Hot 100».

En 1961 fue rebautizada como *Billboard Music Week*. En 1948 marcó un hito histórico cuando el periodista y productor Jerry Wexler decidió usar el término rhythm & blues para sustituir a la etiqueta *race records*, utlizada hasta entonces para definir a los discos grabados por músicos afroamericanos. Acababa de nacer una nueva etiqueta para la revista y un nuevo género que revolucionaria el futuro de la música.

Blaxploitation

Movimiento cinematográfico creado en los años setenta por la comunidad afroamericana, basado fundamentalmente en películas de género policiaco interpretadas básicamente por actores negros, con bandas sonoras de los mejores artistas de soul y funk del momento, como Issac Hayes o Curtis Mayfield. Su primera expresión se produciría en 1970 con una versión de una novela de Chester Himes, *Cotton Comes*, a la que seguiría un año después *Shaft*, la primera aparición de uno de los personajes más carismáticos del movimiento, el detective negro del mismo nombre, una especie de réplica afroamericana de un James Bond urbano. Sus títulos más representativos son *Superfly*, *Cleopatra Jones* o *Black Caesar*.

El pelo afro, los coloristas pantalones de pata de elefante y los zapatos de plataforma, junto a las cadenas de oro y las gafas de sol de colores y tamaños desproporcionados, fueron algunos de los tópicos del género que creó una moda que traspasó las fronteras raciales a mitad de la década de los años setenta.

Chess Records

El sello fundado en 1947 por los hermanos Leonard y Phil Chess ha sido una de las claves fundamentales en la popularización del blues y de la música afroamericana en general. Por sus estudios pasaron Muddy Waters, Willie Dixon, Little Walter, Howlin' Wolf, Bo Didley, Chuck Berry o Ike Turner, por citar sólo a una mínima representación de los grandes clásicos que registraron sus canciones en el sello de Michigan Avenue, de Chicago. Durante los años cincuenta su producción estuvo orientada a grabar a los grandes del blues que se instalaban en Chicago procedentes del sur, casi siempre bajo la dirección de Willie Dixon. Pero en los sesenta se orientaron hacia el nuevo mercado del rhythm & blues y el soul con figuras como Etta James, Fontella Bass, The Dells o Billy Stewart. En 1969 los hermanos Chess vendieron su emporio discográfico a la compañía General Recorded Tape, que acabó vendiéndolo a su vez a varias compañías de forma fraccionada.

Hi Records

Discográfica fundada en 1957 en Memphis por el cantante Ray Harris para grabar discos de blues, soul y rockabilly. Su auge comercial se produjo durante los años sesenta y setenta debido fundamentalmente al trabajo del productor Willie Mitchell, responsable de los fichajes de artistas como Al Green, Otis Clay y Sly Johnson.

Motown

El nombre de esta compañía está indisolublemente unido al soul y a la historia de la música negra precisamente por haber conseguido que fuese aceptada por el público blanco y llevada hasta el último rincón de planeta. Fue Berry Gordon, un joven afroamericano de clase media con un innato sentido del negocio y una capacidad envidiable para convertir en dinero la música y los cantantes que caían en su manos, quien un buen día de 1959 montó en Detroit un sello llamado Tamla Records, que grabó el primer disco de su amigo Smokey Robinson y su banda The Miracles. Robinson se convertiría en vicepresidente de la compañía, que al poco tiempo cambió de nombre para convertirse en Motown Records, una marca que acabaría gestionando cuarenta y cinco sellos discográficos distintos. Famoso por llevar su negocio con mano de hierro, Gordy supervisaba personalmente hasta el último detalle y seguía con lupa la carrera de sus artistas. Suyos son en buena medida los méritos de The Supremes, Diana Ross, Marvin Gaye, The Temptations, Four Tops, Stevie Wonder o Martha & The Vandellas, por mencionar solo una mínima parte de su espectacular escudería musical, cuyos temas eran compuestos por cerebros musicales como Holland-Dozier-Holland, Ashford & Simpson y el propio Robinson. Durante más de diez años, llevó la música negra a todo el planeta envuelta en una glamurosa estructura de pop soul. En 1971 intentó entrar en la industria del cine y trasladó su negocio a Los Ángeles, donde la importancia de la compañía comenzó a declinar, hasta que en 1988 Gordy la vendió al grupo MCA y Boston Ventures.

Muscle Shoals

Esta pequeña ciudad del condado de Colbert, en Alabama, se convirtió en el epicentro del soul sureño gracias a la proliferación de estudios dedicados a la música popular afroamericana, entre los que destacaron los Fame Studios, creados en 1959, donde debutó Arthur Alexander y por donde pasaron buena parte de las estrellas de Stax y Atlantic, como Aretha Franklin, Wilson Pickett o Joe Tex. Fame fue además el germen del que surgieron los Estudios Muscle Shoals, en Sheffield, montados por cuatro músicos de estudio de la compañía, The Swampers, en 1969. Muscle Shoals es sinónimo de autenticidad y sus estudios fueron utilizados por diversas discográficas, buscando su genuino sonido. Por sus instalaciones pasaron Dr Hook, Minnie Jackson, Bobby Bland, Willie Nelson e incluso The Rolling Stones.

Philadelphia Internacional Records

Kenny Gamble y Leon Huff, dos pilares del soul, crearon en 1971 una discográfica que acabaría creando uno de los sonidos que definirían un estilo, el Philadelphia Sound, un soul con gran influencia funk que sentó las bases de la futura música disco. Sus discos eran grabados habitualmente en los estudios Sigma Sound, donde se generó un importante equipo de músicos con un sonido muy caraterístico, que se agruparon bajo el nombre genérico de MFSB (Mother, Father, Sister, Brother).

Phil Spector

Es el creador del famoso 'muro de sonido', consistente básicamente en grabar múltiples pistas de acompañamiento superponiéndolas hasta lograr un sonido compacto. Aunque comenzó como músico en los años cincuenta, su fama se debe a su faceta como productor musical al frente de Philles Records, una discográfica creada en 1961. Suya es la creación de The Crystals, The Ronettes y Love & The Blossoms, grupos femeninos que manipuló a su antojo, llevando a sus componentes indistintamente a la fama y a la depresión. Por su personal estilo de producción pasaron también Ike & Tina Turner y Righteous Brothers.

Stax Records

La discográfica en la que se etiquetó el soul y que sentó las bases de uno de los géneros de la música negra por excelencia fue fundada en Memphis por Jim Stewart, un músico blanco de country. En 1957 Stewart montó con su hermana Estelle Axton el sello Atlantic para registrar sus propios temas y acabó editando discos de todo tipo, desde rockabilly a rhythm & blues. Su primer éxito fue un single de Carla Thomas. En 1961 decidieron cambiar el nombre de la compañía, ya que existía otra empresa con la misma marca. Decidieron llamarse Stax Records, uniendo las primeras letras de Stewart y de Axton. Sus primeras grabaciones fueron a cargo de dos bandas, The Mar Keys y Booker T. & The MGs, que sentaron las bases de un sonido propio, el famoso Sonido Stax, durante muchos años sinónimo del más genuino soul sureño, en dura competencia con el sonido Motown.

Fue en este sello donde los grandes cantantes con origen en el gospel acabaron convertidos en mitos de la música negra como Otis Redding, Sam Cooke, Sam & Dave, Rufus Thomas o Isaac Hayes, acompañados de un plantel de compositores de lujo como Al Bell, William Bell o Steve Cropper. Una de sus principales señas de identidad fue su política interna de integración racial, en la que se mezclaron músicos y compositores tanto blancos como negros. En 1977, la compañía entró en crisis y fue absorbida por Fantasy Records.

Sun Records

En 1954 un chico blanco llamado Sam Phillips, que trabajaba para varias discográficas buscando y grabando a los talentos musicales que producía el profundo Sur de los Estados Unidos, montó en Memphis, Tennessee, una pequeña discográfica para registrar básicamente blues, country y rhythm & blues. Por sus estudios pasaron nombres tan míticos como BB King,

Howlin' Wolf, Ike Turner, Carl Perkins, Johnny Cash, Rufus Thomas, Roy Orbison o Jerry Lee Lewis, pero todo el mundo los conoce como el sello donde grabó su primer tema un chaval que se llamaba Elvis Presley y que pasó a la historia como el rey del rock & roll.

Vee-Jay Records

Este sello nació en 1953 en Gary, Indiana, por iniciativa del matrimonio Vivian Carter y James C. Bracken, cuyas iniciales sirvieron para denominar a una de las primeras discográficas de importancia gestionadas por afroamericanos. En los años cincuenta acogieron a la primera oleada de músicos de rhythm & blues como Joh Lee Hooker o Memphis Slim. En los años sesenta lanzó a numeroso grupos de soul como The Dells, The Pips – más tarde convertidos en Gladys & The Pips - y Four Seasons. Su momento de gloria llegó cuando se convirtió en la compañía distribuidora de The Beatles en Estados Unidos, pero los problemas para gestionar ese volumen de negocio acabaron llevando a la quiebra a la compañía en 1966.

Términos y estilos musicales

Blue-eyed soul

Es una denominación que abarca distintos subgéneros musicales y que hace referencia fundamentalmente al soul interpretado por cantantes blancos. Sus máximos representantes fueron Hall & Oates, pioneros de este estilo que han practicado artistas tan distintos como Eric Burdon, Joe Cocker, Simply Red, Teena Marie, Amy Winehouse o Cristina Aguilera. En los años sesenta también fue conocido como white soul.

Doo-wop

Estilo musical nacido en los años cuarenta de una fusión entre el rhythm & blues y el gospel. Al igual que su nieto, el rap, nació en las aceras de los suburbios de las ciudades industriales del norte, donde los grupos de jóvenes se reunían para pasar el rato cantando *a capella*, sin ningún apoyo instrumental. Su principal característica es la armonía de su coro de voces, que poco a poco fue incorporando matices del jazz y el swing.

La mayoría de los intérpretes de soul comenzaron practicando este género, que comenzó entre adolescentes negros pero rápidamente se incoporó a la cultura de los jóvenes blancos, creando una estética de pantalones pitillo, chaquetas y cazadoras ajustadas, faldas amplias con lunares y cabellos peinados con tupé que acabaría siendo una de las primeras señas de identidad del rock & roll.

Funk

Nacido a finales de los sesenta, es un género musical basado en el soul con menor peso de la armonía y más protagonismo de la base rítmica, lo que lo convierte en una música mucho más bailable.

El término funk en la cultura afroamericana quiere expresar algo genuino, auténtico, y fue la música que sirvió de banda sonora al amanecer del movimiento del orgullo negro. Musicalmente sirvió de base para el nacimiento de la música disco, el afrobeat y el P-Funk. Sus tentáculos se extienden hasta el hip-hop y la música house. Su creador y máximo representante es James Brown.

Jump blues

Considerado uno de los estilos precursores del rock & roll, se popularizó en los años cuarenta y supone una evolución de blues clásico con un ritmo más bailable, basado en el sonido del piano boogie con letras humorísticas y apoyo en instrumentos de viento, especialmente saxos. Su pionero más destacado fue Louis Jordan y uno de sus representantes más genuinos Johnny Ace.

Latin soul

Estilo resultante de la fusión del soul negro con los ritmos caribeños, nacido en los barrios latinos de Nueva York a mediados de los años sesenta. En sentido estricto, su representante fundamental fue Ray Barreto y tuvo una efímera existencia, pero hoy en día sirve para denominar al moderno r&b y neo soul de estrellas como Jennifer Lopez o Mariah Carey.

Northern soul

Es uno de los pocos estilos de la música afroamericana nacida fuera de los Estados Unidos, concretamente en Inglaterra.

Surge de la influencia del sonido Motown y tiene un fuerte contenido estético y escénico, generando un tipo de baile marcado por el ritmo frenético, cuando no acrobático, y una moda extendida en los clubs londinenes. El nombre se debe al periodista musical Dave Godin, colaborador de la revista Blues & Soul y de la tienda londinense de discos Soul City, como una forma de distinguir el funk más moderno del soul más clásico.

Pop Soul

Adaptación del soul original de voces más crudas -practicado por los afroamericanos- a los gustos del público blanco a partir de los años sesenta. Fue una de las especialidades de la discográfica Motown con sus bandas vocales, especialmente sus músicos femeninos.

También la seña de identidad de los grupos creados por el productor Phil Spector. La evolución de este estilo fue una de las bases que creó la música disco. Su gama de intérpretes abarca desde artistas como Maxine Brown y Ray Charles a grupos como The Impressions, Martha & The Vandellas, The Temptations o The Supremes, entre otros muchos.

Quiet storm

Estilo nacido de los programas nocturnos de radio, en especial del que dirigía a mitad de los años setenta Melvin Lindsey en la Universidad Howard, de Washington DC.

Fue una canción de Smokey Ronbinson, de título homónimo, la que bautizó ese estilo, caracterizado por su improvisaciones lentas, como las que practicaba Luther Vandross.

Smooth soul

Soul suave, elegante y romántico, surgido a finales de los setenta de un fusión del soul, el funk y la música pop, expresado fundamentalmente mediante baladas.

Al Green, Marvin Gaye, The Dells, The Emotions, Diana Ross o Teddy Pendergrass son algunos de sus interpretes más conocidos.

Southern Soul

Nacido en el sur de los Estados Unidos, enlaza directamente con el blues primigenio, con fuertes dosis de soul y una parte importante de rhythm & blues.

Fue una de las raíces del funk y su epicentro se situó en el Memphis de los años sesenta. Su lista de intérpretes abarca a lo más granado del género, desde Clarence Carter y Bobby 'Blue' Bland a Aretha Franklin y Sam & Dave.

Soul blues

Combinación del soul clásico con los sonidos afroamericanos urbanos de finales de los años sesenta y principios de los setenta, supone una progresión que fusiona el blues eléctrico con el soul. Entre sus representantes históricos figuran BB King, Bobby Bland, Otis Clay o Solomon Bruke. Su intérprete más moderna fue Amy Winehouse.

Soul Psicodélico

Su época dorada se vivió a finales de los sesenta y principios de los setenta con la música de artistas como Curtis Mayfield, The Temptations, Funkadelic, Sly & The Family Stone o Eart Wind & Fire, que conectaron las influencias del rock psicodélico con el soul funk.

Uptown soul

Evolución del soul melódico de raíces sureñas con un sonido más duro, que aprovecha elementos sonoros del jazz apoyados por instrumentos de cuerda, fundamentalmente guitarras y bajos, y coros de armonías sofisticadas. Es una evolución natural del uptown blues.

Entre sus más genuinos representantes se encuentran Curtis Mayfield, Jackie Wilson, The Supremes o Maxine Brown.

✪

50 álbumes fundamentales

At Newport, Ray Charles
(1959) Atlantic
Álbum grabado en directo el 5 de julio de 1958 en su actuación en el Newport Jazz Festival que reúne ocho de los mejores temas del pionero del soul.

Hi, We're The Miracles, Smokey Robinson & The Miracles
(1961) Tamla (Motown)
El primer álbum editado por la Motown Record Corporation y que sirvió para definir el sonido de la discográfica.

Sings For Lovers, Etta James
(1962) Argo Records
Uno de los mejores discos de una de las más carismáticas intérpretes del rhythm & blues, con diez temas que incluyen versiones de estándares de pop y jazz.

Live At The Apollo, James Brown
(1963) King Records
Grabado en directo en el Teatro Apollo de Harlem en octubre de 1962. Inicialmente la discográfica se opuso a su publicación por no considerarlo rentable. Salió al mercado en 1963 y fue un éxito absoluto.

Night Beat, Sam Cooke
(1963) RCA Victor
Duodécimo álbum de Sam Cooke, pro-
ducido por Hugo & Luigi. Está considerado como su obra más íntima.

Dancing In The Street, Martha & The Vandellas
(1964) Motown
Incluye el single, del mismo título, que vendió más de un millón de copias y que hizo renacer al grupo después de dos singles sin demasiado éxito.

You've Lost That Lovin' Feelin, The Righteous Brothers
(1964) Phillies
Incluye la llamada canción del siglo, «Lovin' Feelin», la única canción que ha estado tres veces en las listas, primero en 1965 y luego cuando fue reeditado en 1969 y 1990.

Presenting The Fabulous Ronettes Featuring Veronica, The Ronettes
(1964) Phillies
Es el único álbum de estudio del grupo producido por Phil Spector. Incluye los famosos temas «Be My Baby», «Baby, I Love You» y «Walking In The Rain».

The Exciting Wilson Pickett, Wilson Pickett
(1966) Atlantic
Tercer álbum del cantante, en el que destaca el famoso «Land Of Thousand

Dances», una versión del tema compuesto en 1962 por Chris Kenner.

I Never Loved A Man, Aretha Franklin (1967) Atlantic
Disco considerado como la obra suprema de la Dama del Soul. Es un conjunto de grandes canciones que pasarán a la historia, entre las que destaca la inolvidable «Respect».

The Supremes Sing Holland-Dozier- Holland, The Supremes
(1967) Motown
Álbum escrito y producido por el célebre equipo de compositores de la Motown, con dos singles de gran éxito: «You Keep Me Hangin' On» y «Love Is Here And Now You're Gone». Fue su último trabajo con Motown.

Reach Out, Four Tops
(1967) Motown
Último disco del grupo editado por Motown. Contiene seis de sus veinte éxitos, incluido uno de los más populares, «Reach Out I'll Be There For You».

Knock On Wood, Eddie Floyd
(1967) Stax
Álbum de rhythm &blues y soul sureño con el que debutó Floyd. Cuenta con su single más conocido, del mismo título, e incluye otros cinco que fueron coescritos por el cantante.

King & Queen, Otis Redding and Carla Thomas
(1967) Stax (Atlantic)
Cuarto álbum de Thomas y sexto de Redding, el último de estudio antes de su muerte. Producido por Jim Stewart, incluye diez clásicos del soul y un tema coescrito por Redding y Al Bell.

Soul Man, Sam & Dave
(1967) Stax (Atlantic)
Tercer álbum del dúo explosivo que incluye el exitoso tema que le da título, con el que lograron un Grammy al mejor grupo de rhythm & blues vocal e instrumental.

The Dock Of The Bay, Otis Redding
(1968) Volt (Atco)
Incluye el mayor éxito del cantante, «Sittin' The Dock Of The Bay», que marcó el inicio de un nuevo estilo que él mismo denominó folk soul. Redding murió antes de que se publicara y la canción ganó dos Grammys.

This Is My Country, The Impressions
(1968) Curtom
Producido y escrito por Curtis Mayfield, quien compuso unos temas de amor, desmarcándose del estilo tradicional de The Impressions, que reflejaban un visión más social de los años sesenta.

Green is Blues, Al Green
(1969) Hi Records
El álbum marcó el comienzo de una nueva etapa para el Memphis Sound, coincidiendo por primera vez la brillantez vocal de Green con la producción de Willie Mitchell.

Proud Mary, Solomon Burke
(1969) Bell Records
Uno de los discos más populares del Obispo del Soul, incluye el tema de mayor éxito del cantante, una versión de Creedence Clearwater Revival que da título al álbum.

Hot Buttered Soul, Isaac Hayes
(1969) Enterprise
Reconocido como un hito de la música soul, sigue siendo uno de los álbumes de

rhythm & blues más originales y exitosos jamás registrados, producto de un Isaac Hayes que ya estaba establecido como compositor y productor.

Black Man's Soul, Ike & Tina Turner (1969) Pompeia
Disco de funk y soul instrumental de Ike & The Kings of Rhythm. La grabación se realizó durante el tiempo libre de la gira que Ike estaba haciendo con Tina Turner. El estilo está definido como funk sofisticado.

Sex Machine, James Brown (1970) King Records
Fue un doble LP pensado como una grabación en directo, pero su primer disco contiene cinco temas de estudio con aplausos y ruidos de audiencia. El segundo se grabó en el Bell Auditorium de Augusta. «Get Up I Feel Like Being a Sex Machine» es el tema más famoso.

Do the Funky Chicken, Rufus Thomas (1970) Stax
Uno de los grandes discos grabados durante la década de los setenta por uno de los artistas menos valorados de Stax, compañía a la que proporcionó uno de su primeros éxitos.

What's Going On, Marvin Gaye (1971) Motown
El álbum cuenta con letras introspectivas y temas de conciencia social, con críticas a los problemas de las drogas, la pobreza y la Guerra de Vietnam. Se convirtió en un clásico del soul de principios de los 70.

Roots, Curtis Mayfield (1971) Curtom
Segundo disco de Mayfield, quien escribió y compuso todas las canciones ex-

cepto «Now You'r Gone», obra de Joseph Scott. Una joya del funk y el soul.

Imagination, Gladys Knight & The Pips (1973) Buddah
Fue el primer disco del grupo grabado después de abandonar Motown. Incluye su primer y único número uno del *Billboard*, «Midnight to Georgia».

Masterpiece, The Temptations (1973) Gordy (Motown)
Trabajo producido y escrito por Norman Witfield, muy criticado por cambiar el estilo del grupo, a pesar de lo cual se convirtió en un hit situado en la primera posición del *Billboard*.

Can't Get Enough, Barry White (1974) 20th Century
Álbum autoproducido por el cantante, que encabezó la lista de álbumes de rhythm & blues de la lista *Billboard* y que entró en la lista de álbumes del Reino Unido.

Songs In The Key Of Life, Stevie Wonder (1976) Motown
Wonder tardó más de dos años en grabar este disco, ante la impaciencia de su discográfica, con la que había firmado un contrato por la cantidad más importante de la historia de la música. La espera tuvo su recompensa: vendió más de 9 millones de copias y obtuvo cuatro premios Grammy.

Rejoice, The Emotions (1977) Columbia
Producido por Maurice White, de Earth, Wind & Fire, contiene el hit «Best Of My Love», con el que el grupo consiguió un disco de platino.

One Nation Under A Groove, Funkadelic
(1978) Warner Bros
Este álbum de la banda fue grabado en el United Sound Studio en Detroit, excepto una canción grabada en directo en el Centro Cívico de Monroe, Louisiana.

Baltimore, Nina Simone
(1978) CTI
Compuesto por Randy Newman. Después de terminar el disco, Nina expresó su desagrado porque no había podido opinar sobre los arreglos, la selección de los temas y el diseño de la portada, críticas que dieron un empujón al disco y a su propia carrera.

Bad Girls, Donna Summer
(1979) Casablanca
Fue el trabajo más famoso de su carrera discográfica con más de 5 millones de copias vendidas en todo el mundo y consiguiendo un triple platino. Incorporó distintos estilos como disco-pop, soul, rock, funk y country.

I'm, Earth, Wind & Fire
(1979) CBS
Noveno disco de la banda, cargado de funky y melodía, con un par de baladas, que fue premiado con un doble platino.

Warm Thoughts, Smokey Robinson
(1980) Motown
Tres de los temas están compuestos por Robinson y uno de ellos por su hermana Rose Ella Jones. También incluye temas de Steve Wonder y David Soul, actor de Starsky and Hutch.

TP, Teddy Pendergrass
(1980) PIR
Es el quinto álbum del cantante y uno de los más contundentes. Incluye el single «Love T.K.O» que alcanzó el número uno de la lista de rhythm & blues.

The Poet, Bobby Womack
(1981) Beverly Glen Music
El álbum está considerado uno de sus mejores trabajos y consiguió la cima del *Billboard* tras una larga época de fracasos con sus anteriores discos.

Never Too Much, Luther Vandross
(1981) Epic
Álbum del debut en solitario de Vandross, autor de casi todos los temas, consiguió doble platino y dos premios Grammy en 1982.

Fiyo On The Bayou, The Neville Brothers
(1981) A&M
La mejor obra de la familia más ilustre de la música de Nueva Orleans, cuenta con dos temas en los que suenan las voces de fondo de una joven Whitney Houston y su madre Cissy Houston.

Parade, Prince And The Revolution
(1981) Paisley Park
Tras las críticas negativas de su anterior álbum Around The World In A Day, Parade fue aclamado y nombrado uno de los mejores discos de 1981 por The Village Voice y la revista MNE, que lo definieron como el disco del año.

Thriller, Michael Jackson
(1982) Epic
Segundo álbum en solitario del cantante. Es el disco más vendido de todos los tiempos y situó a Michael Jackson como la estrella del pop por excelencia.

Songstress, Anita Baker
(1983) Beverly Glen
Songstress es el primer álbum en soli-

tario de Baker y produjo cuatro singles de gran éxito: «No More Tears», «Will You Be Mine, Angel» y «You're The Best Thing Yet».

Radio MUSIC Man, Womack & Womack
(1986) Elektra
El álbum fue autoproducido por el matrimonio Womack. Incluye canciones que empezaron a escribir con Sam Cooke y que Cecil y Linda terminaron.

Cry Like a Rainstorm, Aaron Neville
(1989) Elektra
Álbum a dúo con Linda Ronstadt que supuso el regreso de Neville a las listas de éxitos. Vendió tres millones de copias y ganó un triple platino.

The Day, Babyface
(1996) Epic
Babyface contó con las colaboraciones de Mariah Carey, Stevie Wonder, Kenny G, LLCool J y Eric Clapton. Ganó cuatro premios Grammy, incluido el título de Álbum del Año.

Mama's Gun, Erika Badu
(2000) Motown
El disco incorpora los estilos funk, soul y jazz. Las canciones relatan temas de inseguridad, dificultades sociales y relaciones personales. Incluye el éxito «Bad Lady».

Who is Jill Scott? Words and Sounds Vol 1, Jill Scott
(2000) Hidden Beach Recording
Primer disco de Scott. En 2001 fue nominado al mejor álbum de r&b en los premios Grammy.

The Diary Of Alicia Keys, Alicia Keys
(2003) J Records
Es el segundo álbum de estudio de la cantante y pianista. Sigue la misma línea que su primer disco Songs In A Minor, con canciones de r&b políticamente correctas armonizadas con piano.

Stone Love, Angie Stone
(2004) J Records
El disco vendió 53.000 copias la primera semana de su publicación y supuso la consolidación de Stone como la gran promesa del neo soul.

Back to Black, Amy Winehouse
(2006) Island Records
El álbum Back to Black fue uno de los mayores éxitos en Europa. Recibió la aclamación general de los críticos de música y consiguió cinco Grammys.

✪

HEAVY METAL
ANDRÉS LÓPEZ MARTÍNEZ

Historia, cultura, artistas y álbumes fundamentales

Desde sus orígenes en el hard rock hasta las nuevas bandas del Thrash Metal, el heavy ha marcado su propio rumbo en las últimas décadas y ha obtenido el impulso necesario para alcanzar una sólida posición cultural y social entre el gran público.

- Metal progresivo: Queensrÿche, Fates Warning y Dream Theater.
- Funk Metal: Living Colour, Primus, Red Hot Chili Peppers, Faith No More.
- Gothic Metal: Lacrimosa, Paradise Lost, The Gathering, Haggard y Anathema.
- Grindcore: Napalm Death, Carcass, Bolt Thrower, Brutal Truth, Extreme Noise Terror.
- Groove Metal: Exhorder, Pantera, White Zombie, Machine Head.